法海津梁在香港：

佛教法相學會研究

趙敬邦 著

序

這是一本有關佛教法相學會的書籍，之所以有此書籍的出現，當要從筆者認識佛教法相學會一事說起。

筆者自大學開始便喜歡閱讀哲學類的書，由最初的西方哲學，漸漸喜歡閱讀中國哲學。傳統的說法，多以儒、釋、道思想為中國哲學的主流，而在大學中雖不乏學者講授儒道兩家的思想，但對於佛家思想卻未有太多接觸的機會。日後雖在不同場合修讀過一些佛學課程，但總覺得與課堂所授不太相契，甚至有愈讀愈亂的感覺。當時有一位剛在香港大學修畢佛學碩士的人士偶然聽到筆者向人查詢修讀佛學的門徑，遂主動告訴筆者，如欲正確認識佛學便應找尋由李潤生先生教授的課程。這是筆者首次聽到李潤生先生的名字。當知道李先生即將在志蓮淨苑講授《六祖壇經》後，遂立即報讀，由此即開始以一較具系統的方式來理解佛學。李先生在課堂上旁徵博引，談笑風生，時借古代詩詞引領學生進入禪境，時用儒道思想突顯佛家的理趣，其風範實讓筆者大開眼界。至課程結束，遂繼到能仁書院修讀李先生的「佛家輪迴理論」課程，並知佛家思想確博大精深，若非下大決心學習定難有成就。在課堂上，李先生經常提及乃師羅時憲先生的名字，筆者其時才知悉原來曾有這樣的一位學者存在，並知羅先生創立了佛教法相學會，成功把唯識思想傳入香港，對香港佛教的發展有很大貢獻。

至在修讀研究院期間，有一次於英國牛津大學參加了一個有關閱讀古代漢語文本的工作坊，席間一位德國裔教授提及現今華人已鮮有評注古代漢文佛典的能力，而只能借助西方概念來理解漢文佛典，這一情況實甚可惜。筆者當時即告之以佛教法相學會的情況，並用白紙寫下羅時憲和李潤生兩位先生的名字以供該位教授參考。筆者其時即萌生一念頭，希望將來能撰文介紹佛教法相學會的工作，好讓更多人能注意到學會的價值，而這一文章即為後來發表於臺灣中央研究院《中國文哲研究通訊》的〈唯識在香港的傳承〉。文章刊出後，筆者曾把一樣本寄給佛教法相學會以作保存，並以為與學會的緣分已然結束，卻不知與學會的緣分原來才真正開始。一天，時任佛教法相學會主席的陳雁姿博士透過友人聯絡筆者。傾談之後，陳博士不但促成筆者有於志蓮淨苑文化部教學的機會，更讓筆者參與佛教法相學會五十週年紀念晚宴等活動，乃至在數年後得以加入學會。凡此種種，至今還是歷歷在目。由此，筆者遂有一個近距離接觸佛教法相學會的機會，並能親身感受學會的一眾前輩是如何認真和持續地弘揚佛法。記得多年前關子尹老師在課堂上提及，歐洲大學的一些哲學研究往往是跨代的，一代人完成不了的工作便由後來者繼續，如此才能為一地成就深厚的文化。在這講求速食和功利的社會，這種跨代的文化工作實在令人嚮往，恰巧佛教法相學會正是如此難得的一項文化事業。適逢學會創立六十週年，筆者愧於加入學會以來並無寸功，遂不瑞學力淺陋，冒昧建議撰寫一本介紹佛教法相學會事跡的書籍，冀能把羅時憲先生以及學會其他前輩的工作紀錄下來，讓有心人能對這一細水長流和實而不華的文化事業更作認識，藉以共同為佛教法相學會的未來和香港佛教的發展出一分力。

本書得以完成，首先要感謝佛教法相學會諸位董事和前輩的信任和支持，讓筆者能夠有最大的空間和最多的材料撰寫此書。

筆者尤其感謝羅德光先生抽空接受訪問、李潤生先生百忙中解答疑問，以及趙錦鳳女士的多次協助。另外，感謝佛教法相學會的職員幫忙尋找甚具歷史價值的文件和相片、新亞研究所圖書館讓筆者查閱相關碩士論文，以及劉國強老師的家人准許轉載《毅圃》的內容。當然，本書如有任何史實上和觀點上的錯誤，一切責任仍由筆者負責。期待本書能得到各位讀者的指教。

趙敬邦

二〇二五年二月廿八日　香港

目次

編輯書前註

本書作者為香港人，為尊重作者背景，書中將保留專有名詞、人物的港版譯名，亦將維持香港用語。

羅時憲先生與佛教法相學會照片集錦

▲青年時代的羅時憲先生

▲大學時代的羅時憲先生

▲羅時憲先生與夫人雷美英女士

▲羅時憲先生家庭照，羅先生站於後排右二

▲一九六五年佛教法相學會成立，諸位董事及會友合照。
前排左一為李潤生先生；前排左二為鄧綺年女士；前排左三為霍韜晦先生；前排左五為林潤根先生；前排左六為姚繼華先生；前排左七為羅時憲先生；前排左八為韋達先生；後排左二為葉文意女士；後排左四為高永霄先生

▲一九六六年佛教法相學會部分董事留影

◀一九六七年羅時憲先生和韋達先生合照

▲一九六七年羅時憲先生與明慧法師等人留影

▲一九八一年羅時憲先生攝於香港大學學生會演講

▲一九八三年羅時憲先生等攝於能仁研究所第一、二屆畢業典禮

▲羅時憲先生伉儷與羅德光先生伉儷

▲羅時憲先生伉儷晚年照

羅時憲先生晚年照▶

▲羅時憲先生喪禮現場

▲覺光法師於喪禮上主持儀式

▲羅時憲先生弟子於喪禮上送別老師

▲佛教法相學會五十週年紀念諸位董事於晚宴上合照，左起：張翠蘭博士、辛漢威先生、陳達志先生、趙國森博士、麥國豪先生、陳雁姿博士、李潤生先生、陳森田先生、岑寬華先生、李葛夫博士、陳國釗先生、鄭明娟女士

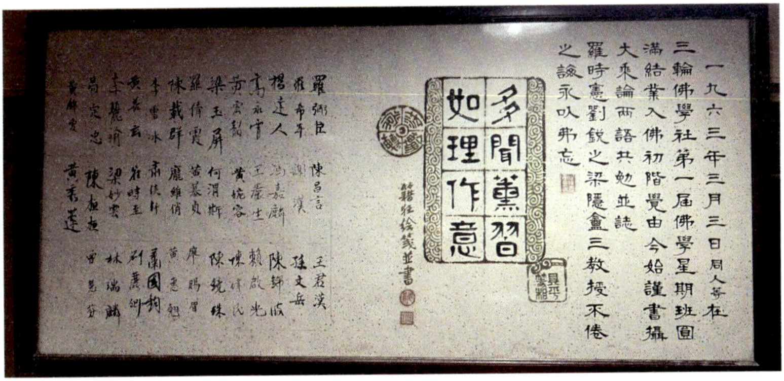

▲一九六三年首屆佛學星期班結業，時學員所製寫上「多聞薰習　如理作意」的紀念牌匾現正懸掛在佛教法相學會會址

凡例

鑒於香港佛教的資料向來貧乏，加上為了讀者能更好地把握書中人物的時代背景，本書將盡量提供所涉人物的生卒或活躍年分，藉以使讀者能對書中所述人物有更準確和詳盡的了解。惟以下情況將不會提供相關資料：

一、未能確定有關年分者，如高大添、邵黃志儒

二、於本書未占特別重要位置者，如神昉、嘉尚

三、未曾公開或涉及私隱者，如陳雁姿、麥國豪

另，凡於注釋和內文均有出現的人物，相關年分將放於其在內文首次出現的地方；書中多次出現的人物，則只在其於內文首次出現時才提及相關資料。

此外，書中相片均獲羅德光先生或佛教法相學會授權使用，而不另作注明或鳴謝。

第一章：導論

第一節：引子——《佛經選要》編纂的啟示

當代新儒學巨匠牟宗三先生（1909-1995）在其探討佛學的名著《佛性與般若》的序言中有以下說話，其或反映不少人在面對佛教時的感受：「一部《大藏經》浩若煙海，真是令人望洋興嘆。假使令一人獨立地直接地看《大藏經》，他幾時能看出一個眉目，整理出一個頭緒？即使略有眉目，略得頭緒，他又幾時能達到往賢所見所達之程度？是以吾人必須間接有所憑藉，憑藉往賢層層累積的稱述以悟入。」[1]如果一位對中外義理深有研究的哲人，就如何認識佛理亦感到迷茫，則對於未習慣就各種義理更作深思的人士當怎樣才能了解佛理，便可謂加倍困難。這一問題應如何解決，對僅把佛理視作哲學理論來加以鑽研的人士或許只涉及知性上的滿足，並不致影響一人的日常生活；惟對於以佛教作為宗教信仰的人士卻是安身立命的關鍵，半點不能馬虎。

事實上，旅居美國的華人佛教學者張澄基博士（1920-1988）在一九五七年途經香港時，便有感佛教典籍浩瀚，一般人要認識佛理確實不易，認為這一困難大大阻礙了佛教在社會上的流通和發展。因此，他建議佛教界當有整理一部「佛教聖經」的必要，希望藉著一本精簡的佛教參考書，幫助社會人士能更有效和準確

[1] 牟宗三，《佛性與般若（上冊）》（臺北：臺灣學生書局，2004年），〈序〉頁1。

地認識佛教。誠如他言：「據我個人的經驗與觀察，認為佛教不能普及，佛法之所以衰微，最大的原因：乃是因為教義太深、太難、太廣、太繁的緣故！今天以我們普通人的心量、學識與修證，用來整理整個佛教教義，也許是一件辦不到的事。不過最低限度，我們第一部的工作，可以把繁難深奧的佛經中之精華，選揖出來。整理出一個能代表佛法精萃的佛教聖經，作為普及宏偉佛法的重點和基石！」[2]有見及此，張澄基乃相約李世華（1916-1975）、馮公夏（1903-2000）和高大添等諸位香港居士商議編輯該部「佛教聖經」的事宜，眾人經商討後隨即決定成立「佛經選要編纂會」，並約聘羅時憲先生（1914-1993）出任主編，聯同劉銳之（1914-1997）、江妙吉祥（1924-）和邢述之等先生共同從《大藏經》中選輯符合編纂主旨的內容，經逾四年的努力，終在一九六一年十月由金剛乘學會出版一套共兩冊的《佛經選要》[3]。由此，華人社會遂有一部幾乎觸及佛教主要範疇並能反映佛教主要精神的參考書籍，其對佛教在華人社會的流布和復興提供了一重要助力[4]。

蓋《佛經選要》的編纂工作有三點值得我們注意。第一，是次編纂工作由居士負責，不涉僧人。在這一意義下，居士無疑分擔甚至主導了弘揚佛法的重任；第二，編纂工作的主編是以講授唯識（vijñapti-mātra）思想聞名的羅時憲先生，反映當時部分佛教界人士認為唯識在整體的佛教中實扮演著一重要的角色；第

2 張澄基，〈我們急切需要一部佛教「聖經」〉，收入劉銳之，〈贈送「佛經選要」通啟〉，《金剛乘季刊》第27期（5/1986）：7-13。引文見頁9。

3 佛經選要編纂會編，《佛經選要》（全兩冊，香港：金剛乘學會，1961年）。

4 有關《佛經選要》的編纂經過，參考羅時憲，〈選輯後記〉，收入佛經選要編纂會編，《佛經選要（下冊）》，頁數從缺。本書第三章將對《佛經選要》的編纂宗旨和結構等更有論及，暫按下不表。

三，居士弘法和闡揚唯識這兩個現象標誌著近現代華人佛教的重大轉折，而此轉折竟同時在香港出現，其正好道出香港佛教史的一大價值和華人佛教史的一大特色。以上三點，遂帶出本書的研究對象——「佛教法相學會」：一個由羅時憲先生創辦的以居士為主體，並以闡揚唯識為己任的香港佛教組織。本書的目的，即為介紹佛教法相學會的歷史、探討其工作，以及分析相關工作的意義，藉以使這一在近現代華人佛教中極為重要，卻在很大程度上仍為學界忽視的文化事業能更為人認識，從而彌補現存佛教研究的一片空白之餘，幫助華人佛教能朝一更全面和健康的方向發展。

第二節：研究問題

誠然，上述三點在近現代華人佛教中有著重要意義。第一，是居士在佛教傳統中的角色。查佛教常以「四眾弟子」形容佛教徒的種類，其分別是比丘（bhikṣu，即出家男眾）、比丘尼（bhikṣuṇī，即出家女眾）、優婆塞（upāsaka，即在家男眾）和優婆夷（upāsikā，即在家女眾）；前兩者是出家僧人，後兩者是在家居士[5]。一般而言，居士負責透過金錢或物資供養僧人，以換取僧人為其解說佛法。此所以僧人的角色以布施佛理為主，簡稱法施；而居士的角色則以布施金錢和物質為主，謂之財施。在傳統上，僧人和居士各有功能，彼此不能輕言替代。最明顯的

[5] 本節有關出家僧人和在家居士的比較，主要參考釋印順，《佛法概論》（新竹：正聞出版社，2003年），頁197-199；水野弘元著，香光書鄉編譯組譯，《佛教的真髓》（嘉義：香光書鄉，2002年），頁210-218；呂凱文，〈論僧俗二眾之宗教教育——從僧俗身份的區分與宗教職能的定位談起〉，《世界宗教學刊》第5期（6/2005）：59-109。

例子，是僧人不能如居士一樣在社會上擁有職業，並參與如商業和政治等俗世事務；居士則難以如僧人般長期於寺院內修行，亦不能主持如法會和超渡等宗教活動。我們若考慮到僧人和居士的功能當有價值上的高低，則可發現僧人在佛教內部的地位理應比居士為高。這是因為佛教如未有金錢或物質的支持，其發展雖會因此而受到限制，但卻不會由此使佛教不成佛教；反之，若佛教未能以佛理作基礎，則縱擁有大量金錢或物質，其亦難以繼被視為佛教[6]。換言之，僧人在佛教內部之所以比居士重要，是因為法施對於佛教而言實比財施關鍵：前者是本，後者是末；前者是主，後者是次。僧人的功能既是為居士乃至大眾提供法施，而居士的作用則是為僧人提供財施，則彼此在佛教中的重要性乃應有異。因此，吾人或不宜因為佛教在原則上主張眾生平等，便直覺地認為僧人和居士在實際上即處於平等的地位；佛教對僧人和居士實有不同期望和要求，這從佛陀（本名悉達多・喬達摩 Siddhāttha Gotama，約於公元前566-486年，或公元前467-387年）在《雜阿含經》中明言其因為僧人比居士有更好的修行條件，故願意為前者說更詳盡的佛法一事可知[7]。

惟上述有關僧人和居士在佛教中的地位並非絕對，而當視乎實際的情況而定。以中國為例，自佛教於公元一世紀前後由西域傳入，其至今在中國已存在約二千年。但佛教在中國的發展既

6 詳見釋印順，《遊心法海六十年・契理契機之人間佛教合刊》（新竹：正聞出版社，2014年），頁99-115。

7 參考《大正藏》卷2，頁230下-231下；《大正藏》卷2，頁424上－425下。更多討論，見釋聖嚴，《拈花微笑》（臺北：法鼓文化，2018年），頁114-125；Kai Sheng, 'The basic mode of the lay-Saṃgha relationship in Indian Buddhism, its representations in and repercussions for Chinese Buddhism', *Studies in Chinese Religions* vol.1, no.2 (2015): 149-171.

有高低起伏，則在不同時代乃有不同形態[8]，而這些形態又直接影響僧人和居士的關係。譬如我們若循義理的深入和多元程度觀之，佛教在中國的發展應在七至九世紀的唐代攀上高峰。蓋當時在中國的佛教宗派林立，彼此各具特色，如有哲學味道明顯的天台宗、唯識宗和華嚴宗；宗教色彩濃厚的淨土宗和密宗，以及融佛理於生活的律宗和禪宗等，可謂百花齊放，各派爭鳴。但在十世紀以降，佛教在中國已鮮有義理上的創新，加上在儒、釋、道三教合一的趨勢下佛教的身分漸變模糊，其與唐代時的盛世相比可謂明顯衰落[9]。當然，一宗教或一思想的衰落涉及極多因素，我們不宜把之訴諸單一原因，以免有把複雜的問題簡單化之嫌。可是，當代著名學問僧印順法師（1906-2005）認為禪宗的興起當為佛教的衰落負上很大責任的這一觀點，卻甚值得我們注意，因其明顯反映不少時人的心聲，一如後文所述。印順法師便言：「中國佛教的內傷，是多年積弱。首先是，撐持了千年的禪宗，雖曾經隆盛到極點，然禪者專重向上，專重直觀，輕視嚴密的義學，事相的修習，佛教這才從平淡而貧乏，貧乏而衰落起來。」[10]蓋印順法師認為禪宗的問題正是使人忽視義理和修持。

---

8 詳見拙作《激盪即無礙：佛教與儒道思想的互動》（香港：三聯書店，2020年）。

9 Arthur F. Wright, *Buddhism in Chinese History* (Stanford: Stanford University Press & London: Oxford University Press, 1959), pp. 65-85；Kenneth Ch'en, *Buddhism in China: A Historical Survey* (New Jersey: Princeton University Press, 1964), pp. 389-408. 但值得注意的，是吾人言佛教在中國於唐代以後開始衰落，主要是根據義理創新等標準。若論融入社會的程度，佛教在唐代以後的中國實非常普及。詳見Peter N. Gregory and Daniel A. Getz Jr. ed., *Buddhism in the Sung* (Honolulu: Hawaii University Press, 1999), pp.1-20. 在這一意義下，言佛教在唐代以後即在中國衰落在學界中還是未有共識。可是，假如這些更能融入社會的佛教並非以清晰的義理和優秀的僧才為基礎，則其所宣揚的道理和實踐的儀軌在多大程度上真可稱為佛教的一部分，以致這些所謂佛教對社會的影響究竟是好是壞，筆者對此不能無疑。

10 釋印順，《教制教典與教學》（新竹：正聞出版社，2003年），頁12。

誠然，在理論上，僧人在佛教的角色應是法施者，其行為當是居士的榜樣；但在實際上，禪宗輕視經教和戒律卻為僧人可以不學無術和違反戒律提供了藉口，直接助長了僧人頹廢的風氣[11]。是以，近代哲人方東美先生（1899-1977）乃言：「中國禪宗裡面當然有智慧極高的人，但是也有智慧極低的人在那個地方裝模作樣，行騙於世。所以在禪宗裡面，極高的大德與極低的騙子中間，很難劃分。」認為解決這一問題的方法，當是重新訴諸精確的文字和嚴謹的論證，不能再以「打諢猜拳」的方式來了解佛理[12]。不論以上觀點是否全然正確，近現代中國僧人的質素參差不齊卻是普遍的現象，而利用唯識來挽回在華佛教的頹勢亦是不爭的事實。

的確，從現存文獻可見，二十世紀初期的中國已有人對僧人作嚴厲批評，認為大部分僧人對佛教義理欠缺基本認識，以致只能透過為亡者作超渡法事來謀生[13]。簡言之，近現代的中國僧

---

[11] 冉雲華，《從印度佛教到中國佛教》（臺北：東大圖書公司，1995年），頁19-41；龔雋，《禪史鉤沉：以問題為中心的思想史論述》（北京：三聯，2006年），頁64-72。惟必須指出，禪宗雖表面上有輕視經教和戒律的一面，但這一面卻或是以吾人已對經教有所認識乃至對戒律能加以遵守為前提。在這一意義下，不重經教和戒律也許只是禪宗予人的印象，而非禪宗的真正旨趣。由於本書並非意在討論禪宗義理，故對以上觀點僅作澄清而不擬更作討論，有興趣的讀者可參考唐君毅，《中國哲學原論・原性篇》（臺北：臺灣學生書局，1991年），頁299-319。另見廖明活，《中國佛教思想述要》（臺北：臺灣商務印書館，2006年），頁547-548。

[12] 方東美，《中國大乘佛學（上冊）》（臺北：黎明文化，2004年），頁290。

[13] 維慈（中文名尉遲酣，Holmes Welch，1921-1981）在其名著 *The Buddhist Revival in China* 中便引用了不少西方傳教士對當時中國僧人的觀察，從而得出以上評語。詳見Holmes Welch, *The Buddhist Revival in China* (Cambridge MA.: Harvard University Press, 1968), pp. 222-253. 或有論者認為維慈的紀錄多少帶著傳教士對佛教的偏見，但對僧人的類似批評實亦廣見於當時的佛教徒之中。例子見釋法舫，《法舫文匯》（北京：宗教文化出版社，2012年），頁254-261；釋印順，《遊心法海六十年・契理契機之人間佛教合刊》，頁2-5。另見釋聖嚴，《教育・文化・文學》（臺北：法鼓文化，1999年），頁57-65。

人並未能達到為社會大眾提供法施的效果。反之，居士在社會有工作經驗，故在人脈和金錢等範疇均較僧人占有優勢；加上居士沒有宗派的包袱，其可更自由地游走於不同學理之間，有利吸收和建構知識[14]。在這一社會背景下，居士實有著更利於弘揚佛法的條件。是以，吾人可見在近現代中國不乏有居士承擔弘法的重任，部分人士甚至是振興佛教的健將。最著名的例子，莫如清末的楊文會（楊仁山，1837-1911）和國民政府時期的歐陽漸（歐陽竟無，1871-1943）等先生，其對佛教的貢獻之大，竟致堅持僧人在弘法上當有優先責任的現代高僧太虛法師（1890-1947）亦言「如有一二鉅人長德，遠若維摩詰、傅大士現通說法，四眾傾服，近如楊仁山居士刻經弘法，竹禪和尚嘗獻金供養，納頭禮拜，如此高賢勝事，世偶一見，其孰能非之」[15]；又言「請（歐陽漸）居士當悲憫今此僧眾之朽墮，扶掖令起」[16]，足見在近現代中國，居士在很大程度上已分擔甚至領導弘揚佛法的工作[17]。在這一意義下，前文所述有關《佛經選要》編纂所反映的情況乃非孤例。吾人當可言，若忽視居士在近現代中國佛教中所扮演的角色，則近現代中國佛教的真貌實不能為人所認識[18]；如果居士

14 參考釋隆根，〈居士與佛教〉，《香港佛教》第169期（6/1974）：5；邢東風，〈居士佛教〉，收入沖本克己、菅野博史編，辛如意譯，《中國文化中的佛教——中國III：宋元明清》（臺北：法鼓文化，2015年），頁368-371。

15 釋太虛，〈居士學佛之程序〉，收入太虛大師全書編纂委員會編，《太虛大師全書（第35冊）：制藏　學行》（臺北：太虛大師全書影印委員會，1970年），頁204-216。引文見頁215。

16 釋太虛，〈與竟無居士論作師〉，《海潮音》第8卷，第8期（9/1927）：30-38。引文見頁38。

17 Wing-tsit Chan, *Religious Trends in Modern China* (New York: Columbia University Press, 1953), pp. 85-86.

18 不少學者即指出，居士是近現代中國佛教不可忽視甚至是特別重要的部分。詳見張曼濤，〈當代中國的佛教思想〉，《哲學與文化》第6卷，第5期（8/1979）：25-29；蕭萐父，《中國哲學史史料源流舉要》（北京：文津出版社，2017年），頁421-422。

弘法在近現代中國佛教中確實扮演重要角色，則佛教法相學會的工作便有更作探討的必要。可惜的是，不少有關近現代中國佛教的研究主要把討論焦點放在僧人身上，對居士的貢獻缺乏深入的認識[19]；縱有少數研究探討居士的角色，但討論範圍卻全然未涉香港[20]；即使有個別學者介紹香港的居士，惟所論仍集中描述這些居士的工作，而對這些工作的意義似欠深入分析[21]，凡此情況均亟待改善。惟討論至此，我們卻可有以下疑問：居士在近現代中國佛教中固然重要，但居士弘法並非香港獨有，更非佛教法相學會的專利，吾人為何要在眾多居士弘法的例子中特意分析佛教法相學會？這即涉及前文所述的另一重點：唯識在整體佛教中的角色究是如何的問題。

但在進一步討論以前，我們有必要對一些重要的概念更作區分，以免在往後的討論中構成混亂。蓋在論及中國哲學的研究概況時，文化哲學家勞思光先生（1927-2012）強調吾人應意識到「中國哲學」（Chinese Philosophy）和「哲學在中國」（Philosophy in China）的分別：前者特指出現在中國這片土地上的哲學思想，或是在中國這片土地上得以發展而具中國特色者。儒家和道家即為最經典的「中國哲學」；後者則泛指外來哲學思想在中國這片土地上的情況，這些思想雖在中國存在，卻不

19　如由賴永海主編的《中國佛教通史》在討論近現代中國佛教的概況時，雖亦有論及歐陽漸對唯識的研究，但僅把其與當時僧人有關天台、華嚴、淨土的討論等量齊觀，而未能指出當時居士弘法的重要性。見賴永海主編，《中國佛教通史（第十五卷）》（南京：江蘇人民出版社，2010年）。

20　例子見潘桂明，《中國居士佛教史》（全兩冊，北京：中國社會科學出版社，2000年）；麻天祥，《晚清佛學與近代社會思潮》（開封：河南大學出版社，2005年）；劉成有，《近現代居士佛學研究》（北京：人民出版社，2013年）。

21　例子見鄧家宙，〈現代香港佛教的奠基者——香港佛教居士群像〉，《玄奘佛學研究》第32期（9/2019）：67-96；香港佛教聯合會編，《大德行誼——近代香港佛教人物傳》（香港：天地圖書，2023年），第三及第四章。

必即與中國文化融合而得到新的發揮。換言之，相關思想只是照原初形態在中國流傳，卻稱不上有任何中國的特色和元素。如存在主義、現象學和詮釋學等西方哲學均在現代中國得以講授，惟這些思想卻未有發展成所謂「中國的存在主義」和「中國的現象學」等形態。因此，我們乃可稱這些哲學思想只是「哲學在中國」[22]。勞先生相關觀點正好為下文所述帶來啟示。

按中國大乘佛教大致包括三論宗、天台宗、唯識宗、華嚴宗、禪宗、律宗、淨土宗和密宗等宗派[23]。在各宗派之中，三論宗和唯識宗廣被視為忠於印度佛教的形態，而較缺乏中國文化的元素[24]。若是，則我們可言三論宗和唯識宗當屬「佛教在中國」（Buddhism in China）的範疇，其並未受到太多傳統中國文化的影響。在某程度上，吾人甚至可言這些宗派表達的佛教思想實是由中文寫成的印度哲學[25]；至於天台宗、華嚴宗和禪宗等則普遍被認為是佛教在與傳統中國文化接觸後逐漸形成的產物[26]，其一方面既是佛教，另一方面卻受到如儒家和道家等傳統中國思想的影響，故性質可謂「中國佛教」（Chinese Buddhism）。換言之，這些佛教思想已帶有中國的元素，非印度本土所有。誠如後文所論，近現代中國不少僧人和居士均強調唯識是印度佛教而非

---

22 以上討論，詳見勞思光，《虛境與希望——論當代哲學與文化》（香港：中文大學出版社，2003年），頁25-31。

23 有關宗派的分類實非常複雜，學界對於在華佛教宗派的數目至今仍沒有共識。內文的說法，主要參考湯用彤，《隋唐及五代佛教史》（臺北：慧炬出版社，1997年），頁249-275。

24 楊惠南，《佛教思想發展史論》（臺北：東大圖書公司，2003年），頁309；錢新祖，《中國思想史講義》（臺北：台大出版中心，2013年），頁285-287。

25 類似觀點，可參考呂澂，《中國佛學源流略講》（北京：中華書局，2002年），頁339-340。

26 吳汝鈞，《中國佛學的現代詮釋》（臺北：文津，1995年），頁1；錢新祖，《中國思想史講義》，頁349。

中國佛教的思想，部分人士更認為印度佛教和中國佛教實處一對立的位置。因此，唯識思想雖在中國存在逾千年，吾人卻不宜輕易以「中國佛教」來指謂唯識，以免混淆其當屬「佛教在中國」的特性，並忽視了近現代中國部分佛教界人士之所以重視唯識思想的意義[27]。由於「中國佛教」一詞在本書的脈絡下專指有中國特色的佛教，而非泛指在中國這片土地上的佛教，故本書往後在描述後者的時候將使用「在華佛教」一詞，而在華佛教則包括「中國佛教」和「佛教在中國」兩者。這一點或與大部分現存研究不同，還請讀者垂注。

事實上，我們若忽視以上分類，則唯識宗便恐怕僅是在華佛教的一個宗派，其在佛教的地位似不必即比其他宗派重要。惟值得注意者，是在如楊文會和歐陽漸等居士眼中，唯識思想在佛教中卻扮演特別重要的角色，以致他們認為吾人若不了解唯識，便難以真正把握佛教的義理和精神，亦未能針對近現代在華佛教的流弊。誠如楊文會言唯識是「末法救弊之良藥」[28]；歐陽漸則謂其是佛教的「聖量根據」和貫穿一切佛理的基礎[29]，足見楊、歐陽等居士在討論唯識時實帶著明顯的問題意識，並非只是重複前人的觀點[30]，更非是為了討論而討論或尋求知性上的滿足[31]；他

---

27 參考勞思光，《新編中國哲學史（二）》（臺北：三民書局，2004年），頁187-188。的確，由於一個宗教往往有著不同的形態，故吾人當有把這些形態更作細分的必要。否則，便容易把一個宗教內部存在的複雜問題加以簡化，以致未能真切地探討各種問題，佛教的情況自然不能例外。參考Aaron W. Hughes, *Comparison: A Critical Primer* (Sheffield: Equinox Publishing Ltd., 2017), pp. 51-54.

28 楊文會，〈十宗略說〉，收入周繼旨校點，《楊文會全集》（合肥：黃山書社，2000年），頁147-156，引文見頁152。

29 歐陽漸，〈精刻大藏經緣起〉，收入麻天祥編，《歐陽竟無佛學文選》（武昌：武漢大學出版社，2009年），頁288-291。

30 林鎮國，《空性與現代性：從京都學派、新儒家到多音的佛教詮釋學》（臺北：立緒文化，1999年），頁29。

31 誠如劉宇光先生指出，現代華人學者的佛教研究經常面對一個問題，此即欠缺問

們的工作實是希望透過唯識使在華佛教能經得起近現代文化的各種挑戰[32]。歐陽漸即指出當時有關佛教義理的討論大致不離兩種情況：第一，是宗教式的「有結論無研究」；第二，是哲學式的「有研究無結論」。前者的弊處是只重佛教的結論而忽視了當中的推論，致使佛教的主張變得武斷，經不起吾人理性的推敲；後者的缺點則是只重推論而忽視了佛教的結論，以致佛教的道理淪為戲論，忽視了其與吾人解脫的關係[33]。歐陽漸強調，時人討論佛教典籍不能停留在有結論而無推論的層次，否則佛教與迷信無異；但亦不能滿足於有推論而無結論的階段，不然佛教與玄談相同。因此，他提出「結論後之研究」一說，強調研究佛理當重視推論，只是這一推論當要幫助得出佛典所述的結論，而非任人隨意發揮。至於達到以上效果的辦法，便是回到古印度以鑽研佛理著名的那爛陀寺（Nalanda Monastery）的傳統，強調義理的學習和辯論，而唯識思想正是那爛陀寺尤其重視的學問[34]。本書及後將進一步探討唯識如何有助達致以上「結論後之研究」的目標，這裡僅指出楊文會和歐陽漸等居士實有清晰的問題意識，並非只是籠統地護持佛教或弘揚唯識而已。誠然，唯識思想在近現代中

題意識。簡言之，不少研究可謂為了討論而討論，卻未能指出這些討論是要回應什麼問題。是以，亦難以說出這些討論的價值和意義。詳見劉宇光，〈一個徘徊在中國內地的學院佛學研究上空的幽靈〉，收入趙文崇、劉宇光編，《現代佛教與華人社會》（香港：紅出版，2012年），頁24-65，尤頁33-34。

32 John Makeham, 'Introduction', in John Makeham ed., *Transforming Consciousness: Yogācāra Thought in Modern China* (New York: Oxford University Press, 2014), pp. 1-38.

33 歐陽漸，〈與章行嚴書〉，收入麻天祥編，《歐陽竟無佛學文選》，頁334-337。

34 歐陽漸，〈支那內學院研究會開會辭〉，收入程恭讓編，《歐陽漸內學集萃》（北京：商務印書館，2018年），頁514-516。有一點或可注意，此即歐陽漸在文中提出以「法相」而非「唯識」解釋佛教諸法。他這一做法實是建基於其對「法相」和「唯識」再加以細分，此與當今學界一般僅用「唯識」一詞總括兩者不同。有關「法相」和「唯識」的關係，第二章將再有論及，暫按下不表。

國的佛教中扮演特殊角色早為學界察覺，只是討論的焦點僅局限在國民政府時期的中國[35]，卻未意識到隨著上世紀二、三十年代的政局不穩，這股有著明顯問題意識的闡揚唯識的學風在中國大陸已告中斷[36]，但相關志業卻在香港得以繼承和發展[37]。由此，即把我們的討論帶到本書的又一重點：居士弘法和闡揚唯識何以在香港發生的問題。

的確，香港長期被稱為「文化沙漠」，以致其對人類文化的建樹亦常被忽視[38]；但事實卻是，此地自開埠以來便因中西的交會、自由的風氣和良好的法制等因素，吸引了不少中、外人才到來發展[39]。在上世紀四十年代末來港並參與創辦新亞書院的經濟學者張丕介先生（1905-1970）以下一席話，正好說明香港在近現代華人社會中的獨特地位：「經過六、七年在香港生活之後，我不能不承認它是這個時代中最適宜於自由文化發展的環境

---

35 例子見周貴華，《唯識、心性與如來藏》（北京：宗教文化出版社，2007年）；John Makeham ed., *Transforming Consciousness: Yogācāra Thought in Modern China*.

36 王俊傑，《王恩洋儒佛思想研究：唯識學與儒學的雙重變奏》（臺北：崧博出版，2019年），頁8。

37 就筆者所見，學界中意識到以上情況者僅寥寥數人。例如Eyal Aviv在他哈佛大學的博士論文最後兩頁提到，清末民初一股研究唯識的學風正由香港的佛教法相學會繼承，惜該論文對佛教法相學會的工作未有更作介紹。詳見其*Differentiating the Pearl From the Fish Eye: Ouyang Jingwu (1871-1943) and the Revival of Scholastic Buddhism* (Unpublished PhD Thesis: Harvard University, 2008), pp. 228-229；袁宏禹則在他的研究中介紹羅時憲先生的工作，但未有指出這些工作的特色和意義。詳見其《20世紀中國唯識學史要》（北京：中華書局，2020年），頁217-230。筆者曾撰文介紹佛教法相學會的工作，見〈唯識在香港的傳承〉，《中國文哲研究通訊》第24卷，第2期（10/2014）：37-48。在很大程度上，本書實為該文的擴充。另，筆者曾為加拿大卑詩大學（University of British Columbia）的「宗教歷史資料庫」撰寫有關佛教法相學會及其他諸如當代新儒家、唐君毅和華嚴宗等議題的條目，有興趣的讀者可參考以下連結：https://religiondatabase.org/accounts/King%20Pong_Chiu_1687732017。

38 這一觀點，參考潘國靈，〈「文化沙漠」論一探〉，《明報月刊》第49卷，第7期（7/2014）：68-69。

39 羅香林，《香港與中西文化的交流》（香港：中國學社，1961年），頁1-5。

〔……〕我以為香港的文化地理地位比歐洲中心的柏林，有過之而無不及之處。」[40]正是香港擁有如此特殊的優勢，政治人物左舜生先生（1893-1969）乃言只有在香港這樣的地方才能做到真正的百花齊放，從而創造出新的思想[41]；作家阿城（1949-）甚至認為，批評香港是「文化沙漠」的人士只反映自己的文化程度不足，以致看不出香港的各種文化底蘊[42]。毫無疑問，香港的電影和歌曲等流行文化對亞洲乃至世界各地有著深遠的影響[43]，但吾人卻不能低估香港在傳統學問或所謂精英文化上亦有著重要的貢獻。傳教士理雅各（James Legge，1815-1897）在香港成功翻譯儒家的「四書」等典籍[44]，以及人稱當代新儒學的哲學運動即以香港作為基地等[45]，便是當中的著名例子。因此，歷史學家余英時先生（1930-2021）明言「香港在中國文、史、哲各領域內的整體貢獻，在世界範圍的漢學中，占了一個相當高的比例。以人口的比例而言，香港的成績更可以說是驚人的。」[46]

弔詭的是，香港的文化事業雖有可觀之處，但其在近現代

---

40 有關其時香港的優點，詳見張丕介，《粉筆生涯二十年》（香港：新亞書院，1970年），頁52-55。上述引文，見同書頁53。

41 左舜生著，蔡登山編，《左舜生回憶錄》（臺北：秀威經典，2023年），頁207-208。

42 阿城，《閑話閑說——中國世俗與中國小說》（臺北：時報文化，1994年），頁86-87。

43 參考David Bordwell, *Planet Hong Kong: Popular Cinema and the Art of Entertainment* (Cambridge MA.: Harvard University Press, 2000）；Louie Kam ed., *Hong Kong Culture: Word and Image* (Hong Kong: Hong Kong University Press, 2010).

44 Marilyn Laura Bowman, *James Legge and the Chinese Classics: A Brilliant Scot in the Turmoil of Colonial Hong Kong* (Altona: FriesenPress, 2016).

45 Wei-ming Tu, *Way, Learning and Politics: Essays on the Confucian Intellectual* (Albany: State University of New York Press, 1993), pp. 141-159.

46 余英時，〈香港與中國學術研究——從理雅各和王韜的漢學合作說起〉，收入其《現代學人與學術》（桂林：廣西師範大學出版社，2006年），頁455-459，引文見頁458-459。

華人佛教中所扮演的角色卻仍廣為人漠視。不少學者已指出吾人在研究中國歷史時，不能僅把目光放在中國大陸，而得同時留意其他華人地區和亞洲各地，因後者往往從另一角度反映中國的情況，其對我們了解中國的相關議題常能帶來意想不到的刺激和更為全面的視野[47]。如果唯識思想真如楊文會和歐陽漸等先生所主張的是挽救在華佛教的方法，則唯識的傳承和闡揚便連繫著在華佛教的命運。若是，以弘揚唯識為己任的佛教法相學會對在華佛教的前途便非常重要；而香港作為佛教法相學會的所在地，其弘法經驗乃有值得我們重視的必要。事實上，佛教法相學會即自覺是延續楊文會和歐陽漸等居士的弘法傳統[48]，吾人若要指出香港的佛教相對於其他華人社會，甚至東亞和東南亞地區究竟有何特別的地方，便得把握以上的歷史脈絡，從而說明香港的佛教有何特點。換言之，我們要著重香港有著其他地方所無，或比其他地方優秀之處，藉以讓人知悉在相關領域的研究上，若忽視香港的情況將是一種損失；卻不能僅以發現香港原來亦有著其他地方所有者為滿足，以致使人誤會香港只是相關議題中的一個普通例子而不值一顧。惜學界有關香港佛教的研究尚少，近年雖有學者嘗試探討佛教在香港的發展情況，但仍是以紀錄或描述相關事情為主，而未能明確指出這些事情的特色和價值[49]。當然，這些研究

[47] 楊儒賓，《1949禮讚》（臺北：聯經，2015年），頁57-64；葛兆光，《亞洲史的研究方法——以近世東部亞洲海域為中心》（香港：商務印書館，2023年），頁310-316。

[48] 陳雁姿，〈法相學會延續優良傳統　居士弘法薪火傳〉，《明覺》第55期（7/2007）。

[49] 例子見何建明，《人間佛教與現代港澳佛教：太虛大師、竺摩法師與港澳佛教》（全兩冊，香港：新新出版公司，2006年）；鄧家宙，《香港佛教史》（香港：中華書局，2015年）；侯坤宏，《論近代香港佛教》（香港：香港中文大學人間佛教研究中心，2021年）；馮樹勳、江浩民，《一生參學事——香港佛化生命教育研探》（香港：香港中文大學人間佛教研究中心，2022年）。

仍是極之珍貴，因若沒有前人對事實作出整理，今人亦沒有可能對事實更作分析；遑論涉及香港佛教的資料從來缺乏，要搜集相關資料已然不易[50]。吾人於此只指出相關研究可更作改善的地方，卻不否認本書仍得依賴相關研究所提供的資料方能成事。本書的撰作，即圍繞居士弘法、闡揚唯識和香港角色等三個問題作出討論，從而帶出佛教法相學會弘法事業的重要性。

第三節：釋名及進路

本書的名字是《法海津梁在香港：佛教法相學會研究》，顧名思義是一本以香港佛教法相學會為研究對象的書籍[51]。佛教法相學會之所以值得研究，是因其集合了上述居士弘法、闡揚唯識和香港角色等三個元素，而這些元素對於我們了解近現代在華佛教實非常關鍵。至於「法海津梁」一詞，即指浩瀚佛理中的一條道路或一道橋梁，借自筏可法師（1892-1972）為《佛經選要》所撰的序言。蓋筏可法師在該序言中，指出佛教典籍「卷秩浩

[50] 誠如吳昊（1948-2013）指出，研究香港歷史常要循收集原始資料入手，故往往使研究者卻步。參考吳昊，〈《老香港》系列序言〉，收入其《老香港・逝水無聲》（香港：次文化堂，2012年）。有關彙集香港佛教史料的困難，見鄧家宙，〈香港佛教徒口述歷史採集計劃芻議〉，收入「香港的歷史與社會研究」國際學術研討論籌委會編，《香港的歷史與社會研究》（香港：〔私人印刷〕，2017年），頁279-285。

[51] 此處所以標明研究對象是香港的佛教法相學會，是因為羅時憲先生在上世紀八十年代移居加拿大，並在一九八九年於加拿大安大略省（Ontario）另設安省佛教法相學會。香港和安省兩地的佛教法相學會均由羅時憲創立，故有著共同的淵源，但兩者互不隸屬。由於彼此的地理位置不同，故發展方向和現實意義遂有分別。是以，有關安省佛教法相學會的情況，或待留意北美佛教發展史的人士更作研究，本書則只集中討論香港的佛教法相學會。因此，後文所指的佛教法相學會一概指香港的佛教法相學會，而不另作標明。有關安省佛教法相學會的創立，參考高秉業，〈「法相」回憶錄〉，《法相學會集刊》第5輯（12/2003）：22-43，尤頁40-41。

繁，歷朝入《大藏經》，及未入者，逾萬卷有奇。初機入門者雖窮年累月，未易窺見藩籬，遑論堂奧，而欲求佛法普及，更非易事」，認為《佛經選要》正好「與學人以階梯」和「成一系統教法」，猶如「法海津梁」，對吾人認識佛理有莫大貢獻[52]。誠如本書往後所論，佛教法相學會繼承國民政府時期居士弘揚唯識思想的做法，銳意助有志學佛者擺脫籠統的學習方式，藉以使之對佛理能有一清晰的了解，從而讓學佛者能有一準繩以臻解脫，其工作正好是在浩瀚的佛法義海中為人提供學佛的道路或橋梁，故與筏可法師對《佛經選要》的評價可謂完全吻合。事實上，印順法師在為同書所撰的序言中，便談及研究佛理必須有一方法。茲僅把印順法師原文逕引如下，以便更作分析：

> 自佛日潛輝，天竺中華，聖哲代起。適應殊異區域，誘化不同眾生，而後宗義多途，門庭各異。會歸一乘，終無二致，誠能繼述佛意，弘廣無盡者。惟是法門淵廣，初學者或有望洋興歎，莫測涯際之感，而佛法難普及矣。而淺入者，或執片面為全體，誤方便為真實，基我慢而自標其高，隨己見而謂此獨是，是則佛法不特以是難普及，且更以是難一致；然應種種性，現種種身，說種種法，斯理決定，猶若金剛，若佛法之難普及，多諍論，則是不學淺學者之過也，亦人力之未盡。居今而言佛法，因不能不於此而設巧方便焉。〔……〕秋自菲返，道出香江，乃知大心居士馮公夏、李世華、吳悟達先生等，善張澄基先生言，禮請羅時憲、劉銳之、江淑嫺諸居士，已編纂而成書，且

52 釋筏可，〈佛經選要序一〉，收入佛經選要編纂會編，《佛經選要（下冊）》，頁數從缺。

名之為「佛經選要」矣！是知為佛法而發大心者，固大有人在焉！不禁欣慰無量！聞羅君之說，讀選要之目，乃知書以境行果為次，略及般若中觀，而大都錄自阿含、瑜伽、成唯識論。然不以瑜伽唯識之宗學而自拘，復編次淨土，禪及真言於後，事出創始，固難能而可貴矣！此書之出，學者宜可漸識通途。後之君子，基是而增益之，改編之，日新又新，愈博愈約，則今佛法之難普及，多諍論，庶得廓然一清，而放佛法光明於無限也。[53]

以上的一段說話，有三點值得注意。第一，印順法師以為認識佛理當有一系統，不能沒有章法；第二，唯識顯然是佛理的重要一環，不能忽視；第三，唯識雖有助了解佛理，但吾人不能認為唯識即是佛教中的最高義理，而應該出乎其中，以更通其他佛理。以上觀點，實同樣適用於佛教法相學會有關佛理研習的看法。蓋佛教法相學會的工作是藉著闡揚唯識以為今人指出一條學佛的道路，使學佛者能更有效和準確地認識佛教龐大的系統，從而避免在這一系統中迷路；但另一方面，唯識畢竟只是佛教的部分，故以闡揚唯識為要務的佛教法相學會亦是在浩瀚的佛理中繼續行進，而非在求佛的道路上有所執取或停滯不前。是以，《法海津梁在香港：佛教法相學會研究》一名並非指法海的津梁便只在香港或佛教法相學會，因不同人士皆可根據各自的因緣而提出不同的津梁以認識法海，而這些津梁亦可有不同程度的價值，法海的津梁並不會為一時一地的一人或一組識所壟斷；本書的名稱僅欲凸顯香港的情況或佛教法相學會的工作實為法海指引了一條津

53　釋印順，〈佛經選要序二〉，收入佛經選要編纂會編，《佛經選要（下冊）》，頁數從缺。

梁，而這一津梁不論在歷史的傳承和義理的闡揚上均有其獨特價值，相關經驗當值得吾人重視，故不宜只把之視作在華佛教的延伸或邊緣而已。本書雖以佛教法相學會作為研究對象，而該會的宗旨和工作又以闡揚唯識為主；但嚴格而言，本書並非一研究唯識思想的專著，而是一以「後設」的角度探討佛教法相學會工作的通論，藉以使吾人明白相關工作乃至香港佛教在近現代在華佛教中的意義。筆者相信，只有能夠解釋為何我們要重視唯識，唯識專著的撰作才有意思。否則，唯識的研究亦可以淪為精密的概念遊戲，而與吾人的生命無涉[54]。循此，本書一方面指出佛教法相學會如何在香港為探索佛理的人士提供門徑，另一方面亦討論其在法海的路途上怎樣繼續前行。本書第一章為導論，主要介紹本書所欲討論的問題，以及解釋相關問題為何值得我們重視，一如上文所述。

第二章介紹唯識在中國佛教史上的處境，以及居士在近現代在華佛教中的角色。的確，佛教法相學會的意義要在一宏觀的脈絡下才能為吾人所理解。蓋在華佛教自十世紀以降便開始出現輕視教理和戒律的情況，故印順法師才慨嘆在華佛教的衰落已長達千年[55]，太虛法師則更言近代在華佛教已到了「潰滅或興建的關頭」[56]。至於如何使在華佛教起死回生，方法莫過於跳出傳統中國佛教的框框以重新認識佛教的「真相」或「全貌」，而這項工

---

[54] 佛教法相學會其中一位重要人物李潤生先生在一次的訪問中便回憶，其在新亞研究所攻讀碩士學位時，曾以唯識思想為題發表報告。當時錢穆先生便提醒他，唯識偏向理論，不易與生命意義相應，故讀來容易使人感到枯燥。因此，研讀唯識尤重把相關理論和一己的生命相結合才不會迷失方向。詳見趙敬邦，〈李潤生先生訪問〉，《毅圃》第48期（5/2009）：10-20，尤頁11-12。另，是次訪問現為本書附錄二。

[55] 釋印順，《教制教典與教學》，頁12。

[56] 釋太虛，〈建設現代中國佛教談〉，收入釋印順編，《太虛大師選集（下）》（新竹：正聞出版社，2013年），頁311-370，尤頁312。

作則由重新鑽研印度大乘佛教的思想開始[57]。按佛教義理大致可分為「空」和「有」兩輪，前者以般若（prajñā）思想為代表，根據這一思想以發展的佛教宗派泛稱「空宗」；惟後者所指究是什麼，卻隨不同地域而有所分歧。循在華佛教的角度，「有」輪的代表思想當指如來藏（tathāgatagarbha），其主要解釋我們得以成佛的根據；但循印度大乘佛教的角度，「有」輪的代表思想則指唯識，其主要探討吾人有待轉變的心識，以及這一心識與世界的關係[58]。因此，於在華佛教的傳統中，「有宗」多指建基於如來藏思想以作發展的宗派，華嚴宗和禪宗是其中重要例子；但在印度佛教的傳統中，唯識一系才是「有宗」的代表。誠如前文所述，歐陽漸冀透過重拾古印度那爛陀寺的傳統以對在華佛教更作整理；而從在華佛教的歷史而言，那爛陀寺的傳統則與玄奘法師（602-664）有著密切的關係。究其原因，是唐代的玄奘法師有感時人對佛理的闡釋人殊人異，故在公元六二七年決意遠赴印度那爛陀寺學習於當地流行的唯識典籍《瑜伽師地論》，藉以希望把印度的大乘佛教思想帶回中土。經過約十七年的努力，玄奘法師終在公元六四五年返抵長安，並專注佛典的翻譯工作。由此，唯識思想乃得在中國盛行。惜自十世紀以降，中國的唯識典籍逐漸散迭，以致往後不同時期的人士雖偶爾對唯識思想有所論及，卻始終未能把握唯識的深意。至楊文會於一八七八年藉派駐倫敦的機會得與留學英國的日本學者南條文雄（1849-1927）相識，並在後者的幫助下重新得到不少早在中國散迭的唯識典籍，

57 呂澂，〈內學院研究工作的總結和計畫〉，收入洪啟嵩、黃啟霖編，《呂澂：當代佛學的泰斗》（臺北：大塊文化，2021年），頁184-191。

58 Peter Harvey, *An Introduction to Buddhism: Teachings, History and Practices* (Cambridge: Cambridge University Press, 2013), p.138. 下章將對如來藏和唯識等概念作簡單介紹，暫按下不表。

近現代中國才有機會出現一股研習唯識的風潮。在很大程度上，佛教法相學會的發展正是這一風潮的延續。本章即討論在華唯識和居士弘法的概況，以明佛教法相學會之所以出現的歷史背景及意義。

第三章介紹羅時憲先生、香港佛教與佛教法相學會的關係。蓋近現代中國的唯識研究有清晰的問題意識，並非當代學院意義下的純學術討論。學界多以為這股有著鮮明問題意識的唯識學風已隨著上世紀三十年代中國政局不穩而告終，但事實卻是這一學風在香港得以延續。當中原因，正是香港長期有著相對穩定和自由的政治環境，故能吸引各地的人才來港發展；而在這些人才之中，即包括與太虛法師和歐陽漸等人物有著密切關係的羅時憲先生。查羅時憲先生在一九四九年由中國大陸抵港後，隨即在此地長期及系統地使用粵語闡揚唯識思想，從而奠下香港研習唯識的風氣和傳統[59]。在一九六五年，羅時憲與十三位曾聽其講課的學生或人士共同創立佛教法相學會，成為香港唯一以弘揚唯識為已任的佛教組織[60]，冀能更有規模地發展闡揚唯識思想的事業。假如唯識思想真如楊文會和歐陽漸等居士所言是救治在華佛教頹萎的良藥，而香港又是近現代華人社會中闡揚唯識的重鎮，則香港便無疑是幫助在華佛教能朝一健康方向以發展的關鍵。簡言之，佛教法相學會的價值當要循整體近現代在華佛教史的脈絡下來加以了解，而近現代在華佛教史的書寫亦得包括佛教法相學會才算完整[61]。在這一意義下，欠缺討論香港佛教的任何一本在華佛教

59 鄧家宙，《香港佛教史》，頁140。

60 高永霄，〈太虛大師與香港佛教〉，收入霍韜晦編，《太虛誕生一百周年國際會議論文集》（香港：法住出版社，1990年），頁313-330。就筆者所知，佛教法相學會甚至是現今華人社會中唯一以弘揚唯識為己任的佛教組織。

61 這一觀點當同樣適用於討論香港和中國大陸在其他範疇上的關係，詳見陳明銶，

史都不會是一全面的在華佛教史；而忽視佛教法相學會工作的任何一個香港佛教研究都不會是一完整的香港佛教研究[62]。本章即介紹羅時憲先生在港的弘法事跡、佛教法相學會的發展歷史，以及其與香港的關係。

第四章介紹佛教法相學會的工作。查佛教法相學會成立近一甲子，在港闡揚唯識的時間長逾半世紀，其弘法的廣度和深度在近現代華人社會中實為罕見。事實上，歷年來佛教法相學會成員已完成或進行中的工作極多，當中包括對諸如《解深密經》、《瑜伽師地論》、《唯識三十頌》和《成唯識論述記》等唯識典籍作注疏和研究，並以之補充諸如般若、淨土和禪等佛教思想的不足，務求釐清人們對佛法的誤解，藉以幫助提高大眾對佛法的認識；並設立禪修班和對戒律更作闡釋，讓有意學佛者能對佛法加以實踐，從而對解脫之道作出驗證；又積極培訓弘法人才，務求使以上工作能持續地進行。隨著信眾對佛法的內涵和解脫的途徑有更深入的認識，香港的佛教乃開始走出民間信仰的狀況，不再停留在僅是滿足個人心理的「心靈雞湯」，或是開解吾人心理的情緒輔導等層次；反之，在港佛教正朝著作為一套有普遍意義和具深刻哲理的學問之方向發展。在很大程度上，香港的佛教可謂經歷一「知識論轉向」（epistemological turn），不少信眾明白知識和理論不但不會阻礙修持，其更是修持之得以成功的關鍵。由此，信眾對佛教的信仰乃由迷信轉變為智信，而佛教法相學會即在這一轉向中扮演重要角色。本章即循一系統的表達方

〈中國近代史之「香港因素」與香港研究之「大中華」基礎理念：全球、區域、國家、地區及本地層次的論述〉，收入「香港的歷史與社會研究」國際學術研討論籌委會編，《香港的歷史與社會研究》（香港：（私人印刷），2017年），頁16-24。

62 參考拙文〈唯識在香港的傳承〉。

式，介紹佛教法相學會的主要工作，從而呈現和解釋相關工作的意義。

第五章為總結，旨在檢討佛教法相學會的工作特色，並冀能為學會未來的發展提出建議。本章將指出，佛教法相學會跟人類歷史上所有的文化事業一樣，當有其優勢和局限。吾人往後的工作正是要認清相關優勢和局限，取長補短，藉以使佛教法相學會能在浩瀚的法海中繼續前行。如此，則在華佛教亦能從佛教法相學會的成長中有所得益和健康發展。

以上，為全書的進路；以下，即按此進路展開討論。

第二章：在華唯識與居士弘法

第一節：唐玄奘留印的因緣

誠如上一章所言，佛教法相學會自覺繼承楊文會和歐陽漸等居士的事業。因此，我們若要明白佛教法相學會的工作，當要先了解楊文會和歐陽漸等對佛教所作闡釋的特色。蓋楊文會於近代在華佛教史的一大貢獻，正是重新引介在華失傳已久的唯識思想回到中國[1]；而繼承楊文會遺志以弘揚唯識思想為己任的歐陽漸則明言，自己對佛教的研究實遠承古印度那爛陀寺的精神[2]。換言之，吾人如要弄清佛教法相學會的使命，便要理解那爛陀寺的傳統。由於唐代的玄奘法師曾於那爛陀寺留學，並最終把留學所得的佛教知識帶回中土，故從在華佛教史的角度，玄奘法師遂為那爛陀寺學統的繼承人[3]。是以，本書有關佛教法相學會的討論亦當不能離開玄奘法師對佛教的理解。事實上，羅時憲先生便明言玄奘法師把佛教的了義傳入中國，佛教法相學會的事業即建基

1 參考歐陽漸，〈楊仁山居士傳〉，收入程恭讓編，《歐陽漸學集萃》（北京：商務印書館，2018年），頁532-535。

2 歐陽漸，〈支那內學院研究會開會辭〉，收入程恭讓編，《歐陽漸學集萃》，頁514-516。

3 有一點須稍作解釋，即那爛陀寺的傳統亦傳至西藏，故藏傳佛教亦以秉承那爛陀寺的學統自況。在這一意義下，玄奘法師並非那爛陀寺學統的唯一繼承者；那爛陀寺的義理當比玄奘法師所傳的更為豐富。有關那爛陀寺的學問在西藏傳承的情況，參考Donald S. Lopez, 'Introductory Essay', in Thupten Jinpa ed., *Science and Philosophy in the Indian Buddhist Classics vol.3 Philosophical Schools* (Somerville: Wisdom Publications, 2022), pp. 11-66，尤其pp.13-21.

於玄奘法師所承學問而開展[4]。以上說明之所以重要，是因為玄奘法師留學印度實有明確目的，而這一目的在很大程度上涉及我們對佛教整體性格的把握。在這一意義下，凡自認繼承玄奘法師志業者亦當對相關問題意識有所了解，不能僅是以介紹唯識思想而滿足。

的確，玄奘法師在公元六二七年離開中土遠赴印度求法，正是為了釐清時人對佛教的誤解。按佛教約於公元一世紀前後經西域來到中國，其最初主要以方術的形態在中土出現。惟隨著傳入中土的佛典愈益增多，佛教義理亦逐漸為人所認識。至於時人早期認識佛法的方法，主要是透過「格義」。所謂格義，是以自己熟悉的語言和概念來了解外來的思想。最經典的例子，是時人用道家的「無」來比擬佛教的「空」，以及用儒家的「聖人」來比擬佛教的「佛陀」。誠然，格義有助當時的中土人士以一便捷的方式來了解佛教，但其缺點卻是容易穿鑿附會，以致未能認識佛教的真實面目[5]。因此，格義僅是吾人用以了解外來文化的一個過渡階段，不同的文化既有不同的價值觀，固有的概念實不能完全用以理解外來的義理[6]；我們若要對外來文化有深入的認識，便不能停留在用自己熟悉的觀念來比擬相關思想。是以，如要切實地了解佛法，較有效的方法當是透過翻譯，把佛教的典籍由梵文譯成中文，藉以使當時的中土人士能夠更直接地理解佛典[7]。

4 羅時憲講，陳雁姿等編，《唯識方隅講記・第一冊》（香港：佛教法相學會弘法資源有限公司，2020年），頁223-224；羅時憲講，陳雁姿等編，《唯識方隅講記・第四冊》，頁1570。

5 更多討論，可參考拙作《激盪即無礙：佛教與儒道思想的互動》（香港：三聯，2020年），尤第二及第三章。

6 荒木見悟著，廖肇亨譯，《明末清初的思想與佛教》（臺北：聯經，2006年），頁220-221。

7 顧偉康，《中國漢地佛典翻譯史話》（香港：香港中文大學人間佛教研究中心，2022年），頁74-76。

惟翻譯雖然重要，但一文本（text）當如何翻譯卻涉及譯者的質素。換言之，對一文本所作的翻譯可隨譯者對該文本所作理解的不同而有異；質素優良的譯本固然有助加深吾人對佛法的認識，但質素欠佳的譯本亦可以倒過來成為我們理解佛法的障礙。事實上，促成玄奘法師遠赴印度求學的一個原因，正是其時漢譯佛典有關心識的討論往往莫衷一是，而有亟待釐清的必要。

第一章言及佛教義理可大致分為「空」、「有」兩輪，並由此衍生「空」、「有」兩宗的思想。總括而言，佛教的世界觀建基於「緣起」法則[8]，「空」、「有」兩輪便是根據這一法則而開展。所謂「緣起」，《雜阿含經・卷十二》有言：「云何名緣起初義？謂：依此有故彼有，此生故彼生。此無故彼無，此滅故彼滅。」意指一事或一物之所以出現，有賴各種條件的配合。因此，事物並無獨立不變的本質，故吾人不能對任何事物有所執取；惟值得注意者，是事物既憑藉各種條件而得以出現，則我們亦不能認為事物並不存在，從而對之加以捨棄。事物沒有獨立的本質謂之「空」；事物仍有不同的屬性謂之「有」。佛教即主張認識事物的「空」性，並認識事物的「有」相，卻同時不執著於事物的「空」性和「有」相，藉以觀照事物的實況。誠如《雜阿含經・卷十》載佛陀對弟子迦旃延言：「世人顛倒，依於二邊，若有若無。世人取諸境界，心便計著。〔……〕如實正觀世間集者，則不生世間無見；如實正觀世間滅，則不生世間有見。迦旃延！如來離於二邊，說於中道。」強調事物因緣而有，故其沒有不變的本質，是「空宗」主要探討的範疇，般若中觀即為空宗的

[8] 釋印順，《以佛法研究佛法》（臺北：正聞出版社，1992年），頁1-14；木村泰賢著，釋依觀譯，《原始佛教思想論》（臺北：臺灣商務印書館，2019年），頁64-65；The Dalai Lama, 'Introduction', in Thupten Jinpa ed., *Science and Philosophy in the Indian Buddhist Classics vol.3 Philosophical Schools*, pp. 1-9.

代表思想；強調事物因緣而有，故其當有各自的屬性，則是「有宗」主要探討的領域，唯識和某意義下的如來藏便是有宗的代表思想。當然，「空」、「有」兩輪並非截然劃分，而是事實的一體兩面：事物沒有獨立不變的本質，不代表事物並不存在，故事物的本質雖是「空」，但其屬性仍是「有」；事物雖有不同的屬性，但其畢竟憑藉各種條件而存在，故事物的屬性雖是「有」，但其本質還是「空」。是以，「空」和「有」的思想並非對立，而是互通；只有「空」和「有」的思想配合，才能說明世界的真實狀況[9]。玄奘法師在留學印度以前即曾在中土隨十多位僧人學習佛法，所學經論包括《涅槃經》、《攝大乘論》、《俱舍論》、《成實論》、《雜阿毗曇心論》、《婆沙廣論》、《雜心玄義》和《雜心論》等。從現存資料所見，玄奘法師的研習興趣似乎較傾向「有」輪的思想。雖言「空」和「有」兩輪不能截然劃分，但玄奘法師確是因為對屬於「有」輪的思想有所疑惑，才決定到印度學習當時於該地盛行的唯識思想[10]。至此，我們乃有必要對玄奘法師留學印度以前即在華出現的「有」輪思想作一初步了解，才能知道玄奘法師留學印度的真正意義。

蓋唯識（vijñapti-mātra）一詞主要由「識」（vijñapti）和「唯」（mātratā）所組成，其表面意思似是世界的一切不外是吾人主體投射出來的影像。但這一解讀卻容易予人一種唯心論的印象，以致誤會唯識思想主張世間的一切均只是我們的主觀建構而已。因此，更準確的說法當是「境」（artha）的出現必須依賴

---

9 水野弘元（1901-2006）言「空」具有理論性和實踐性，其意即分別與本文所言的「空」和「有」類似。詳見水野弘元著，香光書鄉編譯組譯，《佛教的真髓》（臺北：香光書鄉出版社，2002年），頁183-201。

10 楊維中，《中國唯識宗通史（上）》（南京：鳳凰出版社，2008年），頁388-398。

「識」。簡言之，吾人主體雖決定外境的存在狀態，但主體和外境畢竟有一定程度的客觀性，故外境並非任由我們隨意闡釋。以上意思將在後文更有論及，暫按下不表。惟循以上所述，已見唯識思想的討論重點實涉及吾人主體、外境，以及兩者之間的關係[11]。至於弘揚唯識思想的學派則名為唯識宗（Vijñānavāda）或法相宗，又名瑜伽行派（Yogācāra），後者尤強調該套思想的實踐性格。大致而言，唯識思想在印度的成熟和發展可追溯至無著（Asanga，活躍於公元四世紀）和世親（Vasubandhu，活躍於公元四至五世紀）兩兄弟[12]。傳說無著透過禪定到達兜率天聽彌勒（Maitreya）說法，並把相關觀點紀錄下來而成《瑜伽師地論》，此論乃為唯識思想其中一部最重要的典籍。除了《瑜伽師地論》的來源或有著某程度的宗教色彩外，唯識不少重要典籍如《攝大乘論》和《顯揚聖教論》等即由無著所撰；而世親初隨說一切有部的僧人學習，並不斷抨擊大乘佛教。惟一日無著以患病為由，促使世親到其家中探望，伺機讓後者有接觸大乘佛教的機會。由此，世親遂轉而學習大乘佛教，其不但以弘揚唯識為已任，更寫有《十地經論》、《大乘成業論》、《唯識二十論》和《唯識三十頌》等多部唯識典籍。《唯識三十頌》與後來玄奘法

[11] Lambert Schmithausen, *On the Problem of the External World in the Ch'eng wei shih lun* (Tokyo: The International Institute for Buddhist Studies, 2005)；上田義文著，陳榮灼編譯，《色即空‧空即色——上田義文唯識學論文集》（臺北：政大出版社，2022年），頁xi-xx；吳汝鈞編著，《佛教思想大辭典》（臺北：臺灣商務印書館，1992年），頁411b-412a。

[12] 以下所述，參考楊惠南，《佛教思想發展史論》（臺北：東大圖書公司，2003年），頁179-190；勝呂信靜，〈佛教的兩大思潮（下）瑜珈佛教〉，收入水野弘元等著，許洋主譯，《印度的佛教》（臺北：法爾出版社，2014年），頁167-186。當然，唯識思想亦是建基於部派佛教的思想逐漸發展而成，並非全由無著和世親創建。有關唯識思想的源流，可參考釋印順，《唯識學探源》（新竹：正聞出版社，2000年）。

師一系的唯識思想關係尤深，一如後文所述。

唯識思想在華出現的時間，最早當在公元五至六世紀的南北朝，其形態則有以菩提流支（Bodhiruci，?-535）為代表，以探討《十地經論》的思想為主的地論宗，及以真諦（Paramartha，499-569）為代表，以探討《攝大乘論》的思想為主的攝論宗。蓋菩提流支和真諦均是由印度來華的僧人，而他們與唯識的關係，則可從其所宗主的論典與無著和世親的源由說起。顧名思義，《十地經論》是對《十地經》所作的闡釋，而前者的作者便是世親；《攝大乘論》則是對《阿毘達磨大乘經・攝大乘品》的闡釋，前者的作者則為無著。由於兩論的作者分別是唯識思想的祖師，故《十地經論》和《攝大乘論》廣被認為是屬於唯識範疇的論著。因此，以闡揚《十地經論》和《攝大乘論》為己任的地論宗和攝論宗乃被視作唯識思想在中土的最初形態[13]。查地論宗和攝論宗在義理上的一個主要分別，是彼此對吾人心識或主體的認識有著不同。簡言之，地論宗主張八識說，認為眼、耳、鼻、舌、身、意和末那（manas）等七識是虛妄，而第八識「阿黎耶識」（地論宗又把其稱為「阿梨耶識」，ālaya-vijñāna）則為清淨[14]；攝論宗則主張九識說，認為第八識是真、妄和合，而第九識「阿摩羅識」（āmala-vijñāna）才是清淨。以上爭議之所以出現，固然涉及《十地經論》和《攝大乘論》對主體的描述存著分別，但亦可能是由於時人對文本當如何翻譯有著不同理解，以

13 釋印順，《印度佛教思想史》（新竹：正聞出版社，2009年），頁241-251。

14 自玄奘法師一系的唯識思想興起後，ālaya-vijñāna統譯為「阿賴耶識」。另，地論宗實可分為南地論宗和北地論宗，惟北地論宗的主張與攝論宗相似，故最終為攝論宗吸收。因此，本節不擬對北地論宗更作討論，而逕把南地論宗視為地論宗的代表。參考鐮田茂雄著，關世謙譯，《中國佛教史》（臺北：新文豐，2010年），頁92-95。

致誤以為阿黎耶識和阿摩羅識為截然不同的兩個概念[15]。惟不論如何，吾人心識或主體的構造和特性究是什麼，在佛教史上確曾引起極大爭議[16]。如前所述，玄奘法師在留學印度以前曾隨多人學習佛法，但彼此對我們主體的闡釋和理解卻有著極大分別，當中包括有關主體究竟是染是淨的問題[17]。大致而言，持主體是清淨者主張我們的最終心識是如來藏。由於其本性清淨，故亦名「自性清淨心」；而如來藏是眾生得以成佛的根據，故又名「佛性」。至於我們現在之所以有如貪、嗔、癡等煩惱（kleśa），是因為如來藏為無明（avidyā）所覆蓋。但吾人主體最終既是清淨，則我們還是有對治無明以消除煩惱的可能，建基於以上主張而發展的便包括華嚴宗和禪宗等思想；至於持主體當為染污者則認為我們的最終心識是阿賴耶識，其是攝藏吾人一切潛能或種子的載體，我們之所以對各種事物有所執取並產生煩惱，是因為相關的潛能或種子起用。因此，吾人的工作是要令這些具負面意義的潛能或種子不能起用，從而使作為這些潛能或種子載體的阿賴耶識得以轉化，以上論點大致為唯識宗的主張[18]。由於上述涉

---

15 詳見梅光義，〈相宗新舊兩譯不同論〉，收入張曼濤編，《唯識問題研究》（臺北：大乘文化出版社，1978年），頁89-95。印順法師對阿摩羅識的內涵有詳細討論，並認為時人對阿摩羅識的見解紛陳當與其時的傳譯問題有關。詳見釋印順，《以佛法研究佛法》，頁269-300。

16 更多有關地論宗和攝論宗的討論，參考廖明活，《中國佛教思想述要》（臺北：臺灣商務印書館，2006年），頁113-133；韓廷傑，《唯識學概論》（臺北：文津出版社，1993年），頁86-91、116-121；楊惠南，《佛教思想發展史論》，頁299-304。

17 釋演培，〈唯識思想演變史略〉，收入張曼濤編，《唯識學的發展與傳承》（臺北：大乘文化出版社，1978年），頁207-254；釋世光，〈法相唯識學中國所傳〉，同上書，頁319-342。

18 有關如來藏和唯識的簡要說明，參考霍韜晦，《絕對與圓融——佛教思想論集》（臺北：東大圖書公司，2002年），頁250-274；Paul Williams, *Mahāyāna Buddhism: The Doctrinal Foundations* (Oxon and New York: Routledge, 2009), pp. 84-128.

及主體的闡釋均自承有佛典作根據，故何者才是正確的觀點在當時遂成一待考的問題。本章並不打算簡單地討論以上有關主體的闡釋究竟孰是孰非或孰優孰劣，而僅想指出一點：玄奘法師之所以赴印留學，主要是欲弄清這一纏繞著其時佛教界的問題；而弄清這一問題的方法，便是直接向當時流行於那爛陀寺的唯識典籍《瑜伽師地論》求證。誠如《大唐大慈恩寺三藏法師傳・卷一》所載：

> 法師既遍謁眾師，備飡其說，詳考其理，各擅宗塗，驗之聖典，亦隱顯有異，莫知適從，乃誓遊西方以問所惑，并取《十七地論》以釋眾疑，即今之《瑜伽師地論》也。

查玄奘法師之所以知道那爛陀寺的概況，或是由於他在公元六二六年於長安遇上印度僧人波頗蜜多羅（Prabhākaramitra，565-633），後者是戒賢（Śīlabhadra，529?-645）的學生，而戒賢則是當時那爛陀寺最具聲望的高僧和住持[19]。是以，玄奘法師乃得知那爛陀寺的概況，並決定赴彼地向戒賢學習《瑜伽師地論》，冀能把該論的思想帶回中土，藉以平息時人有關吾人主體的爭議。玄奘法師在《謝高昌王送沙彌及國書綾絹等啟》中便言：

> 遺教東流，六百餘祀。騰會振輝於吳洛，讖什鍾美於秦涼，不墜元風，咸匡勝業。但遠人來譯，音訓不同，去聖時遙，義類差舛。遂使雙林一味之旨，分成當現二常；他

[19] 詳見Kuwayanma Shōshin（桑山正進）, 'How Xuanzang Learned about *Nālandā*', *China Report* vol.48, no. 1 & 2 (2012)：61-88.

> 化不二之宗，析為南北兩道；紛紜爭論，凡數百年，率土懷疑，莫有匠決。玄奘宿因有慶，早豫緇門；負笈從師，年將二紀；名賢勝友，備悉諮詢；大小乘宗，略得披覽：未嘗不執卷躊躇，捧經侘傺，望給園而翹足，想鷲嶺而載懷。〔……〕然後展謁眾師，稟承正法，歸還翻譯，廣布未聞。翦邪見之稠林，絕異端之穿鑿，補像化之遺闕，定元門之指南。

足見玄奘法師留學印度實有清晰的問題意識和預期目標[20]，吾人對此實不得不察。的確，自公元六二七年離開及至六四五年重抵長安，玄奘法師的留學之旅接近十七年，最終成功把大量佛教典籍由印度帶回中國，並設立譯場把相關典籍譯成中文，其大大刺激了在華佛教的發展。至於玄奘法師在到達那爛陀寺以前[21]，已在途中的犍陀羅國（Gandhara，今阿富汗東部一帶）、摩舍羅國（Mallas，或為今克什米爾一帶）和答秣蘇伐那寺（Tāmasavana）等地學習《對法論》、《顯宗論》、《理門論》、《大毗婆娑論》和《薩婆多部》等多部上座部經典；至那爛陀寺，即向戒賢學習《瑜伽師地論》、《中論》、《百論》、《順正理論》和《因明論》等「空」、「有」兩輪的思想，以及有關知識論、邏輯和辯論術等「因明」（hetuvidyā）學問長達五年，終成為戒賢座下能講授五十部經論的十位弟子之一。由於戒賢不僅是那爛陀寺的住持，更是唯識學大師護法

---

20 季羨林，〈玄奘與《大唐西域記》〉，收入季羨林、湯一介編，《中華佛教史・佛教史論集》（太原：山西教育出版社，2013年），頁62-167，尤頁142-144。

21 以下有關玄奘法師的學習經歷，參考〈玄奘大師所學與所傳〉，收入釋光中編，《唐玄奘三藏傳史彙編》（臺北：東大圖書公司，1989年），頁511-596，尤頁514-524。

（Dharmapāla，活躍於公元六世紀上半葉）的弟子，護法則是因明學大師陳那（Dinnāga，活躍於公元五世紀中後期）的弟子，而陳那正是世親的其中一位弟子，故在學統上，玄奘法師可說是其中一位唯識思想的繼承人[22]。如前所述，世親的《唯識三十頌》是唯識思想的重要典籍，該論由三十首頌所構成，主旨是解釋唯識思想的奧義。原本世親打算為該三十首頌更作詳細解釋，惜未成事即告逝世。因此，遂有十大論師各自根據自己對《唯識三十頌》的了解，對該論作出注疏和闡釋。這十大論師分別為：護法、安慧（Sthiramati，活躍於公元六世紀上半葉）、火辨（Cittrabhanu）、難陀（Nanda）、德慧（Gunamati）、勝友（Jinamitra）、智月（Jnanacandra）、親勝（Bandhusri）、淨月（Shuddhacandra）和最勝子（Jinapura）。玄奘法師既隨戒賢學習《瑜伽師地論》，而戒賢則是護法的學生。是以，玄奘法師實為護法的再傳弟子，其有關唯識的闡釋乃秉承護法一系的見解[23]。

事實上，玄奘法師自印度回到中土後的主要工作，除了把其在西域和印度的所見所聞紀錄在《大唐西域記》這一個人著作以外，便是把由印度帶回中土的佛典譯成中文。循文化交流的角度，《大唐西域記》固然為當時中土人士介紹了西域和印度的風土人情，甚至為後來國際學界得以有效研究印度歷史提供了一重

---

[22] 湯用彤，《隋唐及五代佛教史》（臺北：慧炬出版社，1997年），頁173-195；鐮田茂雄著，關世謙譯，《中國佛教史》，頁182-186。誠然，世親的思想不必便為某一弟子所壟斷，但吾人已可見玄奘法師與世親無疑有著一傳承的關係。事實上，玄奘法師在離開那爛陀寺後仍繼續向不同學術背景的人士學習，當中包括護法一系以外的僧人和居士，以及婆羅門教的人士等。由於玄奘法師的相關經歷與本書主旨沒有直接關係，故從略。有興趣的讀者可參考水野弘元著，李立東譯，《經典成立史》（上海：華東師範大學出版社，2017年），頁247-256。

[23] 呂澂，《中國佛學源流略講》（北京：中華書局，2002年），頁185。

要參考[24]；從佛教在中國得以發展的角度，玄奘法師所譯的佛典遍及上座部、大眾部、空輪、有輪和因明，相關工作不但刺激了時人對佛教的興趣，以致短期內促成各宗派的興起，長遠而言更豐富了中國的文化資源，其對促進佛教在中國的發展以及中國文化的成長，可說有著曠古爍今的貢獻[25]；惟從本書的角度，最值得注意者還是《成唯識論》的編譯，這是因為該書正好糅合了前述十大論師對《唯識三十頌》的闡釋，堪稱唯識思想在中國的集大成著作[26]。蓋玄奘法師自印度回到中土後，嘗與神昉、嘉尚、普光和窺基（632-682）等弟子合作翻譯十大論師對《唯識三十頌》的注疏，後玄奘法師採納窺基之見，不但僅與後者進行是次翻譯工作，最終更用護法的觀點作主導以整合其餘九家闡釋，當中成果即為《成唯識論》。誠如窺基在其《成唯識論述記》中所言：

> 製此（《成唯識論》）釋者，雖十論師，於中護法聲德獨振，故此論題特以標首。此師所說最有研尋，於諸義中多為南指。邪徒失趣，正理得方，迥拔眾師，穎超群聖者，其惟一人乎！

自此，以反映護法一系觀點為主的《成唯識論》遂成為唯識在中國的主流甚至正統[27]，其認為我們的主體當是阿賴耶識，

---

24 Sally Hovey Wriggins, *Xuanzang: A Buddhist Pilgrim on the Silk Road* (Colorado and Oxford: Westview Press, 2004), pp. 226-227.

25 湯用彤，《隋唐及五代佛教史》，頁18-24。

26 楊惠南，《佛教思想發展史論》，頁319-320。

27 林國良，《成唯識論直解》（上海：復旦大學出版社，2000年），〈前言〉頁1-3；楊維中，《中國唯識宗通史（上）》，頁423-448。

但這一心識卻是有待轉化的主體，而不應為吾人所執持的對象。除玄奘法師和窺基共同編譯的《成唯識論》以外，窺基亦著有《成唯識論述記》和《成唯識論掌中樞要》等書；窺基歿後，弘揚唯識的志業由弟子慧沼（651-714）和再傳弟子智周（668-723）繼承。前者著有《成唯識論了義燈》，後者則著有《成唯識論演祕》，其均是在華佛教重要的唯識典籍。據窺基《成唯識論述記・卷一》所載，《成唯識論》的思想實依據以下六部經和十一部論而建立：六部經包括《華嚴經》、《解深密經》、《如來出現功德莊嚴經》、《阿毘達磨大乘經》、《楞伽經》和《厚嚴經》；十一部論則為《瑜伽師地論》、《顯揚聖教論》、《莊嚴經論》、《集量論》、《攝大乘論》、《十地經論》、《分別瑜伽論》、《觀所緣緣論》、《唯識二十論》、《辯中邊論》和《集論》。至此，在中國弘揚唯識的學統和唯識思想的規模已然確立，而玄奘、窺基、慧沼和智周等法師遂被後人稱為唯識宗或法相宗的祖師；又由於玄奘和窺基兩位法師曾先後在長安慈恩寺弘法，故唯識宗又名慈恩宗。惟智周逝後，唯識思想在中國即告衰落[28]，以致其在中國並未能有效地承傳下來，這情況要到近現代才出現轉機，一如後文所述。總括而言，地論宗和攝論宗的唯識觀點於在華佛教史上一般被稱為「唯識古學」，而玄奘法師一系的唯識觀點則被稱為「唯識今學」，後者即為在華唯識的代表思想[29]。

---

[28] 智周雖有弟子如理亦傳唯識，但其影響力已遠不如前人。有關唯識宗的傳承，詳見湯用彤，《隋唐及五代佛教史》，頁173-195；鎌田茂雄著，關世謙譯，《中國佛教史》，頁182-186。

[29] 更多討論，參考釋演培，〈唯識思想演變史略〉；釋世光，〈法相唯識學中國所傳〉；釋法舫，《唯識史觀及其哲學》（北京：東方出版社，2018年），頁97-98；John Makeham, 'Introduction', in John Makeham ed., *Transforming Consciousness: Yogācāra Thought in Modern China* (New York: Oxford University Press, 2014), pp.

在進一步討論以前，我們或可思考一問題：吾人主體是淨是染究竟有何實際意義，以致玄奘法師竟要冒生命之險而遠赴印度查證，甚至最終衍生在華唯識思想竟有古學和今學的分別？事實上，吾人若僅從主體究竟是淨是染的角度出發，或會認為玄奘法師與前人的不同只是涉及心性論上的分歧。鑒於心性論在近代哲學界或被批評為主觀獨斷[30]，我們遂易以為唯識古學和今學的分歧只是玄談，從而忽視兩者的分別在佛學上究竟有何意義。惟吾人若考慮到印度和西藏亦有類似在華佛教中有關唯識古學和唯識今學之爭議，但印度和西藏的討論焦點卻不是心識的淨染，而是由心識所認識的外境當是真實還是虛妄，則我們便可知唯識古、今學的分別不但關於主體，而是涉及對象；前者可以僅是一心性論或存有論的問題，後者卻更是有關知識論、倫理學和解脫論的問題，足見問題的重要性[31]。此所以前文提及，玄奘法師留學印度實有明顯的問題意識，而這一意識乃牽連吾人對佛教整體性格的把握。

大致而言，地論宗和攝論宗等唯識古學接近印、藏佛教史上的「無相唯識」，而玄奘法師一系的唯識今學則接近印、藏佛教的「有相唯識」[32]。蓋所謂有相唯識，建基於護法的因明學說，

1-38. 值得注意者，是「唯識古學」亦會用作稱謂安慧對唯識的理解。參考羅時憲講，陳雁姿編，《成唯識論講記——附《百法明門論》略析》（香港：佛教法相學會，2015年），頁120。

[30] 唐君毅，《中華人文與當今世界補編（上）》（臺北：臺灣學生書局，2018年），頁376-380。

[31] 詳見林鎮國，《空性與方法：跨文化佛教哲學十四講》（臺北：政大出版社，2012年），頁17-32；蔡伯郎，〈唯識無境在倫理學上的意涵〉，《正觀》第82期（9/2017）：81-113；The Dalai Lama, 'Introduction', in Thupten Jinpa ed., *Science and Philosophy in the Indian Buddhist Classics vol.2 The Mind* (Somerville: Wisdom Publications, 2020), pp. 1-32，尤其pp. 9-15.

[32] 下文的討論，主要參考平川彰著，莊昆木譯，《印度佛教史》（北京：北京聯合出版公司，2020年），頁382-385；上田義文著，陳榮灼編譯，《色即空・空即色

主張吾人對外境的認知過程當涉及四者：「見分」、「相分」、「自證分」和「證自證分」。簡言之，「見分」即我們認知的能力；「相分」則為相關能力所認知的對象；「自證分」指用以統合各種認知能力和反省這一認知過程的主體；而「證自證分」則是對這一統合和反省主體更作反省者。從以上可見，秉承護法的玄奘法師一系之唯識思想極重視吾人主體對外境的認知過程，故其理論實有著一套明確甚至嚴格的知識論。至於這套知識論與我們心識的關係，則主要是吾人的心識若是染污，則為這一心識所認識的外境亦不會清淨。因此，我們若要對外境有一如實的認識，乃要透過後天的修持把一己的心識加以改善，此一觀點即唯識今學主張的「轉識成智」。在這一認知過程中，外境一直存在，只是其性質會隨著我們心識的改善而變化。至於無相唯識則主要指安慧的觀點，而這一觀點尤與真諦的唯識古學相似。循安慧，吾人在證入聖者狀態時真心已然能夠起用，在真心起用的情況下吾人主體和外境的分隔並不存在，故亦沒有外相和內心的分別。

以上討論之所以重要，是因為唯識今學或有相唯識明顯重視外境或對外境的知識在吾人修佛過程上的重要性，而唯識古學或無相唯識則相對忽視外境及對其所建構知識的問題。若是，則前者在很大程度上便能對世間各種事務作出一定程度的探討或回應，而後者卻似有輕視世間各種事務的傾向[33]。值得留意者，

——上田義文唯識學論文集》，頁161-192；林鎮國，《空性與方法：跨文化佛教哲學十四論》，頁1-15；劉宇光，《煩惱與表識：東亞唯識哲學論集》（臺北：文津出版社，2020年），頁153-185；陳宗元，〈護法在《成唯識論》的立場之研究〉，《中華佛學學報》第7期（1994）：149-166；John Powers, 'Yogācāra: Indian Buddhist Origins', in John Makeham ed., *Transforming Consciousness: Yogācāra Thought in Modern China*, pp. 41-63.

[33] 惟以上兩種唯識思想的分歧或許並非如表面般巨大，這是因為有相唯識偏重知識

是玄奘法師篤信彌勒淨土，而該淨土觀的一個主要特色，正是強調一人在解脫後仍當回到世間廣作佛事，渡化世人。在這一意義下，玄奘法師可謂有著強烈的入世傾向[34]，而這一傾向當與其重視外境有關。

事實上，不論是在華唯識的強調心識，還是印、藏唯識的強調外境，兩者最終必然牽連對方。這是因為心識既有認知功能，則必涉及認知對象；認知對象的性質如何，則必與吾人的心識有關。誠然，唯識古學和唯識今學的分歧在中、印、藏等文化未有密切交流的情況下，其問題意識和理論效果的不同或未容易為時人所察覺；惟在中外交流日益頻仍的今天，玄奘法師一系唯識思想的特色卻得以凸顯。這一有關唯識古學和唯識今學與知識的關係，在佛教面臨各種現代議題挑戰的今天，尤顯得重要[35]，而這議題在很大程度上即觸及佛教法相學會之所以強調玄奘法師一系唯識思想的理由。這一點將在後文再述，暫按下不表。

除了對吾人的心識問題作出釐清，玄奘法師於在華佛教史中尚有一值得重視的地方，此即嘗試把印度的因明學說循一較系統的方式帶來中土。誠如前文所言，唯識今學重視對外境建構知識，而吾人若要有效對外境建構知識，便得提出判別真假或對錯的標準，並指出怎樣才能確保吾人的論述為真確，以及如何有效反駁不合邏輯的說法，而「因明」正是用以達致以上目的之學

的建構，但無相唯識卻似偏重宗教體驗，故兩者並非循同一角度立論。在這一意義下，兩種唯識思想也可謂沒有必然的矛盾。參考劉宇光，《煩惱與表識：東亞唯識哲學論集》，頁169。

34 有關玄奘法師與彌勒淨土信仰的關係，參考汪娟，〈唐代彌勒信仰與佛教諸宗派的關係〉，《中華佛學學報》第5期（7/1992）：193-231。

35 龔雋，〈近代中國佛教學中的「知識」概念——以歐陽竟無和太虛兩系為例〉，收入趙文宗、劉宇光編，《現代佛教與華人社會》（香港：圓桌文化，2012年），頁10-23。

問。是以，唯識和因明可謂有著密切的關係，以致重視唯識者必然強調因明[36]。事實上，因明學說在玄奘留印以前即透過依附諸如《方便心論》、《順中論》和《如實論》等佛典而零星地進入中國[37]。惟若論引入專門的因明著作到中土，卻是由玄奘法師開始。玄奘法師譯有相傳為陳那學生商羯羅主（Śaṅkara-svāmin，約活躍於公元六世紀）所著的《入正理論》、陳那著的《正理門論》、清辯（Bhavyaviveka，約活躍於公元六世紀）著的《大乘掌珍論》和護法著的《廣百論釋》等因明專著，而窺基則著有《因明入正理論大疏》[38]。誠然，以上論著對於整體佛教的因明研究而言只占極少數，其遠不足以代表佛教的因明系統[39]；但這些著重邏輯、論證和辯論的學問，於強調直覺、修養和境界的在華佛教而言，卻顯然已是異數。惜這些論著似未為時人所重視，其對在華佛教的影響可謂微乎其微[40]。佛教法相學會的一個可貴之處，正是極重視因明的研究，藉以強調知識在吾人解脫上的重要性，一如後文所述。

不少論者把唐武宗（李炎，814-846）於會昌五年（公元八四五年）的滅佛運動視為唯識思想在中國衰落的一個主要原

---

36 Joachim Kurtz, *The Discovery of Chinese Logic* (Leiden: Brill, 2011), pp. 301-312. 當然，未特別重視唯識者並不代表便不強調因明，只是重視唯識者當更有理由強調因明而已。

37 張曉翔，《漢傳因明的傳承與發展研究》（北京：人民出版社，2017年），頁8-29。

38 鄭偉宏，《漢傳佛教因明研究》（北京：中華書局，2007年），頁84-98。

39 相對於在華佛教，因明在藏傳佛教實有長足的發展。參考羅勁松，〈因明綱要〉，收入張忠義、光泉、剛曉編，《因明新論——首屆國際因明學術研討會文萃》（北京：中國藏學出版社，2006年），頁258-268。另，羅勁松即為實僧法師的俗名。

40 林鎮國，《空性與方法：跨文化佛教哲學十四講》，頁17-32；呂澂，《中國佛學源流略講》，頁191；孔慧怡，《重寫翻譯史》（香港：香港中文大學翻譯研究中心，2005年），頁80-84。

因[41]，但會昌法難實打壓全體佛教，為何只有唯識不能在這次法難以後繼續盛行？事實上，唯識思想於智周以後即在中國沒有明顯的傳承跡象[42]。換言之，在會昌法難以前，唯識在中國已沉寂逾百年。因此，把唯識思想在中國的衰落訴諸如政治打壓等外在因素，恐未有正視問題的複雜性。的確，唯識在中國衰落應涉及更深層的內在因素，如有論者便認為唯識的名相過於繁瑣，在流傳上本已困難[43]；也有論者認為唯識「一闡提不能成佛」的主張與儒家「人皆可以為堯舜」的價值不符，故前者先天即不易為中國文化所接受[44]；亦有論者認為知識論在中國思想史中向未為人所重視，致使強調推理和論證的唯識思想不為時人所垂青[45]；有論者則認為由於唯識堅守印度佛教的觀點，故不符佛教與中國文化融合的大勢而遭到淘汰[46]；更有論者認為唯識不但未能影響中國思想，時人更倒過來使用中國思想的角度來闡釋唯識，以致原本應與中國思想有著差異的唯識未能發揮他者的角色[47]。凡此說法，均有各自的道理。或許，我們難以把唯識之所以未能在中國有長足發展訴諸單一原因，而只須承認一事實：唯識思想如要在今後的華人社會得以發展，實要面對不同程度的理論挑戰和文化阻力，當中難度或遠比吾人設想的為大[48]。若是，則在當代闡揚

[41] 例子見釋世光，〈法相唯識學中國所傳〉。
[42] 鐮田茂雄著，關世謙譯，《中國佛教史》，頁184-185。
[43] 方東美，《華嚴宗哲學（上）》（臺北：黎明文化，1992年），頁426-427。
[44] 霍韜晦，《絕對與圓融——佛教思想論集》，頁343-345。
[45] 林鎮國，《空性與方法：跨文化佛教哲學十四論》，頁31-32。
[46] 勞思光，《新編中國哲學史（卷二）》（臺北：三民書局，2004年），頁352。
[47] John Makeham, 'Introduction', in John Makeham ed., *Transforming Consciousness: Yogācāra Thought in Modern China*, pp. 1-38.
[48] 這從唯識在近代中國仍被如熊十力和牟宗三等先生從儒學的角度加以批評一事可知，參考鄭家棟，《當代新儒學論衡》（臺北：桂冠圖書，1995年），頁234-256。更多討論，見Jason Clower, 'Chinese Ressentiment and Why New Confucians Stopped Caring about Yogācāra', in John Makeham ed., *Transforming Consciousness:*

唯識乃不能僅是重覆前人所說，而必須有策略上的調整。以上所述是唯識思想在中國流傳的大概情況，而在十世紀以後的中國雖還有個別人士對唯識加以討論，但礙於典籍散迭，討論的深度和廣度已難與玄奘和窺基等法師時的盛世相提並論[49]。但在進一步討論以前，有一點當有更作交待的必要，此即唯識思想雖於唐末的中國開始衰落，但其卻因日本僧人曾在唐留學而得以東傳日本，並在彼地大行其道[50]。由此，即為後來日本學者反過來幫助唯識思想在中國重新發展埋下伏線。

第二節：明代的知識論轉向

誠然，會昌法難不應是唯識思想在中國衰落的主要原因，但其卻與唯識思想難以再在中國為人正確認識有一定的關係。這是因為會昌法難使大量佛教典籍在中國散迭，這情況自九世紀以來一直持續，最終竟至十六世紀時連研究唯識必須的參考資料亦欠奉的地步[51]。例如由窺基撰著的《成唯識論述記》和《成唯識

Yogācāra Thought in Modern China, pp. 377-411.

49 釋演培，〈玄奘大師的所學與所傳〉，收入張曼濤編，《玄奘大師研究（下）》（臺北：大乘佛教出版社，1977年），頁105-125。

50 詳見陳一標，〈中日法相宗傳承與宗風之比較〉，《玄奘佛學研究》第3期（7/2005）：105-126；陳宗元，〈日本唯識思想的展開〉，《圓光佛學學報》第27期（6/2016）：79-105。

51 參考釋昭慧，《初期唯識思想——瑜伽行派形成之脈絡》（北京：宗教文化出版社，2008年），頁170-171；楊維中，《中國唯識宗通史（下）》，頁862-863。但筆者想指出，佛教典籍的散迭可以有很多原因，既然這些典籍在會昌法難以後仍有散迭的情況出現，可知會昌法難實只是佛教典籍散迭的其中一個原因而已。事實上，如果會昌法難以後的佛教徒已有輕視經教的傾向，則其保存佛教典籍的需求亦當有所下降。若是，則佛教典籍的散迭或與時人已然不重視這些典籍有關，故典籍散迭的現象不能僅歸咎於外在因素，佛教內部亦應有所反省。簡言之，典籍之未能妥善保存，往往與時人對之不加重視有關。類似觀點，參考安德魯・佩蒂格里（Andrew Pettegree）、亞瑟・德韋杜文（Arthur der Weduwen）著，陳錦慧譯，《圖書館生滅史》（臺北：時報文化，2023年），頁10。

論掌中樞要》，以及分別由慧沼和智周撰著的《成唯識論了義燈》和《成唯識論演祕》等均未收入明代的藏經，吾人便可推斷這些書籍於其時已經散迭。因此，當時雖不乏討論唯識的人士，但其與盛唐時期僧人所討論的唯識恐已非同一面貌[52]，以致相關的唯識著作於吾人了解唯識思想而言可說無太大的參考價值。上一節指出玄奘法師之所以到印度學習《瑜伽師地論》，是希望釐清當時中國僧人有關吾人主體特性的爭議。換言之，唯識思想於其時在華佛教的位置，很大程度上乃是扮演「他者」的角色，其主要是用以對照中國佛教的特色，藉以使人知道後者的殊勝和不足[53]。惟隨著唯識的典籍散迭，唯識思想不但未能發揮映照中國佛教與印度佛教有何分別的功能，中國僧人更反過來利用中國佛教的觀點來闡釋唯識思想[54]。例如宋代的永明延壽（904-976）雖在其《宗鏡錄》中對唯識多有討論，但其主要是以如來藏一系的觀點來理解唯識。是以，唯識用以幫助我們更加了解吾人主體特性的作用便蕩然無存；相反，唯識更是與建基於如來藏一系以發展的中國佛教合流，甚至被取代[55]。在這一意義下，唐末以降中國討論唯識的方向與玄奘法師等人的做法便可謂背道而馳，這一情況要到近現代才有改變的跡象。

惟在討論唯識在近現代中國的處境以前，有一現象卻值得吾人注意，此即在華唯識在唐末以後雖陷入低潮，但唯識思想在十六世紀中葉的明代卻一度為人重視，其時中國討論唯識的人數甚

52 釋聖嚴，《明末佛教研究》（臺北：法鼓文化，2000年），頁204-206。

53 類似觀點，參考林鎮國，《辯證的行旅》（臺北：立緒文化，2002年），頁213-218。

54 John Makeham, 'Introduction', in John Makeham ed., *Transforming Consciousness: Yogācāra Thought in Modern China,* pp. 10-11.

55 更多討論，參考楊維中，《中國唯識宗通史（下）》，頁841-860。

至比唐代時更有過之[56]。究其原因，或許與時人受到西方文化的衝擊有關。蓋明末有西方傳教士來華，為了傳教的需要，當時的傳教士首先利用科學技術來吸引時人的興趣，情況一如佛教在公元一世紀前後由西域傳來漢地時，僧人利用方術來喚起時人對佛教的興趣一樣[57]。用科學來吸引人們對宗教的興趣，乍聽之下或頗為奇怪。這是因為循現代的角度，科學重視實證和理性，而宗教則強調體驗和信仰。由於宗教的體驗往往未能透過科學來加以實證，故吾人或以為凡是信仰便是非理性的。如此，則科學與宗教便容易予人一互不相融的印象：崇尚科學者，當否定宗教；信奉宗教者，或輕視科學[58]。但這一有關科學與宗教的印象在近現代以前卻不必如現在般強烈；反之，不少時人認為科學實有助解釋宗教之所以必須。當中原因，主要是科學有助吾人認識世界的精密，而這一精密的世界之所以出現，必然有一創造者，「神」即為這一創造者的最佳解釋。在這一意義下，科學與宗教不但沒有矛盾，前者甚至為後者之所以必須提供了一理由[59]。是以，明代來華的傳教士嘗試利用科學來增強自身信仰的說服力，乃是一頗為合理的做法。

上述傳教手法對於當時唯識研究的意義，主要是刺激了時

---

[56] 釋聖嚴，《明末佛教研究》，頁204-206。

[57] 有關佛教初傳漢地時的情況，可參考拙作《激盪即無礙：佛教與儒道思想的互動》，頁36-76。

[58] Richard G. Olson, *Science and Scientism in Nineteenth-Century Europe* (Urbana and Chicago: University of Illinois Press, 2008), pp.122-163.

[59] 段義孚著，趙世玲譯，《浪漫主義地理學》（臺北：立緒文化，2018年），頁49-53；Dan Burton and David Grandy, *Magic, Mystery, and Science: The Occult in Western Civilization* (Bloomington: Indiana University Press, 2004), pp. 4-7；Patricia Fara, *Science: A Four Thousand Year History* (Oxford: Oxford University Press, 2009), pp. 111-120；Alister E. McGrath, *Natural Philosophy: On Retrieving a Lost Disciplinary Imaginary* (Oxford: Oxford University Press, 2023), pp. 41-43.

人對知識論的興趣，而唯識思想中特別強調的因明正好是一種知識論。事實上，明代傳教士來華明顯激發了部分人士對科學的追求，如被天主教史學家稱為「聖教三柱石」、初宗主儒學而後改奉天主教的徐光啟（1562-1633）、李之藻（1565-1630）和楊廷筠（1557-1627）等便在自己的著作中強調人類對世界的探究。從儒學史的脈絡而言，這無疑是對當時盛行於中國而有輕視客觀知識傾向的心學所作的一次回應[60]，佛教的情況亦與之類似。查在華佛教史上曾有數次涉及心性論與知識論的爭議，前者強調解脫的關鍵是吾人主體，故重視人們如何返回本心；後者則強調客觀知識在解脫一事上的位置，故重視對外境的認識。惟在諸次爭論中，心性論均占上風，而在華佛教乃始終未能出現如印度佛教般重視客觀知識的「知識論轉向」[61]。此即如前文所述，在華唯識把爭論點放在心識是淨是染的問題上，而非外境是真還是妄一事上。假如明代盛行唯識的原因是希望探求外在的知識[62]，那麼其於在華佛教史上便可謂是一個異數；而這一異數之所以重要，正是其可說是對講求直覺和信仰的禪宗和淨土宗等主流中國佛教所作的一次反省[63]。換言之，明代一段短暫的唯識風潮或暗藏時人對於當時盛行的在華佛教已有著一定程度的不滿，認為後者當

---

[60] Ying-shih Yu, 'Confucianism and China's Encounter with then West in Historical Perspective', *Dao: A Journal of Comparative Philosophy* vol. 4, no. 2 (6/2005): 203-216.

[61] 林鎮國，《空性與方法：跨文化佛教哲學十四講》，頁17-32。

[62] 筆者便有文章指出，明末清初的儒者王夫之（王船山，1619-1692）著有討論唯識的專著《相宗絡索》，該書對唯識的解脫論雖有所揚棄，但對其認識論卻全然接受。王夫之的例子或有助說明唯識之所以吸引時人的注意，或是其精密的知識論，而非佛教的人生觀。有關討論，參考拙文〈王船山《相宗絡索》歷史意義初探〉，《慈氏學研究2016/2017雙年刊》（香港：慈氏文教基金有限公司，2018年），頁150-161。

[63] John Makeham, 'Introduction', in John Makeham ed., *Transforming Consciousness: Yogācāra Thought in Modern China,* pp. 12-13.

有更新以求與時並進的必要[64]。這一對佛教的反省，即為二十世紀以降的知識分子認為佛教應對現實世界有所批判，以及能與崇尚理性的西方文化進行溝通等主張埋下伏線[65]。可惜的是，隨著不少重要的唯識典籍散迭，因明的論著亦同告失落。最著名的例子，當是窺基的《因明入正理論大疏》在明代的因明研究中已不被徵引，可見時人應已未能參考該重要的因明典籍[66]。若是，則其時的研究能多大程度上對因明有正確認識，遂頗成疑問。

綜合以上所述，我們當可發現唐、明兩代雖然均重視唯識，但彼此卻有著不同的目標：前者的重點是要釐清其時佛教界有關心性的紛爭；後者的興趣則是希望了解佛教用以認識外在世界的理論。當然，以上兩者並非截然劃分，這是因為佛教認為如何理解外在世界，始終不離吾人的主體或心識；主體或心識一旦起用，則必然涉及對外在世界的認識或詮釋。在這一意義下，唐、明兩代重視唯識的理由又可謂相通，彼此只是有著不同的側重而已。的確，明代佛教的特色是強調各種思想之間的融合，當中不僅主張不同佛教宗派可以並存，甚至認為佛、儒和道三教亦可會通，惟這一並存和會通卻在一定程度上是以犧牲各自的特色為代價[67]。當中結果，正是佛教各宗派之間的分別往往未有更作討論即告避而不談，乃至三教之間的重大差異亦未及處理即被大而化之。當代儒哲唐君毅先生（1909-1978）便明言，中國思想界自

64 更多討論，參考Wm. Theodore de Bary, 'Introduction', in Wm. Theodore de Bary ed., *Self and Society in Ming Thought* (New York: Columbia University Press, 1970), pp. 1-28.

65 林鎮國，〈論證與釋義：江戶時期基辨與快道《觀所緣緣論》注疏的研究〉，《佛光學報》第4卷，第2期（7/2018）：373-420。

66 參考羅勁松，〈因明綱要〉。

67 于君方著，方怡蓉譯，《漢傳佛教復興：雲棲祩宏及明末融合》（臺北：法鼓文化，2021年），頁317-323。

明代流行三教會通以降，不少涉及佛教內部和三教之間的理論爭議或未有解決，或是誤以為已得解決，卻實未有對這些問題作出真正的解決之道，這一情況對思想的發展可謂一大打擊[68]；筆者亦曾指出，漠視不同思想間的差異而求所謂的並存，實不能稱為圓融，而只能算是混沌[69]。的確，在這種混沌的氛圍下，有志之士如希望把握自身信仰的真諦，首先便當尋回自身信仰的特性。由此，遂帶出近現代唯識研究之所以復甦的大前提：尋找「真正」的佛教。

第三節：近代對「真佛教」的追尋

誠如第一章指出，佛教在近現代中國正處一衰落期。有論者或會質疑這一判斷，因作出相關判斷的人士如是西方傳教士，則其對佛教的評價或多少帶有主觀色彩；又如作這些判斷的人士是佛教中人，則亦或會因為涉及宗派的立場和利益的衝突而未能客觀評論整體佛教的情況，加上佛教是否衰落當有不同的衡量標準，故沒有簡單直接的答案[70]。在某程度上，筆者同意衡量佛教是否衰落沒有單一標準，惟吾人亦當留意不同標準之間還是有主次之分和價值之別。假使一時一地的佛教徒對佛法欠缺了解，則縱然法會、唸經、持咒和禪修等宗教活動得以盛行，但其於佛教的意義既是晦暗不明，則此時佛教亦難稱得上興盛。反之，相關宗教活動更可因為欠缺理性作依據而被視作迷信。若是，則這些

68 唐君毅，《中國哲學原論・原性篇》（臺北：臺灣學生書局，1991年），頁278-279。

69 趙敬邦，《激盪即無礙：佛教與儒道思想的互動》，頁178-185。

70 邵佳德，《近代佛教改革的地方性實踐：以民國南京為中心（1912-1949）》（臺北：法鼓文化，2017年），頁23-37。

活動的盛行甚至有可能對佛教的形象構成負面影響。是以，評價佛教是否衰落雖可以有不同標準，但我們最終還是應該以佛理的把握為依歸[71]。退一步言，佛教在客觀上是否於近現代的中國處於衰落也許並不是最重要的，更重要的是時人在主觀上是否認為佛教正處於衰落。這是因為前者縱可因為吾人有不同的評價標準而難以判斷，後者卻已然是時人的看法。不論這些看法是否正確，時人也是建基於這些看法來對當時的佛教作出回應。換言之，佛教是否衰落或不是真正重要的問題，時人認為佛教是否衰落才是需要正視者；而假如時人認為佛教已然衰落，則這一衰落的原因又是什麼？

蓋佛教在近現代中國廣被視為處一衰落期，其中表徵包括普遍僧人對佛理欠缺了解、部分僧人持戒不淨，以及佛教未能對現實社會的問題作出回應等。由此，才有佛理的釐清、僧團的改革，以及入世的要求等呼聲出現[72]。至於時人認為佛教衰落的原因，則與禪宗的興起有莫大關係。無可否認，禪宗於公元八世紀興起有助佛教在民間得以普及。在這一意義下，禪宗對佛教的發展固然有功[73]；惟假如普及的代價是使人對佛教的理解漸趨表面和庸俗，則這種所謂發展亦無異於為人們提供一個誤會佛教的機

[71] 釋印順，《遊心法海六十年・契理契機之人間佛教合刊》（新竹：正聞出版社，2014年），頁99-115；The Dalai Lama, H. E. Dagyab Kyabgön Rinpoché ed., Gavin Kilty trans., *The Fourteenth Dalai Lama's Stages of the Path Vol.1: Guidance for the Modern Practitioner* (Somerville: Wisdom Publications, 2022), pp. 88-89.

[72] 詳見Wing-tsit Chan, *Religious Trends in Modern China* (New York: Columbia University Press, 1953), pp. 54-92；Sin-wai Chan, *Buddhism in Late Ch'ing Political Thought* (Hong Kong: The Chinese University Press, 1985), pp. 1-10；麻天祥，《晚清佛學與近代社會思潮》（開封：河南大學出版社，2005年），頁52-70；侯坤宏，《論近代香港佛教》（香港：香港中文大學人間佛教研究中心，2021年），頁70-82。

[73] 楊惠南，《禪史與禪思》（臺北：東大圖書公司，2008年），頁76-90；余英時，《中國文化史通釋》（香港：牛津大學出版社，2010年），頁61-72。

會。若是，則禪宗對佛教而言卻可說是一種傷害[74]。的確，禪宗認為吾人成佛的關鍵是掌握一己的清淨心性，若我們能循這一清淨心出發以觀照世間，則一切法亦當無有染污；反之，吾人的心性若有染污，則縱然現在閱讀的是佛經，我們亦可為其牽引而心生煩惱。因此，《六祖壇經》才有「心迷法華轉，心悟轉法華。誦經久不解，與義作仇家」和「於一切法不取不捨，即是見性成佛道」等說法[75]。誠然，以上觀點有其道理，因為吾人的心若有染污，則更好的事情亦可對之有所執取，從而為我們帶來煩惱，當中包括讀經和持戒；惟以上觀點卻容易使人有一錯覺，此即只要我們心無染污，則任何事情皆可容許，當中包括無知和犯戒。禪宗便有「不立文字，教外別傳。直至人心，見性成佛」的主張，似強調吾人最重要是把握一己的清淨心性，至於文字等外在條件則相對可以忽略。若是，則佛教遂由強調客觀的說理淪為訴諸主觀的直覺，繼而陷入長期的衰落之中[76]。無可否認，擅於講

[74] 冉雲華，《從印度佛教到中國佛教》（臺北：東大圖書公司，1995年），頁19-41。事實上，近年香港有一股強調要把學術「普及」的風氣。若「普及」的意思是把深奧的學術從學院帶到社會，藉以使大眾亦能有機會接觸甚至明白相關學術，從而提高民眾的知識水平，則這種把學術「普及」的活動無疑值得提倡。因為這能打破知識壟斷在少數所謂精英的手中，長遠有助啟迪民智和改善社會。類似觀點，參考唐君毅，《中華人文與當今世界補編（上）》，頁441-448。但如果所謂「普及」只是停留在把學術講得淺白，從而令文化水平或稍遜者亦能明白的層次，則這恐怕未能提升民智之餘，更是破壞了學術之所以有別於常識的特性。若是，則這種所謂把學術「普及」的活動便值得警惕。簡言之，學術「普及」當是把「常識學術化」，以助大眾能從常識之中提升智慧，卻非把「學術常識化」，以致把學術的精髓強行去除。更多討論，請參考拙文〈中國哲學研究方法論芻議——反省劉笑敢教授「反向格義」與「兩種定向」的觀點〉，《鵝湖學誌》第62期（6/2019）：127-160。禪宗在歷史上對佛教所作影響的前車，實值得當前有意從事學術「普及」的人士借鑒。

[75] 參考廖明活，《中國佛教思想述要》，頁518-522。另見錢新祖，《中國思想史講義》（臺北：台大出版中心，2013年），頁359-366。

[76] 詳見釋印順，《中國禪宗史》（新竹：正聞出版社，2003年），〈序〉頁6-10；任繼愈，《任繼愈禪學論集》（北京：商務印書館，2005年），頁33-68。

經者亦可以僅是知解宗徒，以致終身為義理所縛；不守戒律者亦可以是如濟公（李修緣，1148?-1209）一樣的傳奇人物，擁有特殊渡化他人的能力。但我們卻不能因為知識有可能使人成為知解宗徒，從而輕視經教的重要；亦不可因為世上有濟公一類人物存在的可能，故認為犯戒亦是合理。否則，佛教徒便容易淪為沒有學問及不守戒律，惜這卻是近現代在華佛教予人的印象。

查禪宗表面主張不立文字，故確容易予人有輕視經教的感覺；加上強調頓悟成佛，亦難免給人有忽視戒律的嫌疑。因此，我們可發現隨著禪宗自唐末興起而有取代各宗派的趨勢以後[77]，在華佛教於義理上實鮮有發揮，而僧人的識見和操守亦逐漸不符時人的期望。一個經典的例子，是意大利傳教士利瑪竇（Matteo Ricci，1552-1610）初來華時刻意穿上僧服以冀得到別人的尊重，卻反被時人所輕視；直至他改穿儒士服飾，才被時人認為是一具修養和學問的人物。由此，足見時人對僧人的印象如何負面[78]。佛教的這一頹勢至近現代中國仍然持續，這即構成近人之所以重新研習唯識的一個原因。簡言之，唯識思想重視有關心識的分析，不致如禪宗末流般以為吾人只要簡單的一念反省，即能使心性由染變淨；並由於唯識思想重視主體和外境的關係，故能避免把世間一切現象簡單化約成主體的染淨問題，而能正視各種現象的複雜性[79]。是以，近代中國對唯識思想的探究實有著明顯的針對性，此即希望透過唯識來振興長期處於頹勢的在華佛教；相關的唯識研究有極強的應世甚至救世性格，非純粹學院式的學

[77] 蔣維喬，《中國佛教史》（上海：上海世紀出版社，2007年），頁230-232。

[78] 參考張錯，《利瑪竇入華及其他》（香港：香港城市大學出版社，2007年），頁29-35。

[79] 類似觀點，見方東美，《中國大乘佛學（上冊）》（臺北：黎明文化，2004年），頁290。

理探討而已[80]。歐陽漸在其著名的〈唯識抉擇談〉中便有言：

> 自禪宗入中國後，盲修之徒以為佛法本屬直指本心，不立文字，見性即可成佛，何必拘拘名言？殊不知禪家絕高境界，繫在利根上智道理湊泊之時。其於無量劫前，文字般若熏種極久；即見道以後，亦不廢諸佛語言，見諸載籍，非可臆說。而盲者不知，徒拾禪家一二公案，為口頭禪，作野狐參，漫謂佛性不在文字之中。於是前聖典籍、先德名言，廢而不用，而佛法真義浸以微矣。〔……〕唯識、法相，方便善巧，道理究竟。學者於此研求，既能洞明義理，又可藥思想儱侗之弊，不為不盡之說所惑。[81]

的確，會昌法難以後不少佛教典籍開始在中國消失，當中包括唯識的佛典；而在這些散迭的唯識佛典之中，最重要者莫過於用以解釋《成唯識論》的《成唯識論述記》，這一損失嚴重影響後人對唯識所作闡釋的質素。不少研究均提及中國近千年以來唯識典籍散迭的現象，卻鮮有對造成這一現象的原因更作分析。無可否認，會昌法難這一政治打壓是佛典之所以散迭的重要因素，惟假若以上有關禪宗的討論有一定的合理性，則我們或可言典籍的散迭在很大程度上亦源於時人對理論的輕視，因時人若認為理論並不重要，則當然沒有保留相關典籍的必要。事實上，《成唯識論述記》便是在宋代以後才告消失，而非會昌法難以後隨即散

80 Erik J. Hammerstrom, 'The Expression "The Myriad Dharmas are Only Consciousness" in Early 20th Century Chinese Buddhism',《中華佛學學報》第23期（2010）：71-92；麻天祥，《晚清佛學與近代社會思潮》，頁194-199。

81 歐陽漸，〈《唯識》抉擇談〉，收入歐陽漸著，程恭讓編，《歐陽漸內學集萃》（北京：商務印書館，2018年），頁430-465。引文見頁430-431。

迭。近現代雖有重新研習唯識以求振興佛教的訴求，但假使欠缺唯識的典籍，則僅憑在華的唯識思想亦難以達到預期效果。情況一如明代雖有過一股研習唯識的風氣，但畢竟只是曇花一現，難言成效。如何重新發現已告在中國散迭的唯識典籍，即帶出居士在近現代在華佛教中的角色。

事實上，近現代僧人質素的下降惹來有識之士銳意改革僧團的呼聲，太虛法師的僧人改革運動當是最著名的例子[82]。但從本書的角度，僧人質素的下降卻是使佛教的發展有依賴居士的傾向，其直接促使居士佛教的壯大[83]。誠然，僧人與居士的關係在佛教中向來是一值得探討的議題，這是因為兩者在佛教中所擔當的角色有異，故彼此實存在一定程度的分工。惟既有分工，則僧人和居士的工作便似不應為對方取代；否則，兩者的關係亦會出現緊張。在中國歷史上曾出現不少僧人支持居士分擔護教乃至弘法工作的情況[84]，但居士弘法亦可以構成僧人的不滿。太虛法師和歐陽漸便就僧人和居士在弘法上應擔當什麼角色有過爭論[85]，時人亦似有居士弘法意味佛教衰落的說法。也許，相對於居士是否應該承擔弘法的重任，更重要的是弄清居士承擔弘法重任的理由。印順法師便對此一議題有以下說法：

> 一般出家的僧眾，聽到由在家的佛教教團，來主持教化等工作，可能非常反對。「白衣說法，比丘下坐」，這不是

82 參考白德滿（Don A. Pittman）著，鄭清榮譯，《太虛：人生佛教的追尋與實現》（臺北：法鼓文化，2008年），頁238-245。

83 麻天祥，《晚清佛學與近代社會思潮》，頁31。

84 例子見于君方著，方怡蓉譯，《漢傳佛教復興：雲棲袾宏及明末融合》，頁105-145。

85 參考藍吉富，《二十世紀的中日佛教》（臺北：新文豐，1991年），頁101-110。

末法的象徵嗎？在家眾而主持教化事業，出家眾又作些什麼？如成為在家佛教，那不是三寶缺一嗎？這應該分別解說。白衣說法，不妨說是末法的現象。然並非由於白衣說法而成為末法，反之，正由於出家佛教的衰落，而有白衣說法的現象。如出家眾的德學集團，具足教證功德，白衣弟子那裡還想獅子窟裡作野干鳴呢！由於出家眾德學的衰落，真誠的在家弟子，要起來贊助弘揚；半知不解的，也敢來一顯身手。半知不解的顛倒說法，當然要加以糾正，而正信正見的大心居士，出家眾不應反對他。要反對，應該先來一次自我反省。自己不能負責，而拒絕別人來，這是非佛法的。[86]

循引文，正是佛教衰落才迫使居士弘法，而非居士弘法致使佛教衰落，當中的因果關係當有澄清的必要。至於對近現代在華佛教發展起著最重要作用的居士，則非楊文會莫屬。如前所述，居士分擔弘法重任的情況在中國並非罕見，但時人若對佛法的了解已然出現偏差，則縱使不斷把這些佛法重覆宣講，其對挽回佛教的頹勢仍是難有幫助，這情況無分僧人和居士。楊文會之所以重要，是因為他把在華已經失傳的唯識思想重新引入中國，並積極透過印刷和辦學等方式對之加以推廣，其不但為近現代中國能夠掀起一股研究唯識的風潮帶來契機，亦為在華佛教之得以振興提供助力，甚至整體中國哲學亦能透過佛學的復甦而得到質素上的改善[87]。簡言之，民國以降對中國思想界最具影響力的其中一

86　釋印順，《教制教典與教學》（新竹：正聞出版社，2003年），頁89-90。

87　賀麟，《五十年來的中國哲學》（上海：上海人民出版社，2012年），頁15-36；劉夢溪，《中國現代學術要略》（北京：三聯書店，2018年），頁133-144。

種思想，正是佛教的唯識[88]，而唯識之所以能夠回到中國則要歸功於楊文會。

蓋楊文會出身官宦之家[89]，曾擔任曾國藩（811-1872）的幕僚，年幼時與佛教未有太大關係，直至一八六四年父親逝世及個人身患重病，才開始潛心學佛。由於太平天國在一八五〇年代一度席捲半個中國，並在攻陷南京時把佛教的寺院和佛典悉數燒毀，故曾國藩在南京光復後便派楊文會修葺被太平天國摧毀的建築，時為一八六六年。楊文會抵達南京後，在日間進行官方委派的工作，晚間則利用私人積蓄刻印佛教經籍，以冀使佛法再次在南京流布。因此，楊文會的居所又名「金陵刻經處」，意指印刷佛經的地方。在一八七八至一八八六年間，楊文會曾隨曾紀澤（839-1890）等人兩次出仕英國，並在一八八一年於倫敦認識在牛津大學學習梵文的日本佛教學者南條文雄，從後者得知不少早在中國散迭的佛教典籍原來均在日本得以保存。待回到中國後，楊文會與南條文雄保持通信，並於一八九〇年寫信託付身在日本的南條文雄代購在中國散迭的佛教典籍，終在南條文雄的協助下把包括《成唯識論述記》在內等千餘冊佛教典籍帶回中國，從而掀起近現代中國鑽研唯識的序幕。楊文會在〈十宗略說〉中如此

[88] 唐君毅，《中華人文與當今世界（上）》（臺北：臺灣學生書局，1988年），頁400。

[89] 下文有關楊文會的生平，主要參考以下資料：歐陽漸，〈楊仁山居士傳〉，收入程恭讓編，《歐陽漸內學集萃》，頁532-535；麻天祥，《晚清佛學與近代社會思潮》，頁284-291；潘桂明，《中國居士佛教史（下）》（北京：中國社會科學出版社，2000年），頁835-844；陳繼東，〈近代中日佛教徒的對話——楊文會與南條文雄的交流〉，收入劉笑敢、川田洋一編，《儒、釋、道之哲學對話——東方文化與現代社會國際學術會議論文集》（香港：商務印書館，2007年），頁75-87；劉成有，《近現代居士佛學研究》（北京：人民出版社，2013年），頁50-57；沖本克己、菅野博史編，辛如意譯，《中國文化中的佛教——中國III：宋元明清》（臺北：法鼓文化，2015年），頁336-337。

形容唯識思想：

> 誠末法救弊之良藥也，參禪習教之士，茍研究此道而有得焉。自不至顢頇佛性，儱侗（籠統）真如，為法門之大幸矣。[90]

查「顢頇佛性，籠統真如」一說，源出明代憨山法師（1546-1623）的〈觀老莊影響論〉，用以批評時人對佛理的了解總是馬馬虎虎，於如何學佛沒有真切認識。楊文會便明言，唯識思想的一大作用是救治其時在華佛教的籠統之弊。楊文會這一觀點可謂貫徹本書的論旨，因佛教法相學會便是秉承這一精神以闡揚唯識，一如後文所述。事實上，對佛法僅有籠統的認識固然有礙解脫，而在科學於近現代中國盛行的情況下，佛教的理論確有更加清晰的必要。否則，佛教乃容易被人視為武斷甚至迷信。唯識思想強調推理，故較能滿足時人對於利用科學解釋各種現象的要求。凡此，均是唯識思想得以在近現代中國復甦的原因[91]。楊文會在一封於一八九二年寄給南條文雄的信件中又說：

> 比年以來承代購經籍，千有餘冊，上自梁隋以至唐宋，貴國著述，羅列滿架，誠千載一時也，非閣下及東海君大力經營，何能裒集法寶如此之宏廣耶。[92]

---

[90] 收入楊文會著，周繼旨校，《楊仁山全集》（合肥：黃山書社，2000年），頁152-153。

[91] John Makeham, 'Introduction', in John Makeham ed., *Transforming Consciousness: Yogācāra Thought in Modern China,* pp. 1-38.

[92] 近年即有研究列出楊文會透過南條文雄獲得典籍的名單，詳見龔雋、陳繼東，《作為「知識」的近代中國佛學史論：在東亞視域內的知識史論述》（北京：商務印書館，2019年），頁127-164。內文所引信件見該書頁162。

從上引信件中，可見日本的佛教學者對於唯識思想能得以再次在中國有所發展實扮演著關鍵角色，吾人對此不可不察。季羨林先生（1911-2009）便曾撰有〈佛教的倒流〉一文，指出佛教雖原由印度經西域傳至中國，但隋唐年間的中國佛教卻倒過來傳回印度[93]。在很大程度上，日本的佛教雖由中國傳入，但其亦正好倒過來影響著近現代在華佛教的發展[94]。凡此，均說明一國的佛教發展已不僅是屬於一國的事情，而是有著跨國交流的特性[95]；佛教研究在當代已非憑藉一國之力能單獨完成，而是已進入了一個各國間互相合作的時代[96]。的確，楊文會便在一八九三年於上海結識了志力復興佛教的印度學者達摩波羅（Anagārika Dharmapāla，1864-1933），從而意識到中國欠缺向外弘揚佛法的人才；又於一八九四年在上海與英國傳教士李提摩太（Timothy Richard，1845-1919）合作把《大乘起信論》翻譯成英文，藉以希望貢獻歐洲的佛學研究。可見楊文會的專注力已由原初收集在華散迭的佛典，轉為培養本地的佛教人才，乃至嘗試向外弘揚佛法。

按楊文會在一八九八年在南京買下土地預備辦學，並把金陵刻經處遷入校址；至一九〇七年更正式把學校取名「祇洹精舍」，課程內容包括講授佛典、國文和英文。當時講授佛典的師資便包括楊文會本人和天台宗僧人諦閑法師（1858-1932），而

---

93 收入季羨林，《季羨林佛教學術論文集》（臺北：東初出版社，1995年），頁463-512。

94 如呂澂先生的《佛教研究法》一書，便是根據日本學者的觀點編撰而成。見呂澂，《佛教研究法》（臺北：新文豐，1996年），〈緒言〉。

95 于君方，〈西遊與東遊——漢傳佛教與亞洲的跨文化交流〉，收入釋果鏡、廖肇亨編，《求法與弘法——漢傳佛教的跨文化交流國際研討會論文集》（臺北：法鼓文化，2015年），頁27-42。

96 朱文光，《佛學研究導論》（臺北：文津出版社，2008年），頁93-94。

講授國文和英文的分別有李曉暾和蘇曼殊（1884-1918）。精舍共取錄廿四名學生，僧人十二人，另十二人為居士[97]。前者包括太虛法師和華嚴宗僧人智光法師（1889-1963）；後者則有歐陽漸和梅光羲（1880-1947）等。當中太虛法師和歐陽漸跟本書的關係尤大，因佛教法相學會的創辦人羅時憲先生便是皈依太虛法師，其與歐陽漸一脈亦有著師承關係。惜祇洹精舍因財困而在一九〇九年結束，而楊文會亦於一九一一年逝世。雖然楊文會個人未有對唯識思想作太多的解釋，其弘法的規模亦似難與後來的居士組織相提並論，惟吾人當可言近現代中國之所以出現闡揚唯識和居士弘法等現象實由楊文會開始，足見他在近現代在華佛教史上的先驅地位。

在進一步討論近現代中國有關闡揚唯識和居士弘法的議題前，有一情況亦值得注意，此即太虛法師有關「人生佛教」的主張。如前文所述，太虛法師是近現代中國銳意改善僧團質素的代表人物；為了實踐這一抱負，他於一九二二年即在武漢成立「武昌佛學院」，強調僧團組織要現代化，僧人亦應有當代的各種知識，不能停留在以傳統讀經解經的方法來理解佛法。除武昌佛學院外，太虛法師還有其他計劃改善當時的僧團[98]，但由於這些計劃與本書主旨未有太大關係，故不擬再作討論。惟在很大程度上，太虛法師的各種工作實指涉一重要議題：如何使佛教能夠入世，藉以改變時人認為佛教只是為死人服務的錯誤印象，此即為「人生佛教」的宗旨，而這一宗旨則成為日後尤其盛行於臺灣社

97 但歐陽漸言於祇洹精舍學習的僧人只有十一人，居士則更只有一人。見歐陽漸，〈楊仁山居士傳〉。筆者懷疑當時個別僧人和大部分居士均不是正式註冊的學生，故歐陽漸才有此說。

98 詳見釋太虛，〈我的佛教改進運動略史〉，收入釋印順編，《太虛大師選集（下）》（新竹：正聞出版社，2013年），頁257-309。

會的「人間佛教」之先導[99]。誠然，人間佛教的形態非常多元，但循本書的角度，重要的並非佛教一系列入世舉措的內容或特色，而是佛教究竟有何義理支持其作出相關舉措[100]。由此，即涉及前述有關唯識思想的討論。的確，建基於如來藏概念以發展的在華佛教明顯有唯心的傾向，從而忽視了對外境的探索。因此，社會或世界的各種問題乃容易被化約或理解成吾人心識的染淨問題，其純粹是我們一己的主觀看法。這一對如來藏概念的闡釋否定道理的客觀性，而建基於此一概念的佛教遂容易予人一種無是無非或無善無惡的印象。世間的一切問題既然只是吾人心識的作用，佛教修持的重點乃放在如何使一己的心識變得清淨，從而欠缺入世的動力[101]。筆者並非否定佛教有以上的面向，惟我們卻有必要認識這一面向在整體佛教中究竟扮演什麼角色，而不能輕易地認為相關思想即是佛教的全部[102]。誠如方東美先生言，現代從事佛學研究的華人當不能再以中國佛教為正統，而應認識印度佛教的價值[103]。唯識思想正好指出吾人心識的改善當建基於實際的處境，而對實際處境的把握必然涉及對外境的認識。在這一意義下，我們若要有效修持以改善一己的質素，對外在環境的認識必不可少。事實上，太虛法師即主張吾人的心識既得到改善，則我

[99] 楊惠南，〈從「人生佛教」到「人間佛教」〉，收入霍韜晦編，《太虛誕生一百周年國際會議論文集》（香港：法住出版社，1990年），頁176-213。

[100] 梁漱溟先生和印順法師便曾分別就這一問題提出質疑。詳見梁漱溟，《東西文化及其哲學》（上海：上海人民出版社，2006年），頁196-197；釋印順，《遊心法海六十年．契理契機之人間佛教合刊》（新竹：正聞出版社，2014年），頁110-112。

[101] 林鎮國，《空性與現代性：從京都學派、新儒家到多音的佛教詮釋學》（臺北：立緒文化，1999年），頁261-284。

[102] 類似觀點，參考劉宇光，《左翼佛教和公民社會：泰國和馬來西亞的佛教公共介入之研究》（桃園：法界出版社，2019年），頁394-401。

[103] 方東美，《中國大乘佛學（上冊）》（臺北：黎明文化，2004年），頁253。

們的行為亦當隨之變化；藉著眾生的行為有所改變，社會乃能得以進步，此即人間淨土的主張[104]。若是，則外境的改善乃非僅是由於吾人在心理上出現變化，而是我們在行為上使外境作出改變。至於這一觀點之得以成立，很大程度上有賴唯識思想對其提供了一理論上的說明[105]，一如第四章所述。因此，我們可言唯識思想是理順人生佛教和人間佛教的重要元素，其間接解釋唯識在近現代在華佛教的重要性。

相對於太虛法師把精力集中在改善僧團的質素，歐陽漸則把焦點放在學理的釐清上。當中最重要的工作，可謂是按楊文會臨終前的囑咐，繼續闡揚玄奘法師一系的唯識思想[106]。查歐陽漸早年醉心儒學，直至其於一九〇四年到一九一〇年間在南京向楊文會問學，才漸轉信佛教。他在楊文會逝世後接辦金陵刻經處，至一九一四年在刻經處設立研究部並聚眾講學。在一九二二年，與高足呂澂（呂秋逸，1896-1989）於南京成立「支那內學院」，講述個人著作〈唯識決擇談〉，強調唯識於佛教的必要和弘揚唯識的職志，更於一九二五年設立法相大學，不但吸引了梁啟超（1873-1929）、張君勱（1887-1969）、湯用彤（1893-1964）和梁漱溟（1893-1988）等時賢聽講，更取錄熊十力（1885-1968）、黃懺華（1890-1977）和王恩洋（1897-1964）等學生[107]。內學院的院訓便有言：

---

[104] 釋太虛，〈建設人間淨土論〉，收入太虛大師全書編纂委員會編，《太虛大師全書（第47冊）：論藏：支論（二）》（臺北：太虛大師全書影印委員會，1970年），頁349-430。類似觀點，見呂澂，〈正覺與出離〉，收入洪啟嵩、黃啟霖編，《呂澂：當代佛學的泰斗》（臺北：大塊文化，2021年），頁192-200。

[105] Scott Pacey, 'Taixu, *Yogācāra*, and the Buddhist Approach to Modernity', in John Makeham ed., *Transforming Consciousness: Yogācāra Thought in Modern China,* pp. 149-169.

[106] 歐陽漸，〈楊仁山居士傳〉。

[107] 有關歐陽漸的生平和支那內學院的創立經過，參考高永霄，〈歐陽竟無年譜初

法相糅古，唯識創今。《法相》廣大，《唯識》精純。顧《法相》結局，亦必精微而歸諸《唯識》，故總曰唯識學。唯識學有二要：一匯小，溯部執溝澮，入大乘江河，法來有自，法通無衰也。二匯大，統散漫奔流，歸汪洋瀛渤，彼惡取空方廣道人無勢也。

不研《唯識》，其心不細，易入歧途；其陋不除，易流儱侗。是故學佛入門，須始《唯識》。[108]

蓋歐陽漸主張唯識思想可細分為兩部分：唯識學和法相學。前者探討主體的心識，後者分析客觀的外境，而整體的唯識思想則是討論心識和外境之間的關係，藉以明白吾人主體並非實有，客觀外境並非虛無的道理[109]。可惜的是，在華唯識在唐末以後即開始走樣，以致不少人誤以為唯識思想主張吾人的心識是實有，從而使佛教陷入一種唯心論之中，卻不知道佛教主張我們的心識亦是因緣而有，並非永恆不滅；繼而錯誤認為唯識思想主張一切外境均只是我們的主觀構想，故使佛教淪為虛無論，而不知道佛教實主張外境雖然沒有實在性，卻不代表外境即為虛幻。凡此，均是未明佛教的真正精神。歐陽漸便強調，其時在華佛教當要重新認識唯識思想中的法相學部分，亦即對外境要有所認識[110]。由

稿〉，《內明》第38、39期（5、6/1975）：17-18、31-33；程恭讓，〈導讀〉，收入程恭讓編，《歐陽漸內學集萃》，頁1-16；麻天祥，《晚清佛學與近代社會思潮》，頁296-313。

108 歐陽漸，〈支那內學院院訓釋〉，收入程恭讓編，《歐陽漸內學集萃》，頁19-87，引文見頁81。

109 詳見歐陽漸，〈瑜伽師地論敘〉，收入程恭讓編，《歐陽漸內學集萃》，頁153-189，尤頁162-163。

110 歐陽漸，〈法相諸論敘合刊〉，收入程恭讓編，《歐陽漸內學集萃》，頁376-385。

此，方能知道佛教的全貌[111]。在某程度上，重視外境的客觀性可謂延續明代唯識研究的特色。至於弄清主體和外境的關係，目的不是要建立一套知識論，而是要借助知識以達到無餘涅槃這一宗教目的[112]。誠如林鎮國先生言，傳統在華佛教向來忽視知識對解脫的助益，甚至誤以為知識有礙解脫[113]，歐陽漸和支那內學院的工作正是要解釋知識在吾人解脫上所扮演的正面角色，藉以糾正傳統在華佛教的觀點[114]。歐陽漸即言：

> 若能研法相學，則無所謂宗教之神祕；若能研唯識學，則無所謂宗教之迷信感情。其精深有據，足以破籠侗支離；其超活如量，足以藥方隅固執。[115]

的確，唯識思想強調吾人是在經驗世界中尋求解脫，而對經驗世界的認識則涉及「見分」、「相分」、「自證分」和「證自證分」等認知條件；至於對認知的結果則有「現量」和「比量」作檢驗標準，藉以保證知識的真確性，可見佛教對知識的重視。事實上，歐陽漸及支那內學院一系的居士明顯把唯識思想視作印度佛教的代表，並以之凸顯中、印佛教的分別。呂澂便認為建基

111 張志強，〈「法相廣於唯識，非一慈恩宗所可概」－試論「唯識、法相分宗說」在歐陽竟無佛學思想中的奠基地位〉，收入中山大學人文學院佛學研究中心編，《漢語佛學評論（第二輯）》（上海：上海古籍出版社，2011年），頁295-358。

112 歐陽漸，〈答陳真如書（二則）〉，收入歐陽漸，《歐陽竟無佛學文選》（武漢：武漢大學出版社，2009年），頁352-362。

113 林鎮國，《空性與方法：跨文化佛教哲學十四講》，頁1-15。

114 Eyal Aviv, 'Ouyang Jingwu: From Yogācāra Scholasticism to Soteriology', in John Makeham ed., *Transforming Consciousness: Yogācāra Thought in Modern China*, pp. 285-316；龔雋、陳繼東，《作為「知識」的近代中國佛學史論：在東亞視域內的知識史論述》，頁222-240。

115 歐陽漸，〈與章行嚴書〉，收入歐陽漸，《歐陽竟無佛學文選》，頁334-337，引文則見頁336。

於如來藏思想而發展的中國佛教有違佛教的真精神，而對其加以破斥，如他言：

> 印度佛學對於心性明淨的理解是側重於心性之不與煩惱同類。它以為煩惱的性質囂動不安，乃是偶然發生的，與心性不相順的，因此形容心性為寂滅、寂靜的。這一種說法可稱為「性寂」之說。中國佛學用本覺的意義來理解心性明淨，則可稱為「性覺」之說。從性寂上說人心明淨，只就其「可能的」「當然的」方面而言；至於從性覺上說來，則等同「現實的」「已然的」一般，這一切都是中印佛學有關心性的思想所有的重要區別。[116]

簡言之，呂澂認為中國佛教錯誤地把如來藏理解為實體，從而以為其有如自覺等功能，吾人可隨時透過反省而把握一己的清淨心性，藉以達到成佛的境界，他稱這種觀點為「性覺」；惟循印度佛教的角度，如來藏卻非一已能起用的實體，而僅是一成佛的可能，其意味吾人有不與煩惱相應的機會，但這一機會卻有待外緣配合才能得以起用，呂澂稱這一觀點為「性寂」。這一分辨所衍生的結果，正是中國佛教以為吾人已有如來藏，而其本質又為清淨，故我們要做的便是返回最初的狀態；惟印度佛教既認為如來藏只是成佛的可能，那麼吾人要做的便是使這一可能成為現實。當中的方法，正是不斷透過各種修行來改善自己。由此，遂帶出中、印佛教在修持和所達結果上的根本分別，如呂澂言：

[116] 呂澂，〈試論中國佛學有關心性的基本思想〉，收入洪啟嵩、黃啟霖編，《呂澂：當代佛學的泰斗》，頁43-50，引文則見頁45-46。

一（性寂）在根據自性涅槃，一（性覺）在根據自性菩提。由前立論，乃重視所緣境界依；由後立論，乃重視因緣種子依。能所異位，功行全殊。一則革新，一則返本，故謂之相反也。說相反而獨以性覺為偽者，由西方教義證之，心性本淨一義，為佛學本源，性寂及心性本淨之正解（虛妄分別之內證離言性，原非二取，故元寂也）。性覺亦從心性本淨來，而望文生義，聖教無徵，訛傳而已。〔……〕中土偽書由《起信》而《占察》，而《金剛三昧》，而《圓覺》，而《楞嚴》，一脈相承，無不從此訛傳而出。

流毒所至，混同能所，致趨淨而無門；一辨轉依，遂終安於墮落。[117]

誠然，離苦得樂當是透過吾人不斷努力才能臻至的後天結果，卻非我們不用努力即能達到的先天狀態[118]，故循四聖諦的角度，「道諦」是達致「滅諦」的方法；只有透過特定的修持，一人才有機會證入涅槃。是以，呂澂乃認為主張「性寂」的印度佛教是積極進取，因其承認吾人在現實上有所不足而願意加以改善；但主張「性覺」的中國佛教卻認為我們的心性本來清淨而與佛無異，故吾人當下要做的是返回原初的狀態，由此乃對外境持一冷漠和消極的態度。事實上，呂澂對唯識思想之不能在中國發展，作出了一頗為深刻的判斷：正是唯識思想的積極和進取不利

[117] 呂澂，〈覆熊十力書二〉（1943年4月12日），收入熊十力等著，林安梧編，《現代儒佛之爭》（臺北：明文書局，1997年），頁464-468，引文見頁466。
[118] 中村元著，香光書鄉編譯組譯，《從比較觀點看佛教》，（臺北：香光書鄉出版社，2003年），頁133-146。

專制帝王的管治，故未能得到政權的支持[119]。如果呂澂的判斷正確，則在華佛教實為一被扭曲了的佛教，而非佛教的真實面目。循以上所述，呂澂乃逕把持「性覺」說的中國佛教視為「偽佛教」，並對中國佛教賴以建立的如來藏思想作出評擊，認為只有重拾以唯識思想為代表的印度佛教，才能挽救於其時已奄奄一息的在華佛教，使之重現生機[120]，他在其著名的《中國佛學源流略講》中便有言：

> 印度佛家的面目，無論是小乘或大乘，龍樹、提婆，或無著、世親，歷來為翻譯講說所模糊了的，到慈恩宗才一一顯露了真相。而在學習與踐行方面，由於唯識、因明理論的啟發，使學者知道如何的正確運用概念、思維，以及從概念認識證得實際而復反於概念的設施，這樣貫通的真俗二諦的境界，學行的方法也才得著實在。〔……〕至於唯識觀的提倡，以轉依為歸宿，這不只發明一切現象的實相為止，並還要轉變顛倒、染污的現象都成了如理、清淨，顯然須從現實的革新下手。這些在當時是具備積極、進步的意義。[121]

支那內學院的工作，正是提倡唯識這一「真佛教」，從而使佛教成為改善自我和改進社會的積極力量。前文言及人生佛教和

119 呂澂，《中國佛學源流略講》，頁352。

120 更多有關呂澂觀點的討論，參考Dan Lusthaus, 'Lü Cheng, Epistemology, and the Genuine Buddhism', in John Makeham ed., *Transforming Consciousness: Yogācāra Thought in Modern China*, pp. 317-342; Chen-kuo Lin, 'The Uncompromising Quest for Genuine Buddhism: Lü Cheng's Critique of Original Enlightenment', *ibid.*, pp. 343-374.

121 呂澂，《中國佛學源流略講》，頁352。

人間佛教實有賴唯識思想作其理論基礎，便是這一意思。呂澂即對支那內學院的工作有以下總結：

> 而且佛學的主旨，本是不滿於不平等而痛苦的世間現狀，要求根本變質地改革它。這樣積極的精神雖時被曲解，卻始終未曾喪失，就又有其助長文化改進的功能。但這些，都必依據真實的佛學才談得到。[122]

上述支那內學院對「真佛教」和「偽佛教」的分判，帶出其就唯識宗和不同佛教宗派之間關係的看法。有論者認為太虛法師和歐陽漸等一系居士的一個主要分別，是前者主張「八宗平等」，強調不同宗派在佛教這一系統中實扮演不同角色，彼此不能互相取代；後者則獨尊唯識，認為唯識思想在佛教諸宗派中最為完善，故其相對別派乃占一較重要的地位[123]。以上觀察在一定程度上可謂正確，但卻有更待澄清的地方。首先，歐陽漸等雖或認為唯識思想在各佛教宗派中最為完善，但最完善的理論是否即對所有眾生均最為有利，這一點卻值得存疑。這是因為一法門是否對一眾生有利，很大程度上取決於時機。假使一眾生其時並未適合聽取所謂最完善的道理，則這一道理可以倒過來對該眾生帶來不良效果。此所以唯識經籍《解深蜜經》的〈無自性相品〉中提出「三時判教」，強調佛陀在不同時間向不同根器的眾生說不同的道理，藉以幫助眾生能以一有效和漸進的過程改善自己。換言之，最完滿的道理亦得有最合適的時機作配合，才能衍生最理

122 呂澂，〈內學院研究工作的總結和計畫〉，收入洪啟嵩、黃啟霖編，《呂澂：當代佛學的泰斗》，頁184-191，引文見頁190。

123 袁宏禹，《20世紀中國唯識學史要》（北京：中華書局，2020年），第二及第三章。

想的效果。太虛法師和印順法師便主張說法要「契理契機」，認為一人所說的法除了要符合佛理外，還要切合當時的處境[124]。除非吾人發現歐陽漸等反對以上《解深蜜經》「三時判教」的說法，否則我們或可言歐陽漸等雖表面上認為唯識在佛法之中最為殊勝，但嚴格而言卻應是指在當時的處境下，唯識思想最為殊勝而已，卻非指在任何情況之下均應以唯識為尊。至少，這一態度當適用於佛教法相學會有關唯識的看法，一如第四章所論。其次，呂澂雖重視唯識，但他卻認為唯識思想即等於全體佛理，其已然是整個佛教的代表。如他言：

> 國人一向誤會，以為大乘佛法有法性、法相兩大宗之對峙，其意乃指龍樹、提婆與無著、世親之學以言。但吾人讀各家著書，涉思稍深，僅見所說前後一貫而已。〔……〕故言法相，則龍樹以下各家皆法相說者也；法之自相即是法性，以此言法性，諸家又皆法性說者也。〔……〕我國舊稱之法相宗，尋其根據，亦極薄弱。法相宗云者，通指唐奘師一系數代而已。此依所居，或可稱慈恩學。謂為法相宗，則厚誣古人之意。蓋奘師一系皆能灼見佛法本真、紹承正脈者。溯自龍樹至於護法，學統相承，未嘗中絕。
>
> 末派興諍，將喪祖意。奘師獨傳其緒，此學遂東。則以我國舊時佛法全繫譯家，而羅什所傳雜於門下老莊之談，真諦所傳又淆於論師《起信》之說，以致譯績黯淡，

---

124 釋太虛，〈即人成佛的真現實論〉，收入釋印順編，《太虛大師選集（下）》（新竹：正聞出版社，2013年），頁213-234；釋印順，《遊心法海六十年‧契理契機之人間佛教合刊》，頁115。

師承迷轍。奘師慨然於此，獨披荊榛，指示坦道，所謂佛法真面目自是而始見此方。乃異學相排，謂是一宗獨創。後人不察，更謚曰法相宗，以與三論家之性宗對舉，實則奘本意何嘗如此。吾人涉獵慈恩之說，亦言法性，亦言法相，無所界畫。〔……〕故奘師學則真佛學也，無宗派佛學也。說為宗固誣，說為法相宗尤誣。[125]

並言：

吾儕大師（按：指歐陽漸）苦心提倡，歷十年餘年，終於在今日于佛法基礎立法相幢，慧日曙光，重睹一線。諸君認識既真，應不遲疑，應知提倡佛法實唯法相一途，絕非推尊一宗，亦非欲以一宗概括一切。正此趨向，專志精勤，必使純真佛法遍現世間，是皆君之責。[126]

明言唯識與般若等思想實為融通，兩者本不可分。因此，弘揚唯識無疑幫助解釋整體佛教，故呂澂不認為提倡唯識即會排斥其他宗派；反之，他認為在當時還強調各種宗派之分實不合時宜[127]。以上觀點乍看之下或似奇怪，即呂澂一方面強調唯識，另一方面卻不主張佛教當有宗派之分；但我們如真的不主張佛教有宗派之分，是否還須強調唯識？由此，吾人可得出兩點啟示。第

[125] 見歐陽漸等，〈法相大學特科開學講演〉中呂澂發言部分，收入《歐陽漸選集・呂澂選集・王恩洋選集・景昌極選集》（臺北：彌勒出版社，1984年），頁123-127。

[126] 參考呂澂於法相大學特科開學講演的原稿，收入《內學》第2輯（1925）：220-224，引文見頁224。

[127] 呂澂，《佛教研究法》，頁134-135。

一，唯識於呂澂眼中並不是一宗派，而是佛教內部不同宗派均應重視的共法。第二，正是唯識是不同宗派均應重視的共法，如果一些佛教的思想根本不符唯識的義理，則這些所謂佛教的思想乃不能稱為佛教；除非我們認為某些宗派根本不是佛教，否則吾人便當使用唯識作為解釋甚至改良這些佛教宗派的資糧。以上所述，對於後文吾人了解佛教法相學會如何看待唯識與中國佛教的關係可謂非常重要。

事實上，若沒有清晰的目標，則縱有具體的方法亦不能得到理想結果；同理，如沒有具體的方法，則縱有清晰的目標也不能收到預期成效。假使清晰的目標和具體的方法皆欠奉，則所謂佛教便只能陷入一種人云亦云或似是而非的狀態之中。因此，有關諸如涅槃的具體指涉和得以達致涅槃的步驟等問題，均應有清楚的說明，藉以避免籠統的情況出現。否則，解脫便無異於幻想，佛法亦終淪為空談。歐陽漸即強調佛教的「境」、「行」、「果」，並主張在相關範圍下展開論說。誠如他在〈大乘密嚴經敘〉所言：

> 《大乘密嚴經》者，蓋是總大法門之一，而二轉依之要軌也。法門無量，區別於境、行、果三，果之為《大涅槃經》，行之為《大般若經》、《佛華嚴經》，而境之為《大乘密嚴經》。故曰：《密嚴經》者，總大法門之一也。迷悟依於真如，而《密嚴》剎土即涅槃定窟，染淨依於藏識，而賴耶生身即菩提慧命，故曰：《密嚴經》者，二轉依之要軌也。[128]

[128] 收入歐陽漸著，程恭讓編，《歐陽漸內學集萃》，頁293-314，引文見頁294。

蓋《密嚴經》又名《厚嚴經》，是唯識宗其中一部主要典籍；而「境」、「行」、「果」則分別意指目標、達致該目標的方法，以及達致該目標後的效果。循引文，歐陽漸認為佛教的目標即為證入涅槃，而方法則包括「空」、「有」兩輪的思想，至於效果則尤在唯識思想中得到解釋。支那內學院即強調研究方法，藉以確保佛教的「真精神」能得以實現[129]。呂澂便對支那內學院的研究方法有以下解說：

> 內學院發起創辦之初，即有意取準印度那爛陀寺以組織此學之計劃。蓋自無著、世親後，印度講習中心，即在那寺，盛極一時。我國傳譯佛學之奘、淨兩大師，俱從該寺出。且自奘、淨二師移植佛學來中土後，那寺即日就衰微，可知那寺實為華梵傳通之樞紐。內院成立，所以取之為模範也。〔……〕學不講不明，盡用乃所以明學也。孔氏以德之不修學之不講為憂，足見講學與修德並行，非徒資談說而已。是猶一般之意義也。佛學更進於此，而以三學、四依為歸。聞、思、修之謂三學，法、了、義、智之謂四依。學須從聞入，聞者謂無倒了解。然學而不思則罔，思謂究竟思擇（簡擇）。思而不修，亦難入道，修畜隨順現觀也。如是循聞思而至現觀，法之寂相，親切體驗，無有間隔，然後得其真，斯盡其用矣。然如何使聞無倒思擇而入現觀耶？則應以四依為標準也。於真實了義之法，如實解了，則聞無倒。於實義思擇，不作文字揣摩，則思擇究竟。於無分別智上體會，則為隨順現觀。無分別

[129] 參考王恩洋，《中國佛教與唯識學》（北京：宗教文化出版社，2003年），頁41-49。

者，非摒除分別，乃不分別所不應分別也。苟能循四依之標準，即能盡三學之用，講習之事，方不唐勞也。又所講習者，為內院自己所組織之院學，吾人自信必如是講習，真正之佛學，始得昌明。[130]

簡言之，支那內學院強調要透過聞所成慧、思所成慧及修所成慧的過程，以吸收、思考和實踐佛教的道理；至於這一聞、思、修的過程則一定要有經教作根據，而對經教的闡釋則要有具體的方法。就筆者所理解，支那內學院一系居士所使用的研究方法便包括以下三者：家法、科判和因明[131]。首先，所謂家法指對每一部「經」的研讀須參考相關的「論」，而對「論」的研讀則須要借鑒相關的「注」，如此類推，從而衍生「經」、「論」、「注」、「疏」和「鈔」等重重對讀。透過循菩薩和高僧的觀點來了解佛經，從而避免對佛經作任意的闡釋。以般若思想為例，吾人對《大品般若經》的解讀便須按龍樹菩薩《大智度論》的觀點以作了解，並非可由吾人隨意發揮。家法即指經論對讀，冀能藉此找到佛經的大意[132]。其次，科判指透過不同範疇的定立而對每一部經論再作分析，藉以避免對經論作籠統的解讀和把複雜的問題簡化。例如天台宗在討論一文本前，便先為該文本定下「析名」、「顯體」、「明宗」、「論用」和「判教」等五範疇，指出該文本的緣起、性質、宗旨、作用及其在佛

130 呂澂，〈如何研讀佛學必修五科次第〉，收入呂澂，《呂澂大師講解經論（上）》（新北：大千出版社，2012年），頁55-93，引文見頁56-58。

131 這一觀察，主要參考歐陽漸，〈今日之佛法研究〉，收入程恭讓編，《歐陽漸內學集萃》，頁519-523；王恩洋，《中國佛教與唯識學》，頁41-49。

132 參考釋正持，〈《華嚴經疏・十地品》釋經方法探析〉，《中華佛學研究》第13期（2012）：1-52。另見潘秀英，《中國書院發展與佛教的關係》（臺北：花木蘭文化事業有限公司，2022年），頁150-152。

教中的位置。由此，一文本的內容和特性便清楚呈現，此做法稱為「五重玄義」[133]。史家牟潤孫先生（1909-1988）撰有〈論儒釋兩家之講經與義疏〉一文介紹佛教不同宗派的科判方法，讀者可更作參考[134]。最後，因明是佛教用以衡量一觀點是否正確的標準，其提出「現量」和「比量」，前者指經驗，後者指推理。只有一觀點符合吾人自身的經驗，以及經得起邏輯的驗證，其才可說是「如理」[135]。呂澂便稱以上一系列的研究方法為「院學」，認為透過這些方法重新研讀唯識的典籍，乃能得佛教的真實[136]。是以，吾人可言支那內學院的研習佛學方法正是一種經院學（scholasticism），其對佛教的理解實有著傳統和嚴謹的方式，不能輕易改變[137]。至於教學的具體內容，則包括毗曇、般若、瑜伽、涅槃和戒律，務求利用上述的研究方法全面地學習大、小乘佛教和空、有兩輪的思想，以及經律論等三藏[138]。至此，歐陽漸認為的佛教當為「結論後之研究」遂有實現的機會，近現代中國的唯識甚至佛教研究乃漸見規模和系統，其亦為佛教得以在中國復甦提供了一條可能出路。

誠然，國民政府時期有不少人士均提出各自用以振興佛教的方法，而不必以闡揚唯識為己任。如印光法師（1862-1940）便

133 參考李四龍，〈論「五重玄義」的解經體例——再談中國佛教宗派的成立依據〉，《華梵人文學報》第19期：天台學專刊（5/2013）：143-167。

134 牟潤孫，《注史齋叢稿：增訂本（上）》（北京：中華書局，2009年），頁88-155。

135 霍韜晦，《絕對與圓融——佛教思想論集》，頁87-107。

136 呂澂，〈佛學院的要旨〉，收入呂澂，《呂澂大師講解經論（上）》，頁17-22。

137 Eyal Aviv, ‘Ouyang Jingwu: From Yogācāra Scholasticism to Soteriology’. 值得注意者，是羅時憲先生自言其亦是以經院學的方式來研究佛學。參考羅時憲講，陳雁姿等編，《能斷金剛般若波羅蜜多經纂釋講記（第四冊）》（香港：佛教法相學會，2019年），頁148。

138 詳見何金強，〈支那內學院佛學教育初探——呂澂的五科佛學思想〉，《人間佛教研究》第4期（2013）：1-22。

主張透過堅持對淨土的信念和持戒來改善僧人的質素，從而使佛教能循僧人開始得以振作[139]；至於有志弘揚唯識思想的，除了支那內學院一系的居士以外還有韓清淨（1884-1949）的「三時學會」，其雖重視唯識思想，卻不似支那內學院一系的居士般有把唯識和中國佛教對立起來的色彩，而是強調建基於如來藏思想以發展的中國佛教亦是佛教的一部分，主張唯識與中國佛教應能有所調和[140]。本章之所以特別強調楊文會、歐陽漸，以及太虛法師等人物的工作，主要是由於他們一方面與闡揚唯識和居士弘法等本書論旨有直接關係，另一方面則是他們與佛教法相學會有著較大的淵源，卻非認為他們以外的人士所用以振興佛教的方法為無效，這一點還請讀者留意。惟不論以什麼方法來振興佛教，隨著中國的政治和社會形勢在一九三〇年代以降急遽惡化，一切方案最終均告停頓[141]，武昌佛學院固然在一九四〇年代末隨著太虛法師的逝世而停辦[142]，支那內學院亦因大陸進行土改以致人才凋零的情況下被迫於一九五二年結束[143]。因此，吾人若要繼續推行讓在華佛教得以振作的方法，便得從他處著手，香港即為實踐這項工作的理想地方。

139 張雪松，《法雨靈岩：中國佛教現代化歷史進程中的印光法師研究》（臺北：法鼓文化，2011年），頁67-76。

140 參考袁宏禹，《20世紀中國唯識學史要》，頁125-140。

141 學愚，《中國佛教的社會主義改造》（香港：香港中文大學出版社，2015年），頁ix-xxiii。

142 呂有祥，〈太虛法師與武昌佛學院〉，收入霍韜晦編，《太虛誕生一百周年國際會議論文集》，頁278-294。

143 高振農，〈呂澂對佛學研究人才的培養〉，《普門學報》第3期（5/2001）：335-350。

第四節：小結

綜合以上所述，吾人已知近現代在華佛教之所以出現闡揚唯識和居士弘法的背景，當中有三點尤值得我們注意。第一，中國佛教史上有關唯識的討論從來有明確的問題意識。廣義而言，這一問題意識當然是幫助我們解脫，一如其他的佛教思想；狹義而言，則是探討吾人主體和外境的特性，以及兩者之間的關係。只有認清相關問題，我們才能在這一經驗世界中逐步朝解脫之方向前進。換言之，在有志闡揚唯識思想的人士眼中，探討唯識義理並非為了知性上的滿足或學術上的追求，更非是由於宗派之間的較勁或所謂的門戶之爭，而是因為他們認為唯識在理論上相對圓滿，故能解決教徒在宗教上的疑問、在心理上較能符合時人對佛教的期望，以及在現實上最能符合佛教現代化的要求。第二，有關解脫的內容和步驟當有一客觀的標準，非憑吾人任意詮釋。經院學即是幫助我們循這一客觀標準行事的一個方法。第三，近現代在華佛教雖然有救亡意識，其乍看之下似有著濃厚的民族主義色彩。惟近現代在華唯識之得以發展卻實有賴時人不把一己的目光放在傳統的中國佛教，而是一方面向日本佛教界請教，另一方面回歸印度佛教的觀點[144]。在這一意義下，近現代在華唯識的討論反而有著打破以中國佛教為尊的心態和擺脫民族主義的傾向。凡此，均構成近現代唯識研究的特色。

---

144 事實上，為了能夠更準確地回歸印度佛教的觀點，國民政府時期部分佛教界人士甚至強調要參考西藏的佛教，呂澂和法尊法師（1902-1980）即是當中的代表人物。凡此舉措，均是希望能夠擺脫僅以傳統中國佛教的觀點來理解佛教，或狹隘地以中國佛教作為整體佛教的代表，從而能夠更有效地把握佛教的全貌。詳見呂澂，《西藏佛學原論》（臺北：大千出版社，2003年），頁2-12；釋法尊，《法尊法師論文集》（臺北：大千出版社，2007年），頁22-36。

總括而言，近現代中國闡揚唯識的人士並非從事一復古的運動，而是希望透過唯識思想使在華佛教能回復生氣[145]。除非吾人有反對時人之所以重視唯識的理由，或對其有關唯識的闡釋有著不同意的地方，否則當不能忽視他們使用唯識來振興在華佛教的努力。不然，便恐怕是浪費了前人的寶貴經驗，並失去一次改善中國佛教的機會[146]。可惜的是，祇洹精舍和支那內學院雖有志挽回在華佛教的頹勢，亦有相對完善的課程規劃以求達到目標，惟其事業僅分別持續了約兩年和三十年即告完結。在某程度上，兩者的努力可謂稍縱即逝，其即使在理論和歷史上有著意義，卻未必在現實和社會上帶來影響。的確，縱有振興佛教的建議，但假若欠缺實踐的機會，則佛教仍是不能擺脫多年的困境。前人這一未竟的志業，即由佛教法相學會在香港延續，由此遂把我們的討論帶到下一章。

145 林鎮國，《空性與現代性：從京都學派、新儒家到多音的佛教詮釋學》，頁29。
146 更多討論，參考拙作，《激盪即無礙：佛教與儒道思想的互動》，頁234-240。

第三章：香港角色與學會成立

第一節：兩岸以外的出路

佛教作為世界性的宗教，其在不同時空實隨著不同條件而呈現不同形態。在這一意義下，沒有地方的佛教能認為其即足以代表整體的佛教，整體的佛教亦不為某一形態的佛教所壟斷[1]。換言之，不論是南傳佛教、漢傳佛教還是藏傳佛教，也不能被視作整體佛教的代表；同理，不論是南傳佛教、漢傳佛教和藏傳佛教內部，吾人亦不應輕以某地區的佛教為主流或正統，以致忽視同一系統以內其他地區的特色。以在華佛教的情況為例，本書雖把在中國這片土地上的佛教統稱為在華佛教，但如果在華佛教是包含「中國佛教」和「佛教在中國」這兩個元素，則在華佛教便不必局限於中國這片土地上，因為隨著以上兩個元素在不同地方繼有發展，中國以外的地方亦可有著不同形態的「中國佛教」和「佛教在中國」。誠然，傳統的中國佛教史常把討論焦點放在中國[2]，這一做法固然無可厚非，因若論人口而言，中國在華人社會中明顯占著壓倒性的比例，以致任何發生在該地有關佛教的事情，均有著一定程度的代表性和影響力。惟這一論述角度卻容易

1 釋印順，《以佛法研究佛法》（臺北：正聞出版社，1992年），頁1-14。

2 例子見賴永海主編，《中國佛教通史（第十五卷）》（南京：江蘇人民出版社，2010年）；麻天祥，《晚清佛學與近代社會思潮》（開封：河南大學出版社，2005年）。

衍生一錯覺，其即假如中國的佛教發展停滯不前或出現倒退，吾人是否便可言在華佛教亦處於同樣情況？答案明顯是否定的。以近現代的華人社會為例，隨著中國大陸不少佛教人士自上世紀中葉出走，在華佛教亦有從中國大陸向外擴散的跡象；在華佛教既在不同地方發展出各自的特色，其遂大大豐富了在華佛教的內涵。最著名的例子，當是臺灣的佛教一方面承繼從中國大陸出走的佛教遺產，另一方面卻發展出有別於中國大陸佛教的「人間佛教」，其成績早為國際學界關注[3]。是以，在論及近現代在華佛教的發展時，我們乃有一「去中心化」的必要，因只有把胸襟開闊和目光放遠，我們才能全面地把握在華佛教的真象[4]。事實上，有學者便把在華佛教的近況延伸至海峽兩岸的範圍，認為不討論臺灣佛教實不足以理解在華佛教的情況[5]；但如果上述「去中心化」的觀點有助我們更全面地了解近現代在華佛教的發展，則這一「去中心化」的論述趨勢便不應僅止於臺灣，因為近現代

---

[3] 例子見André Laliberté, *The Politics of Buddhist Organizations in Taiwan, 1989-2003: Safeguarding the Faith, Building a Pure Land, Helping the Poor* (London and New York: Routledge Curzon, 2004); Richard Madsen, *Democracy's Dharma: Religious Renaissance and Political Development in Taiwan* (Berkeley: University of California Press, 2007); C. Julia Huang, *Charisma and Compassion: Cheng Yen and the Buddhist Tzu Chi Movement* (Cambridge MA.: Harvard University Press, 2009); Yu-shuang Yao, *Taiwan's Tzu Chi as Engaged Buddhism: Origins, Organization, Appeal and Social Impact* (Leiden and Boston: Global Oriental, 2012).

[4] 類似情況亦曾出現在有關儒家的討論之中。蓋臺灣的李明輝先生於二〇一四年被指在中國發表一翻讚賞「港台新儒家」卻批評「大陸新儒家」的言論，從而被認為是有意「去中國化」。李先生即指出其言論是「去中心化」，因近現代的儒學發展顯然不是再以中國為中心，而當正視儒學已在中國以外的地區有所發展的現實。詳見李明輝，〈關於「新儒家」的爭論：回應《澎湃新聞》訪問之回應〉，收入思想編委會編，《思想（29）：動物與社會》（臺北：聯經，2015年），頁273-283。

[5] 于君方著，方怡蓉譯，《漢傳佛教專題史》（臺北：法鼓文化，2022年），頁329-356。

即有不少僧人由中國大陸遷移至東亞及東南亞不同地方[6]，故這些地方的佛教在某程度上亦可被視為在華佛教的一分子。因此，我們如要更準確地了解近現代在華佛教的形態，實有探討其他東亞及東南亞地區的必要[7]，當中包括香港。

的確，香港在近現代在華佛教中扮演一重要角色。蓋香港自一八四二年成為英國的殖民地後，隨著政治制度與當時的滿清政權有著本質上的不同，逐漸孕育出一套與該地華人社會有所分別的文化[8]，佛教在香港的發展亦得循這一背景下來加以了解方能全面和深入。事實上，香港在成為英國殖民地以前，不論在行政上和文化上均似與大陸沒有顯著分別，可謂純然是嶺南地區的一部分。在這一意義下，香港只是大陸文化的延伸，甚至可說是大陸文化的邊緣，其在中國歷史上並不占有特別重要的地位[9]。

6 參考Jack Meng-tat Chia, *Monks in Motion: Buddhism and Modernity across the South China Sea* (New York: Oxford University Press, 2020).

7 近年即有研究涉及相關地區，這一趨勢實值得學界重視。例子見由香港中文大學人間佛教研究中心出版的一系列書籍，如：白照傑、李騰，《十字門內飄法雨——澳門當代佛教問題研究》（香港：香港中文大學人間佛教研究中心，2020年）；許源泰，《獅城佛光——新加坡佛教發展百年史》（香港：香港中文大學人間佛教研究中心，2020年）；闞正宗，《南洋「人間佛教」先後者——慈航法師海外、臺灣弘法記（1910-1954）》（香港：香港中文大學人間佛教研究中心，2020年）；徐郁縈，《新加坡人間佛教的起承轉合》（香港：香港中文大學人間佛教研究中心，2021年）；侯坤宏，《論馬來西亞近代漢傳佛教——一個局外人的觀察》（香港：香港中文大學人間佛教研究中心，2021年）。

8 詳見高承恕，〈曾經滄海難為水——香港的世界網絡與俗民社會〉，收入高承恕、陳介玄編，《香港：文明的延續與斷裂？》（臺北：聯經，1997年），頁335-352。另見孔慧怡，《大埔故事》（香港：牛津大學出版社，2023年），頁59-65。

9 不少論者便強調香港文化是中國文化延伸的這一面向，例子見丁新豹，〈嶺南的開發與香港前代的發展〉，收入香港城市大學中國文化中心編，《嶺南歷史與社會》（香港：香港城市大學出版社，2003年），頁93-107；劉智鵬、劉蜀永編，《香港史：從遠古到九七》（香港：香港城市大學出版社，2019年），頁8-9。梁基永甚至言是清代的翰林把「中原的道統」和「文化正脈」帶到香港，其觀點乃不僅是事實的陳述，而更是價值的判斷，這一明顯帶有民族主義色彩的論述尤值得吾人注意。見其《道從此入：清代翰林與香港》（香港：中華書局，2022

以香港的佛教為例，主流說法強調香港的佛教最早可追溯至杯渡禪師於公元五世紀由大陸抵達屯門青山[10]，這說法固然有助說明佛教在香港的淵源以及香港佛教和在華佛教的連繫，惟卻未能指出香港佛教的特色。的確，我們可發現香港是在行政和文化上與大陸出現了本質上的分別以後，才開始有自己的獨特之處[11]。換言之，吾人若要指出香港的佛教於在華佛教史上究有什麼特殊位置，實應從英殖時代開始[12]。但討論至此，有一點卻須注意：香港的佛教有著自己的特色可謂一不爭的事實，但香港這一有著自己特色的佛教究竟是好是壞，卻要視乎具體情況而定，不能一概而論。在理論上，如果大陸和其他華人社會的佛教發展良好，則香港的佛教縱能擁有自己的特色，卻可能是自外於這一發展良好的在華佛教。若是，則擁有自己特色的香港佛教便不必值得吾人慶幸；反之，假如於中國大陸和其他華人社會的在華佛教發展並不理想，那麼有著自己特色的香港佛教遂很可能意味著其並未受外在環境的影響。如此，則香港佛教才有值得我們注意的地方。筆者於此僅想指出，一地擁有自己的特色是一回事，該特色是否有價值卻是另一回事。如果香港的佛教值得重視，不是因為其是屬於香港的，而是因為相關佛教有著價值。筆者相信，這一觀點

年），頁iv。

10 例子見釋覺光，〈香港佛教發展近貌〉，《香港佛教》第161期（10/1973）：5-6；鄧家宙，《香港佛教史》（香港：中華書局，2015年），頁6-9；林皓賢、黄樂怡，《宗教與香港：從融合到融洽》（香港：樹仁大學商業、經濟及公共政策研究中心，2017年），頁170。

11 參考王賡武，〈結論篇：香港現代社會〉，收入王賡武編，《香港史新編增訂版（下冊）》（香港：三聯，2017年），頁965-973；陸鴻基，〈香港歷史與香港文化〉，收入冼玉儀編，《香港文化與社會》（香港：香港大學亞洲研究中心，1995年），頁64-79。

12 釋太虛，〈從香港的感想說到香港的佛教〉，收入太虛大師全書編纂委員會編，《太虛大師全書（第56冊）：雜藏　演講（三）》（臺北：太虛大師全書影印委員會，1970年），頁471-479。

當同樣適用於討論香港其他的文化事業，乃至其他地方的人士對自身文化的反省。我們若以為某些事物既屬於某地，故當地人便應支持這些事物，則便容易陷於一種民粹主義或沙文主義之中，以致不能看清相關事物的價值[13]。這對有關事物本身及其所屬地方而言，恐怕均非健康的現象。若是，則香港的佛教在實際上是否真值得我們重視，遂離不開佛教在其他華人社會的發展情況，當中尤以中國大陸和臺灣的處境最為重要。

查中國在二十世紀初期曾有一段學術風氣極為興盛的時間，當中以新文化運動（1915-1923）為該段時間的高峰[14]。時人不但反省中國自身文化的價值和不足，又努力吸取西方文化的養分，並對世界各種政治制度作出評比，學術風氣可謂百花齊放，百家爭鳴，其影響甚至觸及中國往後百年的發展[15]。至於在眾多討論之中，與本書主題尤關者則有二：第一、科學與玄學之爭；第二、佛教界對於「真佛教」的爭論。前者涉及人文學術在科學盛行的情況下當如何自處；後者則關於佛教如何在現代求存和發展的問題。誠如第二章所論，近現代在華佛教予人迷信和消極的印象，其與科學似沒有絲毫的關係。在這一意義下，以上的兩個問題遂可概括成一個問題：科學與佛學的關係究是如何。唯識思想之所以在近現代中國復甦，亦當循這一背景下來加以了解[16]。蓋科學理應是價值中性的，其好壞取決於使用者的動機及

[13] 參考蔡榮芳，《香港人之香港史1841-1945》（香港：牛津大學出版社，2001年），頁60-61。

[14] 學界對於新文化運動的具體年分未有定論，惟一般認為五四運動（1919年）前後數年是新文化運動的開始和結束。參考 Tse-tsung Chow, *The May Fourth Movement: Intellectual Revolution in Modern China* (Cambridge MA.: Harvard University Press, 1960), pp. 1-6；張玉法，《中國現代史》（臺北：臺灣東華書局，1998年），頁254-257。

[15] 余英時，〈試釋「五四」新文化運動的歷史作用〉，收入錢永祥編，《思想37：「五四」一百週年》（臺北：聯經，2019年），頁139-151。

[16] 釋法舫，《唯識史觀及其哲學》（北京：東方出版社，2018年），頁17-32。

使用後的效果而定。惟鑒於科學的客觀性和普遍性，人們乃容易從對科學的信賴中發展出一種意識形態，其即為「科學主義」（scientism）。所謂科學主義，主要指一種視科學為萬能的態度及由此衍生的價值觀。在科學主義的思維下，一切學問均要通過科學方法的審視；若有學問未能為吾人所實證或量化，則其便難以稱為真實，甚至可說是虛妄[17]。科學與玄學之爭正是時人對科學是否萬能，或科學是否適用於探討如人生的意義等或難以被實證和量化的問題所作的一次交鋒。這一爭議對於佛教的意義，是科學如是萬能或適用於探討人生的意義等問題，則佛教若要繼續生存，便得通過科學方法的考驗。換言之，在科學主義的氛圍下，愈能經得起科學考驗的佛教思想便愈能適應時代的需要；而能夠適應時代需要的佛教思想，在當時的處境下便非唯識莫屬。究其原因，是唯識思想有其對真理的看法，而這一看法又必須經得起理性的推敲和經驗的觀察，其正好符合科學的要求，此即唯識思想得以在上世紀初期的中國再次盛行的一個主要因素[18]。但隨著軍閥混戰和日本侵略，中國內部乃逐漸加強統一思想以應對外侮，自由的討論風氣遂在二、三十年代告一段落[19]。這種對自由作出壓抑的風氣一直持續，以致及後竟因政治理由而愈演愈烈。

按自一九四五年日本戰敗，中國隨即陷入內戰，當中結果是

---

[17] 參考King Pong Chiu, *Thomé H. Fang, Tang Junyi and Huayan Thought: A Confucian Appropriation of Buddhist Ideas in Response to Scientism in Twentieth-Century China* (Leiden: Brill, 2016), pp. 30-35.

[18] John Makeham, 'Introduction', in John Makeham ed., *Transforming Consciousness: Yogācāra Thought in Modern China* (New York: Oxford University Press, 2014), pp. 1-38.

[19] 方東美，《方東美先生演講集》（臺北：黎明文化，2004年），頁378-379；深町英夫，《教養身體的政治：中國國民黨的新生活運動》（北京：三聯書店，2017年），頁119-142。

中國共產黨在內戰中取得勝利，並於一九四九年十月一日在北京建立中華人民共和國；而由中國國民黨掌權的中華民國政府則退守臺灣，兩岸自此步入分治的局面。中華人民共和國成立以後，即以馬克思－列寧主義（下簡稱「馬列主義」）作為主導文化創作和學術討論的標準，一切相關工作均要在「唯物／唯心」、「無產階級／資產階級」，「社會主義／資本主義」，以及「進步／封建」等套路中進行[20]。由於宗教被視作屬於唯心的範疇，故又被闡釋為資本主義制度下資產階級用以剝削無產階級的工具，其本質當是封建的。簡言之，馬列主義視宗教為麻醉人民的鴉片，是社會主義鬥爭的對象[21]。毛澤東（1893-1976）在一九六三年發表的〈加強宗教問題的研究〉中，便明言其時中國「沒有一個由馬克思主義者領導的研究機構」和「用歷史唯物主義的觀點寫的文章也很少」，指出今後要加強從特定的意識形態來解釋宗教[22]。佛教作為中國主要宗教，自然成為被監管、整頓甚至改造的對象[23]。事實上，范文瀾（1893-1969）和任繼愈（1916-2009）等中國學者便強行利用馬列主義的唯物史觀闡釋中國佛教史，其不但把佛教簡單理解為唯心論，並強調佛教如何為帝王利用以壓制人民，佛教的真義和在中國歷史上的價值遂在這種前設下被嚴重扭曲[24]；文化大革命（1966-1976）期間對僧人的批鬥

[20] 參考Chang-tai Hung, *Politics of Control: Creating Red Culture in the Early People's Republic of China* (Honolulu: University of Hawaii Press, 2021), pp. 1-16.

[21] 列寧，〈論工人政黨對待宗教的態度〉，《列寧全集：第15卷》（北京：人民出版社，1963年），頁376-387。

[22] 中共中央文獻研究室編，《毛澤東文集：第8卷》（北京：人民出版社，1999年），頁353。

[23] Holmes Welch, *Buddhism under Mao* (Cambridge MA.: Harvard University Press, 1972), pp. 1-41；學愚，《中國佛教的社會主義改造》（香港：香港中文大學出版社，2015年），頁ix-xxiii。

[24] 以上例子，詳見侯坤宏，《浩劫與重生：1949年以來大陸佛教》（臺南：妙心出

和對寺院的破壞更幾近把佛教連根拔起的地步，故有學者認為文革對佛教的負面影響已超越中國歷史上諸次法難[25]，而佛教在改革開放後的情況則可用「百廢待舉」來形容[26]。

與此同時，臺灣在五十年代開始掀起一股白色恐怖，國民政府視一切異見者或可疑者為共產黨的同路人，其時不少人動輒得咎，或遭監禁，或遭殺害[27]，文化和學術的發展面臨嚴重的窒礙[28]，佛教亦不能倖免於難[29]。最經典的例子，或是印順法師在一九四九年於香港出版的《佛法概論》被指存在政治問題。查該書對傳統印度地理四大部洲中的北拘盧洲有所描述，言其「傳說為樂土，大家羨慕著山的那邊」，並繪製地圖，指出北拘盧洲的位置當是西藏高原。惟印順法師在一九五二年到臺灣定居後，即有密報指該書這一說法實美化「共區」，目的是「為共產黨鋪路」。最終印順法師要把地圖刪去，並對北拘盧洲的描述作出修正，《佛法概論》才能在臺灣出版[30]。由此足見當時臺灣的審查何期嚴重，而該等審查是如何無理。適逢中國大陸於六十年代中發動文革，並以「破四舊」為由瘋狂攻擊傳統中國文化，臺灣遂以捍衛傳統中國文化為號召，發起「中華文化復興運動」，學術

版，2012年），頁161-190。

25 侯坤宏，《浩劫與重生：1949年以來大陸佛教》，頁373；Zhe Ji, Gareth Fisher and André Laliberté, 'Introduction: Exploring Buddhism in Post-Mao China', in Zhe Ji, Gareth Fisher and André Laliberté ed., *Buddhism after Mao: Negotiations, Continuities, and Reinventions* (Honolulu: University of Hawaii Press, 2019), pp. 1-17.

26 學愚，《中國佛教的社會主義改造》，頁607-618。

27 讀者可參考張光直先生（1931-2001）在其回憶錄中所記載的第一身經歷，見張光直，《蕃薯人的故事》（新北：聯經，2023年），頁55-91。

28 台大哲學系事件調查小組，《台大哲學系事件調查報告》（臺北：國立臺灣大學圖書館，2013年），頁21-22。

29 闞正宗，《重讀臺灣佛教：戰後臺灣佛教（正編）》（臺北：大千出版社，2004年），頁104-117。

30 釋印順，《平凡的一生》（新竹：正聞出版社，2002年），頁78-85。

討論乃得在認同中國文化的前提下開展[31]。是以，對在華佛教所存流弊而作的批評乃絕跡，而在華佛教亦由此失去一個自我檢討和完善的機會。以上情況要到七十年代中期中國大陸文革結束，及至八十年代後期蔣經國（1910-1988）宣布臺灣解除戒嚴，並取消言禁、報禁和黨禁後才有明顯改變[32]。

綜合以上所述，可見不論是中國大陸還是臺灣，其在上世紀五十年代開始一直至八十年代左右，均因為政治理由而對文化和學術作出意識形態的操控。在這一政治現實之下，文化和學術乃未能得到客觀討論，更遑論可以自由發展。香港的佛教若能在相關氛圍下獨善其身，則無疑是利大於弊。事實上，正是其時的香港能自外於上述一股政治掛帥的風氣，國民政府時期嘗試以唯識思想改善在華佛教的希望才得在香港延續[33]，一如下文所論。

第二節：戰後香港的文化環境

如前所述，隨著香港在十九世紀四十年代成為英國殖民地，其文化環境便因為政治制度的改變而逐漸與大陸有所分別，以致終走上一條有異於彼地的發展道路。不少論者強調香港是一以華人為主的社會，故香港的文化自然以傳統中國文化為主流[34]。筆

[31] 參考Allen Chun, 'From Nationalism to Nationalizing: Cultural Imagination and State Formation in Postwar Taiwan', in Jonathan Unger ed., *Chinese Nationalism* (London: Routledge, 2016), pp. 126-147；蔡士瑋，〈正義的延異：臺灣幽靈認同考察〉，收入洪子偉、鄧敦民編，《啟蒙與反叛：臺灣哲學的百年浪潮》（臺北：臺大出版中心，2018年），頁77-98。

[32] 江燦騰，《認識臺灣本土佛教：解嚴以來的轉型與多元新貌》（臺北：臺灣商務印書館，2012年），頁15-19。

[33] 類似觀點，參考楊儒賓，《1949禮讚》（臺北：聯經，2015年），頁57-64。

[34] 參考冼玉儀，〈社會組織與社會轉變〉，收入王賡武編，《香港史新編增訂版（上冊）》，頁171-226。

者同意這一觀點，惟僅想指出這一觀點容易忽視或低估了一事實，即香港的人口在英殖時期雖以華人為絕對多數，但英國人既是站在管治者的位置上，則以英國文化為代表的西方文化在當時的香港乃處一強勢地位，其甚至可倒過來影響時人對傳統中國文化的理解[35]。事實上，正是受西方文化的影響，香港才一方面是一個以華人為主體的社會，另一方面卻呈現出與其他華人社會不同的文化色彩[36]。不少學者即以曾長期居港的王韜（1828-1897）、胡禮垣（1847-1916）、何啟（1859-1914）和孫中山（1866-1925）等諸位重視改革的人物為例，認為上述的文化背景使人的心思更加靈活，有利新思想的產生。的確，上述諸位人物的思想最終在不同程度影響中國，足見香港在近現代中國歷史上的重要性[37]。香港的佛教，當亦有同樣潛力可供吾人進一步發掘。

誠然，香港保留了豐富的傳統中國文化，除了佛教以外，還有儒家、道教和各種民間信仰和習俗，這在傳統中國文化廣被攻擊或未能為人客觀評論的二十世紀下半葉，尤其顯得珍貴[38]；但我們卻不能忽視這些文化之得以在此地保留，實離不開當時香港的文化和宗教政策。我們若要了解佛教法相學會何以在香港創立

[35] 黃兆輝，《積極不干預：港英政府的中國通》（香港：香港中文大學出版社，2018年），頁7-22。

[36] 羅香林，《香港與中西文化的交流》（香港：中國學社，1961年），頁257-266。

[37] 參考Paul A. Cohen, *Between Tradition and Modernity: Wang T'ao and Reform in Late Ch'ing China* (Cambridge MA.: Harvard University Press, 1974), pp. 57-83；蔡榮芳，《香港人之香港史 1841-1945》，頁61-71；王齊樂，《香港中文教育發展史》（香港：三聯書店，2022年），頁32-33。

[38] 不少研究即介紹相關文化在香港的概況，例子見危丁明，《香港孔教》（北京：宗教文化出版社，2015年）；志賀市子著，宋軍譯，《香港道教與扶乩信仰：歷史與認同》（香港：香港中文大學出版社，2013年）；張瑞威，〈老香港的節日及風俗〉，收入蕭國健、游子安編，《鑪峰古今：香港歷史文化論集2013》（香港：珠海學院香港歷史文化研究中心，2014年），頁21-40。

及發展，亦應在這一背景下來加以進行。張丕介先生在一九五〇年代被問及華人社會中有否一處真正享有學術自由的地方時，便有以下說法，其多少反映香港在戰後的文化環境：

> 不錯，香港是英國的殖民地，而且與虎為鄰，很易引起誤會，以為這裡不容易出現學術自由的環境。但是我告訴你，除非你親自看到，你很難具體想像這個學術自由王國的真面目。比方，在課室裡聽課的，有佛教徒，身披袈裟，有基督徒，手捧新舊約，也有不信仰任何宗教的自由思想者，他們可以坦白交談，無所忌諱，其情形差不多如我們看慣了男女同校一樣。至於教授們的學術自由表現，只看他們的著作目錄，便可見一斑了。根本上說，學術自由一詞，在新亞師生看來，已是一件已經實現的事實。
>
> 「魚與水相忘於江湖」，正可拿來作這一情況的比喻——假設不是你這次來信談到學術自由，恐怕連我也會忘記這回事呢。[39]

按上世紀五十年代的香港不僅擁有教學、討論和出版的自由，更有免於政治干預、種族歧視和宗教打壓的環境，在世界各地均難找到能與香港爭一日長短的地方[40]。吾人當可言，包括宗教以內的各種文化之所以能夠在香港保留甚至發展，即有賴這一讓各種思想得以自由發揮的理想空間。有論者便指出，香港開埠以來的宗教政策，正是沒有宗教政策。換言之，正是香港市民有選擇宗教和不信仰宗教的自由，各種宗教才可在香港自由競

39 張丕介，〈學術自由在香港〉，《新亞生活》第1卷，第3期（6/1958）：1-3。

40 同見上。

爭；只要相關的宗教團體沒有違反法律，任何宗教均不會受到干預[41]。在很多情況下，政府甚至會主動與佛教以內的不同宗教團體合作，藉以提供如醫療和教育等社會服務，從而加強市民對這些宗教的認識。臺灣佛教界其中一位領軍人物白聖法師（1904-1989）曾多次訪港，他便認為香港佛教之能夠在社會上有所建樹，除了香港佛教界人士的努力外，主要還是依靠當時政府的鼓勵和補助[42]。簡言之，港英政府與宗教團體實保持合作的關係[43]。若是，則吾人當可言英殖時期的香港不但未有打壓宗教的情況，其更是促進了宗教的發展；一宗教在香港的前途，很大程度上取決於該宗教是否得到市民的歡迎和支持，而與政府的政策沒有什麼關係，佛教的情況自不例外。

蓋近年有看法認為香港在英國殖民管治下沒有真正的宗教自由，致使基督教等西方宗教在香港能在政府偏袒下而得以發展，佛教等傳統中國宗教卻被打壓而發展緩慢[44]。惟循現有資料所

---

41 以上討論，主要參考Chunwah Kwong, *The Public Role of Religion in Post-Colonial Hong Kong: A Historical Overview of Confucianism, Taoism, Buddhism, and Christianity* (US: Peter Lang, 2002), pp.51-56; Gerhold K. Becker, 'Moral Education in China and the 'West': Ideals and Reality - Cross Cultural Perspective', in Karl-Heinz Pohl and Anselem W. *Müller ed., Chinese Ethics in a Global Context: Moral Bases of Contemporary Societies* (Leiden and Boston: Brill, 2002), pp. 245-278.

42 參考侯坤宏，《論近代香港佛教》（香港：香港中文大學人間佛教研究中心，2021年），頁238，注29。

43 詳見Holmes Welch, 'Buddhist Organizations in Hong Kong', *Journal of The Hong Kong Branch of the Royal Asiatic Society* vol.1 (1960-61): 98-114.

44 類似觀點，見《大公報》一連三日的〈宗教條例反思系列〉，分別刊於該報的2022年1月26日、27日和28日的A5。該系列文章主要責備港英政府於1928年成立的《華人廟宇條例》使政府可對廟宇行使轉讓、查抄和充公等權力，故壓制了華人宗教的發展。但不少研究指出，該條例明確定立廟宇的管理權和捐款的使用方式，其針對其時華人利用宗教作私人牟利的情況，故反而促使華人宗教能朝一更健康和透明的方向以發展。詳見危丁明，〈香港的傳統宗教管理初探——從《文武廟條例》到《華人廟宇條例》〉，《田野與文獻》第49期（10/2007）：35-44；施志明，《本本論俗——新界華人傳統風俗》（香港：中華書局，2016年），頁238-246；廖廸生編，《香港廟宇（下卷）》（香港：萬里機構，2022

見，佛教的寺廟和精舍不但在港英管治下能夠得以保存和創立，甚至佛教教育亦能得到官方的重視[45]。因此，若佛教在香港真未能有如基督教或天主教等一樣的長足發展，當不能把原因訴諸外在因素，而應反省佛教內部是否出現問題，致使佛教未能符合人們的期望，一如國民政府時期太虛法師和歐陽漸等人物的做法。事實上，東蓮覺苑創辦人張蓮覺居士（1875-1938）在論及佛教在香港的頹勢時便指出，「物必先腐，然後蟲生」、「自己不好，不能怪人」[46]。換言之，在華佛教如在香港未能得到理想的發展，首先應該反求諸己，而非委過於人。否則，便恐怕是把已長期處於積弱的在華佛教之所以未能振作的原因，歸咎於一錯誤的發洩對象之上，從而忽視了當時作為殖民地的香港實不但未有阻礙在華佛教的發展，其更是為在華佛教得以發展提供了一個難得的契機。吾人在討論在華佛教在香港的概況時，當從宏觀的歷史脈絡和理論深度來加以考查，由此才能得出較為公允的評價；卻不能單憑佛教或未能在香港取得如基督教和天主教般的受歡迎程度等表面現象，而輕言佛教受到打壓，以致竟抹殺過去的一段歷史。

的確，隨著一九四九年中國大陸政治環境發生巨變，不少人逃亡至港，當中包括一些佛教界人士。由於香港的獨特環境為處於困難時期的佛教提供了一庇護，故有學者用「避風港」來形容香港於近現代中國佛教史上的角色[47]。但誠如上一章所言，近

年），頁90-99。

45 參考鄧家宙，《香港佛教史》（香港：中華書局，2015年）；馮樹勳、江浩民，《一生參學事——香港佛化生命教育研探》（香港：香港中文大學人間佛教研究中心，2022年）。兩書所舉例子繁多，茲不贅引。

46 見張蓮覺在1936年4月8日於東蓮覺苑週年紀念上的講話，引自侯坤宏，《論近代香港佛教》，頁173-174。

47 侯坤宏，《論近代香港佛教》，頁35-117。

現代在華佛教可謂處一頽勢，其本身亦急切需要革新以求存。若是，則吾人或可思考以下問題：如果在華佛教真存在如太虛法師和歐陽漸等時人所認定的問題，而這些問題又未能得到改善或解決，則存在這些問題的佛教縱然能在香港得以保存，其價值又是什麼？換言之，如近現代在華佛教的確存著問題，則僅為這一形態的佛教提供一「避風港」顯然並不足夠，因問題既然繼續存在，則在華佛教的衰落便只是時間問題。唐君毅先生便言，香港當作為中國大陸的燈塔，為後者的發展指引一條出路[48]。香港的佛教若值得吾人重視，應是其能積極地為已然衰落的在華佛教提供一個改善自身的方向和機會，藉以使後者能有所進步甚至重生；而非只是消極地為或已廣被時人質疑的在華佛教提供一避難所而已。至於香港之所以能夠扮演如此重要的角色，則是因其獨特的環境有利吸引全中國乃至全世界的人才到來發展之故，當中包括本書的關鍵人物羅時憲先生。

第三節：羅時憲與香港佛教

雖然香港的政治環境在十九世紀中葉即與中國大陸有著分別，以致開始呈現出一種獨特的文化風景，但循在華佛教發展的角度而言，香港的佛教在一九四九年以前似仍只是在華佛教的延伸，而未有開展出自己獨特的一面。縱使唯識思想在二十世紀上半葉於中國有復甦的跡象，連帶佛教亦開始有入世的傾向，但這些風氣並未影響當時的香港，這從二次世界大戰以前香港的佛教未有系統的唯識和因明等學問的講授，以及除了東蓮覺苑等個別佛教組織著眼教育等工作以外，佛教界即沒有大規模或積極投入

[48] 唐君毅，《說中華民族之花果飄零》（臺北：三民書局，2002年），頁93-95。

社會事務中得以窺見[49]。簡言之，香港的佛教在戰前很大程度上仍是處一近乎民間信仰的狀態[50]，人們對於佛理的鑽研未顯特別用心，這情況當至羅時憲先生抵港後才有較明顯的轉變。

羅先生名時憲，字孔章，香港佛教界人士尊稱為「羅公」，其於一九一四年出生於廣東順德，並於廣州修讀私塾和中山大學附屬中學。他於一九三五年升讀中山大學，第一年主修醫學，第二年轉修中國語言文學，副修哲學，老師包括歷史學家陳寅恪（1890-1969）、印度佛教史學者許地山（1894-1941），及於中國弘揚東密的先驅王弘願（1878-1937）等學者[51]。至一九三九年本科畢業，羅先生留在原校研究院繼續深造，待中山大學因抗戰原因遷入昆明，遂有機會旁聽馮友蘭（1895-1990）的哲學課[52]，並認識了不少有著不同背景的避難人士，及從他們身上學會了圓光術和咒語等學問，繼而於一九四一年以《漢譯佛典文學研究》一文取得文學碩士[53]。碩士畢業後，羅先生在中山大學和廣東國民大學任教，至一九四九年任中山大學文史系教授，同年

[49] 參考高永霄，〈香港佛教源流〉，《法相學會集刊》第3輯（1992）：第三章；葉文意，〈香港早期之佛教發展（清末至一九三七年）〉，同上書，第四章；高永霄，〈香港佛教源流（續）〉，《法相學會集刊》第6輯（2019）：143-168；鄧家宙，《香港佛教史》，頁47-77。另，有關東蓮覺苑在戰前的教育工作，可參考鄭宏泰、黃紹倫，《山光道上的足跡：東蓮覺苑八十年》（香港：三聯書店，2016年），頁74-101。

[50] 陳慎慶，〈宗教的結構與變遷〉，收入謝均才編，《我們的地方　我們的時間：香港社會新論》（香港：牛津大學出版社，2002年），頁376-410，尤頁385-386。

[51] 參考羅時憲講，陳雁姿等編，《能斷金剛般若波羅蜜多經纂釋講記（第四冊）》（香港：佛教法相學會，2019年），頁187、457；羅時憲講，陳雁姿等編，《唯識方隅講記（第四冊）》（香港：佛教法相學會，2020年），頁1511-1514。

[52] 參考羅時憲講，陳雁姿等編，《能斷金剛般若波羅蜜多經纂釋講記（第四冊）》，頁289。

[53] 按友人歐冬紅博士於二〇一四年的查證，廣州的中山大學未有收藏這篇碩士論文；羅時憲先生的大兒子羅德光先生亦言這篇論文並未保存下來。是以，羅先生這篇論文已經散迭。

舉家遷至香港[54]。誠如第二章所述，國民政府時期中國曾掀起一股研究唯識的風潮，歐陽漸的支那內學院可謂當中最重要機構，而太虛法師的武昌佛學院雖以改良僧團質素為己任，但亦強調唯識思想的研習。不少論者以為民國這股研習唯識的風氣已隨著支那內學院的結束而消失[55]，而太虛法師的志業雖在臺灣得以延續，但這些繼承太虛法師志業的人士卻不以闡揚唯識為己任[56]；中國大陸和臺灣縱有學者鑽研唯識，但當中的歷史傳承、問題意識和研究方法等均不必與歐陽漸和太虛法師有直接關係[57]；或有個別在中國大陸研習唯識的人士如韓鏡清（1912-2003）、唐仲容（1920-2002）和惟賢（1920-2013）等先生是支那內學院一系居士的再傳弟子，惟礙於客觀政治環境的限制，其研究多不能持續，以致對社會的影響實微乎其微[58]。在這一意義下，國民政府時期一股闡揚唯識的風潮可謂轉瞬即逝[59]。惟值得注意者，是羅時憲先生的文化事業不但以闡揚唯識為主軸，其個人更與歐陽漸和太虛法師兩位有著不同程度的關係，致使我們當可把他視為兩

54 此段有關羅時憲先生生平的介紹，參考〈羅時憲（孔章）先生行狀〉，收入羅時憲先生治喪委員會編，《羅時憲先生哀思錄》（香港：〔私人印刷〕，1994年），頁11-14。另據羅德光先生的私人談話整合而成。

55 例子見王俊傑，《王恩洋儒佛思想研究：唯識學與儒學的雙重變奏》（臺北：崧博出版，2019年），頁8。

56 有學者列出太虛法師的弟子和繼承者，但他／她們卻不以闡揚唯識聞名。見白德滿（Don A. Pittman）著，鄭清榮譯，《太虛：人生佛教的追尋與實現》（臺北：法鼓文化，2008年），頁270-299；侯坤宏，《太虛法師：多維視角下的民國佛教（1919-1949）》（臺北：國立政治大學出版社，2018年），頁21-25。

57 參考Lawrence Y. K. Lau, 'Chinese Scholarship on Yogācāra Buddhism since 1949', in Ulrich T. Kragh ed., *The Foundation for Yoga Practitioners: The Buddhist Yogācārabhūmi Treatise and Its Adaptation in India, East Asia and Tibet* (Cambridge MA.: Harvard University Press, 2013), pp. 1092-1165.

58 有關韓鏡清、唐仲容和惟賢等人的簡介，可參考袁宏禹，《20世紀中國唯識學史要》（北京：中華書局，2020年），頁177-206。

59 類似評價，見何金強，〈支那內學院佛學教育初探——呂澂的五科佛學思想〉，《人間佛教研究》第4期（2013）：1-22。

人的繼承者。

蓋羅時憲先生自言在年青時對佛教頗為抗拒，只因其母在一九二七年皈依融秋法師（1893-1976），故才和佛教有所接觸。在一九二八年，羅先生來港遊歷，不但於融秋法師主持的竹林禪院讀得佛經[60]，更隨茂峰（1888-1964）和筏可等法師交遊，並得兩人為他講說佛理。當時有宛清法師替仍是少年的羅先生看相，許之為「大居士」，並贈他歐陽漸《佛法非宗教非哲學》一書，以及玄奘和窺基法師的畫像[61]。凡此，均加深了羅先生對佛教的興趣和認識，而促成這一因緣的地方便是香港。適值藏密諾那呼圖克圖上師（Norlha Hotogtu，1865-1936）於一九三四年在廣州說法，羅先生乃往接受十一種灌頂；同年，東密馮達庵阿闍黎（1887-1978）亦在廣州開壇灌頂，羅先生遂往受胎藏法及千手千眼觀音法[62]。惟真正能解釋他與太虛法師和歐陽漸兩位的關係，卻是由一九三五年開始。按太虛法師在該年應邀到中山大學演講，羅先生即皈依太虛法師座下。至此，乃有多次私下拜會太虛法師的機會。茲引羅先生原話說明當中因緣：

> 十幾歲跟人學佛，跟人學佛很笑話，我媽媽信佛，帶著我一起去，找到一個和尚，讓我跪著皈依。我不肯，我媽媽推著我去。我又如何？那些和尚在念《懺悔文》，我則在念韓愈的〈諫迎佛骨表〉來抗拒。是這樣的。所以那次皈

[60] 循羅德光先生言，竹林禪院天王殿門前的對聯「竹本虛心會得香嚴一擊方知來路 林無自性能明龍猛三觀即識歸程」，便是羅先生年少時於竹林禪院所作，得融秋法師賞識而置於天王殿門前。

[61] 佛教法相學會便曾以單行本的方式重印此書，足見學會對此書的重視及其對羅先生的影響。參考歐陽漸，《佛法非宗教非哲學・以俗說真之佛法談》（香港：佛教法相學會，1972年重印）。

[62] 以上所述，參考〈羅時憲（孔章）先生行狀〉。

依，我是不算的，我根本不接受。後來，多看書，多看佛經後，便明了，同時又有一、兩位老師作指點。當時太虛法師來廣州，住在六榕寺，他在居士林收徒弟、打皈依。在太虛法師未收皈依徒的時候，他是一個學者，很有名氣，外國大學也請他演講。我當時在中山大學讀書，中山大學請他來演講。大學請他來演講是很隆重的，在大禮堂演講。當時有一個哲學系主任，他介紹我，讓我皈依太虛法師，我便去皈依太虛法師，我太太跟我一起去，我手抱著小兒皈依。太虛法師見我是知識分子、是學生，特別讓我留下談話。我們談了一會兒，他指導我如可看佛經。誰知不久，當我正在念大學四年級的時候，日本人占領了廣州，我便跑到雲南。剛巧太虛法師住在雲南，在雲南昆明城外那座聖恩寺。在那裡居住時閑著，我有空便跑去聖恩等找法師閒談，他這個人沒有架子。[63]

引文提及羅先生皈依太虛法師的經過及獲後者指導讀經的方法，以下對話則為太虛法師指導羅先生的具體情況：

太虛：「過去讀什麼佛學書？」

羅：「大師的著作和講錄多已讀過。又讀支那內學院師資的著作。」〔……〕

太虛：「研究唯識很好。但切勿執著阿賴耶識是實有，明白識是假立；唯識往往拘執名相，極為煩事，今後最好一本空宗，一本有宗相間來讀。」

[63] 參考羅時憲講，陳雁姿等編，《能斷金剛般若波羅蜜多經纂釋講記（第四冊）》，頁436。

羅：「大師以為應該怎樣讀？」

太虛：「先讀《十二門論》，再讀《攝大乘論》，然後讀《中論》，次為有宗的《成唯識論》，再讀《大智度論》、《瑜伽師地論》，以後便可任意選擇來讀。」[64]

事實上，太虛法師的提示非常重要，因羅先生雖強調唯識思想，但卻從不忽視般若思想，甚至認為吾人當反覆研讀唯識和般若的典籍才能徹底了解佛理。佛教法相學會的工作即貫徹這一立場，後文對此將更有論及，暫按下不表。

除了太虛法師外，羅先生與歐陽漸一系居士的關係，同樣值得我們注意。誠如第二章所述，歐陽漸在楊文會逝世後繼承後者於金陵刻經處的工作並設立研究部，並於一九二二年正式創立支那內學院。在歐陽漸接辦金陵刻經處到創立支那內學院期間，不少學人曾向歐陽漸問學。查現存的〈金陵師友淵源錄〉，在金陵刻經處研究部循歐陽漸學習者有五十人，從一九二二年至一九四〇年於支那內學院隨他學習的則有一百一十五人，未正式受其學卻與他討論學問的則有四十人[65]。在正式向歐陽漸問學的人士當中，不少是近現代中國極重要的知識分子，當中包括呂澂、王恩洋、黃懺華和熊十力等。但循本書的角度，有一人尤值得我們注意，此即祖籍浙江的陳灑周。按陳灑周是何人，〈金陵師友淵源錄〉除了提及其籍貫以外即未有任何記載，筆者亦未能找到更多資料；但歐陽漸的學生中卻有一位同是祖籍浙江的陳嘯秋（1893-1955），後改名陳竺同，他卻是羅時憲先生的老師。蓋

[64] 羅時憲，《詩文・聯語・遺照・墨跡》，編入《羅時憲全集》第12卷（香港：佛教志蓮圖書館、羅時憲弘法基金有限公司，1998年），頁114。

[65] 參考羅琤，《金陵刻經處研究》（上海：上海社會科學院出版社，2010年），頁77-78。

陳竺同於一九一九年開始隨歐陽漸學習四年，及後在中學任教，其於一九二八年入讀日本東京帝國大學研究院，並於一九三〇年回國，任復旦大學和中國公學等校教授。抗戰期間，曾在兩廣不同院校任教，當中包括中山大學[66]，羅時憲先生修讀碩士時首年的指導老師即為陳竺同，據說後者更把其在支那內學院上課時所抄筆記悉數交給了羅先生[67]；更重要的，是羅先生碩士論文的校外評審正是歐陽漸和呂澂。羅先生以下兩段說話，正好說明他與支那內學院一系居士的關係：

> 其實我是太虛法師的弟子，歐陽竟無是我的師公。我寫碩士論文的指導教授，叫陳竺同，他就是歐陽竟無的弟子。就這一點來說，我就是他的徒孫。但是，我的碩士論文是請歐陽竟無審查的。就這點來說，他就真是我的老師，可說是恩師，因為是他取錄我的，但又不是他看我的論文。[68]
>
> 歐陽漸者，即我的師公，師公與師父之間。因為我在大學，在研究院讀碩士的時候，我的碩士論文，畢業論文是寄給歐陽漸讓他審查的。他歐陽漸先生是很大牌的，交給他的弟子審查，交給呂澂。他自己老先生省得看，交給呂澂，所以你可以說我是呂澂的學生。但據教育部的名義，是歐陽漸審查，是這樣的。[69]

---

66 以上所述，參考陳鈞賢，〈革命教育家陳嘯秋〉，《溫州文史資料》第9輯（1/1994）：155-158；曾平汪，〈陳竺同：胸懷坦蕩長者風範〉，《溫州大學報》第133期（2/2014）（網址：http://wx.ihwrm.com/baokan/article/info.html?doc_id=954111；搜尋日期：2023年7月13日）。

67 Tat Wei trans., *Ch'eng Wei-Shih Lun: Doctrine of Mere-Consciousness* (Hong Kong: The Ch'eng Wei-Shih Lun Publication Committee, 1973), p. XXII.

68 羅時憲講，陳雁姿等編，《唯識方隅講記（第一冊）》，頁101。

69 這段說話見羅時憲《唯識要義》第三課的課堂錄音，見https://www.youtube.com/watch?v=ET1EEnxpuHw&list=PLpSJgEld6lhrFAlbPoax4KMQ7A3APRo-G&index=3.

換言之，呂澂與羅時憲兩位先生實有著師承的關係[70]。鑒於以上所述，羅先生在香港闡揚唯識的工作當可視為是秉承太虛法師和歐陽漸一系居士的未竟事業。

誠然，近代天台宗代表人物倓虛法師（1875-1963）於一九五〇年曾在香港創辦「華南學佛院」，課程即涉及唯識思想。惟唯識只是學佛院整體課程的一部分，並未占特別位置，加上學佛院至一九五四年即告停辦，故其在弘揚唯識方面未能扮演重要的角色[71]。的確，羅時憲先生強調學佛的大忌是籠統[72]；而所謂籠統，即憨山法師和楊文會所言的「顢頇佛性，籠統真如」，意指不論是吾人成佛的根據還是學佛的目標均理解得不夠透徹，以致理論和實踐均左搖右擺，有欠穩固[73]。因此，羅先生來港不久便作了一可謂範式轉移的舉動，此即在一九五三年開始持續十年〇八個月在香海蓮社講授《成唯識論》，直至一九六四年才結束，開創了在香港有系統地講論唯識思想的先河[74]。自此，香港乃繼有道場開設唯識思想的課程[75]。由於羅先生來港前已為中山大學教授，唯識思想又極重推理，故此次授課一改時人認為佛教僅為

---

70 李潤生講，陳雁姿編，《六門教授習定論講記》（香港：佛教法相學會，2012年），頁31。

71 有關華南學佛院的簡介，可參考鄧家宙，《香港佛教史》頁96-102。

72 羅時憲講，陳雁姿等編，《唯識方隅講記（第一冊）》，頁70。

73 羅時憲講，陳雁姿等編，《唯識方隅講記（第四冊）》，頁1584-1585；羅時憲講，陳雁姿編，《成唯識論講記——附《百法明門論》略析》（香港：佛教法相學會，2015年），頁23。另見〈李潤生先生訪問〉，今本書附錄二；霍韜晦，〈一燈燃百千燈　敬悼　時憲老師〉，收入羅時憲先生治喪委員會編，《羅時憲先生哀思錄》，頁50-52。

74 高永霄，〈發揚羅公的講學精神〉，收入羅時憲先生治喪委員會編，《羅時憲先生哀思錄》，頁58-63；鄧家宙，《香港佛教史》，頁140。

75 例如敏智法師（1909-1996）在1959年於大嶼山成立內明佛學院，並在1962年應洗塵法師（1920-1993）邀請到妙法寺主持內明書院，期間便主要講授唯識思想。此外，江妙吉祥亦在寶覺佛學苑講授包括唯識思想以內的佛學課程。參考高永霄，〈香港佛教各宗派弘傳概略〉，《香港佛教》第241期（6/1980）：4-8。

民間信仰的印象，大大提高了佛教在知識分子中的形象。凡此，皆改變了香港研習佛法的風氣，使香港的佛教研究提升至另一層次[76]。有論者即指出，居士弘法的深度和廣度與其時僧人所作工作形成強烈的對比，反映居士已在香港的佛教發展中扮演了極重要的角色[77]，甚至是不可或缺的一環[78]。誠如本書開首所述，羅先生在一九五七年主持《佛經選要》的編纂工作，而這一工作便反映了唯識思想已為當時佛教界人士所注意。羅先生即對《佛經選要》的結構有所說明，並指出唯識思想的必要。茲引其文如下，以便更作分析：

> 本書共分十三篇：一、教主，二、有情與世界，三、因緣業果，四、諸法體義，五、唯識，六、真實義，七、人天乘，八、解脫道，九、菩薩行，十、佛果，十一、淨土，十二、密乘，十三、宗門法要。〔……〕各篇排置的次序，由於釋迦牟尼佛出世，然後此世界上始有佛法，故將教主篇置於第一。佛法雖大，不出境、行、果三。依境而起行，由行而證果。故三者之中，先須說境。境之中，與吾人關係最密切者莫如人生，吾人刻刻住於其中而不能離者則為世界，故將有情與世界篇置於第二。佛說一切現象皆由因緣所生，隨業流轉。若不明十因、四緣、三業、五果的道理，便不能解釋有情世間及器世界緣起，及各種現象間的關係。故將因緣業果篇置於第三。學人讀有情

76 參考霍韜晦，〈一燈燃百千燈　敬悼　時憲老師〉。

77 Bartholomew P. M. Tsui, 'The Self-perception of Buddhist Monks in Hong Kong Today', *The Hong Kong Branch of the Royal Asiatic Society* vol. 23 (1983): 23-40.

78 劉宇光，〈殖民地、公民社會及宗教自由：回應侯坤宏教授《論近代香港佛教》一書及進一解〉，《臺灣宗教研究》第23卷，第1期（6/2024）：107-160。

與世界篇，可略知佛法對於人生與世界表面相狀之解釋。讀因緣業果篇，可略知佛法對於人生與世界內部的縱橫的關係之解釋。然於經、律、論所說甚深法義，尚須研尋，俾充實資糧，並獲得種種善巧方便，以求現證受用，是故須於諸法體義，有正確的了解，尋思決擇時纔不致漫無準繩。故將諸法體義篇置於第四。大乘了義經中宣說「一切唯心造」，「諸識所緣唯識所現」；若不了解唯識道理，便於諸法或執為有或撥為無。

故將唯識篇置於第五。又一切法有體有用；無為法是體，有為法是用；「如所有性」是體，「盡所有性」是用。唯識一篇，雖亦體用兼明，但仍著重用邊。佛法究竟目的在使人明體，唯識一篇詳說用義，也不外即用以顯體。故於唯識之後，置第六真實義篇。這篇雖也體用兼明，但其精神則著重體邊。第二至第六這五篇中，由相用以至於體，已大略該攝，然都是境的範圍。境義既明，應談行義。有人天之行，有聲聞獨覺所修的行，有大士所修的行。故將明人天乘之行的人天乘篇置於第七。將明小乘行的解脫道篇置於第八。將明大乘行的菩薩行篇置於第九。由修行而證果，故將佛果篇置於第十。（佛果殊勝，獨為一篇；小乘果非殊勝，於解脫道篇中兼說之。）淨土法門，上、中、下三根普被，是最通俗的法門，在中國最流行，故於明境行果諸篇之後置第十一淨土篇。佛滅後第十一世紀時（約當西元第六世紀），注重情志的信仰，及本尊加持力的密教漸行於世，至佛滅後第十三世紀而極盛。其修行方法，別具方便，非前此流行的佛法可得而該攝。學佛法的人因把前流行的佛法稱為顯教，或波羅蜜乘；把這一類的教相，稱為密教，或金剛乘。本書把這一類的要義集為一篇，名密乘篇，置於淨土篇之後，為第十二篇。宗門法要一篇，選錄禪宗歷代祖師授受之際的要語，及他們的修行方法。相傳他們是教外別傳的，故置於最後，為第十三篇。[79]

循引文，羅先生認為吾人既是在世間修佛，則對世間的各種事務便應有所認識。若是，則我們便不宜逕談「空」這一佛教的真實義，因其或容易使人誤會佛教主張一切皆空，故對世間的各種事務皆未能肯定，從而衍生佛教為一種虛無主義的錯覺。反之，吾人當從世間的一切法是因緣而有，惜人們卻誤認其有獨立不變的本質而對之加以執取的這一切入點來理解佛教，由此才能較正確地認識到佛教的要義，乃是在肯定世間的前提下減少對世間的執取，從而達到個人的解脫和社會的改善，而非在否定世間的情況下主張一種近乎逃避現實的態度。我們只有在準確認識佛教的目標、內涵和精神後，才能理解各種修持方法的意義。否則，吾人亦可因為誤用佛教的法門而作出各種與佛教的目標或精神相違背的事情。以上分析有三點值得注意：第一，羅先生強調唯識思想是由於他認為其在理論上較能幫助吾人準確地把握佛教，卻非言唯識思想在各個層次或範疇上均比其他佛教理論優秀。某一理論或某一思想是否比其他理論或思想優秀，當取決於不同根器的眾生和具體情況，不能一概而論[80]；第二，建基於以上一點，我們可言羅先生之所以特別強調唯識思想，主要是因為

[79] 羅時憲，〈全書提要〉，收入佛經選要編纂會編，《佛經選要（上冊）》（香港：金剛乘學會，1961年），頁1-3。

[80] 參考羅時憲講，陳雁姿等編，《唯識方隅講記（第四冊）》，頁1542-1548。

當時的佛教界對佛理欠缺認識。吾人可假設，若時人甚至今人對佛教已有準確的認識，則羅先生亦當沒有堅持非主要講授唯識思想不可的理由[81]；第三，正是講授唯識主要考慮時代的需要，故羅先生雖強調唯識，但他卻不排斥其他佛教思想。吾人在透過唯識思想以對佛教有一準確的了解後，大可各自選擇適合自己的法門以進一步證悟佛境[82]。《佛經選要》之所以重要，是其提出一個了解佛教的步驟和系統，藉以針對時人了無章法地接觸佛教，從而停留在把佛教視為民間信仰的這一問題。因此，羅先生才言《佛經選要》的編纂目的是要「把佛法的要義普及於一般人」[83]。換言之，是反對因為要遷就一般人的水平而把佛理說得庸俗，而應是提升一般人的水平以讓其明白佛理的殊勝[84]。

事實上，有論者即指出香港佛教能否發展的關鍵是人才。假使佛教界本身亦對佛理欠缺認識，則社會大眾也難以期望能透過教內人士來了解佛教[85]。的確，隨著物質的改善和科技的進

---

81 羅先生便自認他並非只講授唯識，而亦講授空宗的思想，甚至更喜歡講授後者。見羅時憲講，陳雁姿等編，《唯識方隅講記（第四冊）》，頁1537；羅時憲講，陳雁姿編，《成唯識論講記——附《百法明門論》略析》，頁247-248。

82 參考羅時憲，《詩文・聯語・遺照・墨跡》，編入《羅時憲全集》第12卷，頁112-114；李潤生講，《五重唯識觀講記》（香港：佛教法相學會，2012年），頁93。事實上，羅先生便曾建議李潤生先生可鑽研華嚴思想，參考〈李潤生先生訪問〉。

83 羅時憲，〈全書提要〉，頁1。

84 值得一提的，是《佛經選要》的編纂引來部分僧人的不滿，其認為羅先生在選錄佛經時有錯誤之處，但羅先生對這些批評並不同意，認為是相關僧人對佛經未夠熟悉，以致混淆了不同版本的經論。參考羅時憲講，陳雁姿等編，《唯識方隅講記（第一冊）》，頁106-109。的確，如果僧人對經論亦缺乏深入認識，則更反映《佛經選要》編纂的必要。惜《佛經選要》出版後因滯銷而囤積，以致最後竟要免費贈送予有興趣的人士。詳見劉銳之，〈贈送「佛經選要」通啟〉，《金剛乘季刊》第27期（5/1986）：7-13。凡此，均見《佛經選要》的完成實面對不同挑戰，其間接反映當時在香港弘揚佛法的困難。

85 Bartholomew P. M. Tsui, 'Recent Developments in Buddhism in Hong Kong', in Julian F. Pas ed., *The Turning of the Tide: Religion in China Today* (New York: Oxford University Press, 1989), pp. 299-311.

步，人們已能比前更容易接觸佛法，而佛法亦比前更為普及；惟這一普及如非建基於對佛理的正確認識，則亦無異於增強了人們對佛法的誤解。由錢穆（1895-1990）和唐君毅等先生於一九五三年創辦的新亞研究所便長期有研究生從事佛學的研究，唐先生即屬意研究生的佛學論文應聘請羅時憲先生擔任校外評審[86]，而羅先生亦曾為個別研究生的論文擔任此職[87]；但研究生數目不多，故受羅先生指導的人數畢竟有限，這或不符把佛法普及於大眾的目的。適值香港中學會考於一九六〇年開設佛學科，標誌官方正式把佛教視作一個學科而非一種迷信[88]；國學家陳湛詮先生（1916-1986）於一九六二年在港成立「經緯書院」，並於翌年設立佛學系[89]。書院雖僅營運約七年而止，但佛學卻已然成為出現於高等院校的一門學問[90]。值得注意者，是羅先生在上述兩件事件中均有著重要的位置。首先，是他被委任為佛學考試委員會的成員，為佛學科的內容提供意見，江妙吉祥即依據《佛經選要》編成《中學佛學教科書》中的教理部分，後者成為中學會考佛學科的參考課本長逾三十年[91]。作為《佛經選要》的主編，

86 唐君毅，〈致謝幼偉〉（1966年），收入《書簡》（臺北：臺灣學生書局，1990年），頁188-189。

87 根據筆者的查詢，羅先生最少為新亞研究所的三篇有關佛學的論文擔任校外評審，這些論文分別為：李潤生，〈佛家唯識宗種子學說之研究〉（1966年）、霍韜晦，〈佛家的知識哲學〉（1966年）和李潔文，〈世親與普特南對實在論的批判〉（1985年）。筆者懷疑尚有其他論文由羅先生審閱，惜資料不全，故未能核實。

88 在爭取佛學成為中學會考科目一事上，東蓮覺苑實扮演著推動的角色，有興趣的讀者可參閱鄭宏泰、黃紹倫，《山光道上的足跡：東蓮覺苑八十年》，頁196-198。

89 參考陳湛銓，〈經緯書院三周年校慶演講辭〉，收入陳湛銓著，陳達生、孫廣海編，《修竹園文》（香港：商務印書館，2024年），頁307-309。

90 謝向榮，〈陳湛銓先生及其著作綜述〉，《中國文哲研究通訊》第27卷，第3期（9/2017）：61-100；余悅，〈能仁書院　爭取升格大學〉，《香港佛教》第627期（8/2018）：5-10。

91 鄭宏泰、黃紹倫，《山光道上的足跡：東蓮覺苑八十年》，頁196-198。

羅先生可謂間接影響數代香港年輕人對佛教的認識和看法[92]。其次，羅先生出任經緯書院佛學系的系主任，相關經驗為後來能仁書院如何培養佛教人才提供了一寶貴參考[93]。蓋能仁書院在一九六九年創立，並於一九七三年設立研究所，羅先生隨即任該所主任，並指導多位研究生完成學位。鄧家宙博士對羅先生相關工作有清楚整理，茲僅作少許修訂並引用於下[94]：

羅時憲於能仁書院研究所指導佛學論文一覽

年分	指導學生	指導學位論文
1982年碩士	王聯章	〈大乘成業論之研究〉
1982年碩士	章彩玲	〈宋代臨濟宗之研究〉
1983年碩士	鍾偉光	〈龍樹緣起觀之研究〉
1983年碩士	李盂崧	〈俱舍論對業論之批判〉
1984年碩士	施仲謀	〈永明延壽思想之研究〉
1986年碩士	許清華	〈大乘經中涅槃思想之研究〉
1986年碩士	趙國森	〈漢譯四本三自性論之比較研究〉
1986年碩士	鄧桂芳	〈薄伽梵歌研究〉
1990年碩士	釋證蓮	〈蓮池大師生平及其思想之研究〉
1990年碩士	黃香蘭	〈法華經的研究〉
1991年碩士	釋惟叡	〈從陳譯攝論觀真諦三藏的思想〉
1991年碩士	陳文蘭	〈現觀莊嚴論之研究〉
1991年碩士	陳阿春	〈東山法門之淵源及其影響〉
1992年碩士	釋證源	〈雲門宗宗風之研究〉
1992年碩士	釋明忍	〈華嚴經之集成及其思想特色〉
1992年碩士	程國強	〈龍樹、智顗、惠能之存在論：空、圓、無的比較研究〉
1992年碩士	林美華	〈性具與性起思想之比較研究〉
1992年碩士	釋慧光	〈解深密經與現觀莊嚴論止觀學的研究〉

92 高永霄，〈發揚羅公的講學精神〉，收入羅時憲先生治喪委員會編，《羅時憲先生哀思錄》，頁58-63；高永霄編著，《佛學研究初探》（香港：三輪佛學社、世界佛教友誼會港澳分區總會、佛教法相學會，2020年），〈自序〉頁1。

93 鄧家宙，《香港佛教史》，頁166-168；余悅，〈能仁書院　爭取升格大學〉。

94 修改自鄧家宙，〈現代香港佛教的奠基者——香港佛教居士群像〉，《玄奘佛學研究》第32期（9/2019）：67-96，尤頁85-86。

鑒於上世紀的香港缺乏由政府資助的大學或大專所提供的正規佛學課程，而僅有供校外人士修讀的進修班[95]，時人若要在香港對佛學作進一步深造，便只能報讀如新亞研究所和能仁書院等由私人辦學團體創立的院校。由於這些院校的論文不少均由羅先生指導或評審，故我們可言他實主導了香港從上世紀五十年代到九十年代的高等佛學教育，其對香港的佛教能朝一知識形的方式以發展實貢獻至大。

惟若要提升佛教的整體水平，佛學知識便不能僅局限在學校或學院的範圍，而更當走入社區。否則，佛學亦無異於只為少數人掌握的一門學問，而與一般人的生活乃至生命無涉。事實上，早在一九五六年邵黃志儒居士便請羅時憲先生為佛教徒講授《般若心經》、〈唯識抉擇談〉和《瑜伽師地論》等典籍。至一九六二年，邵黃志儒成立「三輪佛學社」，並邀請羅時憲、劉銳之和梁隱盦（1911-1980）等居士開設「佛學星期班」，系統地在社會為大眾講授包括唯識思想的佛理。「佛學星期班」自此每年一屆，至今未停[96]，其不但開香港居士弘法的風氣，更促使其他佛學組織開辦不同種類的佛學班。當中結果，是隨著學佛人士的知識水平不斷提高，香港的佛教遂進一步擺脫民間信仰的形象，以致近年的高等院校亦陸續開辦佛學的課程[97]。的確，前述經緯書院開設佛學系，其報讀學生之中不少即曾修讀「佛學星期

---

95 如香港中文大學校外進修部於一九七三年才首辦關於佛學的文憑課程，但礙於學費高昂和學額有限，對社會的影響有限。參考馮樹勳、江浩民，《一生參學事——香港佛化生命教育研探》，頁220。

96 查佛學星期班開始後數年，三輪佛學社便與佛教法相學會和世界佛教友誼會港澳總會聯合主辦，時間逾半世紀。惟因三輪佛學社結束營運及世界佛教友誼會港澳總會另有發展計劃，佛學星期班自二〇二四年開始遂由佛教法相學會獨自辦理，本書第四章將對佛學星期班再有述及，暫按下不表。

97 直至本書的寫作日期為止，香港高等教育界中便有香港大學、香港中文大學和香港珠海學院有開辦關於佛學的碩士課程。

班」[98]，可見高等教育和普及教育實是互相影響，不能偏廢。

羅時憲先生於一九八四年移居加拿大，並於八九年在安大略省成立安省佛教法相學會，正式展開在北美的弘法事業。從八四年移居到九三年逝世，他不斷穿梭加、港兩地授課。在九三年十一月，曾跟學生自況已成就「妻賢、子孝、朋友溫情」，言還是「生人間好」[99]，至翌月在家人和學生的陪同下在香港家中安詳逝世。臨終前，表示佛已蒞臨房間，叫眾人禮佛，眾人乃向著羅先生所望的方向頂禮；而在羅先生往生後，據目擊者所說整間房子均存著香味，約一星期才消散，被認為是菩薩往生的徵兆[100]，以上即為羅先生與香港佛教的因緣。當然，從本書的角度，羅先生最重要的佛教事業還是創辦了佛教法相學會，因其使香港的唯識研究能進入一更為持續和更具規模的階段，香港佛教界亦由此得到一嶄新的發展[101]。

第四節：佛教法相學會簡史

查羅時憲先生在一九六五年與十三位曾聽其授課的學生和人士共十四人成立佛教法相學會，這十四位人士包括：羅時憲、

98 以上所述，參考俞如，〈一燈傳萬燈　開居士弘法之風——憶唯識學宗師羅時憲居士〉，《明覺》第106期（7/2008）；鄧家宙，《香港佛教史》，頁137-138、166-168。

99 李潤生，〈續佛慧命〉，收入羅時憲先生治喪委員會編，《羅時憲先生哀思錄》，頁53-55。

100 參考黃首鋼、黃美鳳，〈訪羅德光先生〉，《法相季刊》第1期（1/2016）：7-8；葉文意，〈莊嚴洒脫的剎那　紀念羅時憲先生〉，收入羅時憲先生治喪委員會編，《羅時憲先生哀思錄》，頁47-49。

101 事實上，香港不少以居士為主體的佛教組織均是由羅時憲先生的學生創立，故其與羅先生實有不同程度的關係。由於這些佛教組織與本書主旨沒有太大關係，故從略。有興趣的讀者，請參考趙國森主講，〈羅公慧命延續的反思〉，見https://www.youtube.com/watch?v=G66YYh_5lic&list=PLVygMr0ewWijbEcQhVJPgJsFPN-BwuWpk&index=9.

韋達（又名韋兼善，1901-1977）、梁隱盦、林潤根、姚繼華、王慶甫、霍韜晦（1940-2018）、李潤生（1936-）、鄧綺年、葉文意（1929-2014）、高永霄（又名高秉業，1924-2012）、溫藻沂、張智樑和申士炤[102]。誠如羅先生在佛教法相學會第一次會員大會的開會辭中所言，佛教法相學會的工作遠承印度那爛陀寺的傳統，近接歐陽漸支那內學院的使命，以弘揚唯識為己任。茲把羅先生的發言複述如下：

> 民國後由國人所主辦，研究佛家教義為主之學術組織有三：〈一〉民國八年，歐陽竟無在南京創辦之「支那內學院」，附設法相大學，對大乘教義之闡揚及造就佛家人才上，貢獻殊多。〈二〉韓清淨在北平創辦之「三時學會」，亦附設研究院，推廣大乘教理，與歐陽竟無並稱大家。〈三〉即今日成立之法相學會。本會宗趣雖為研究佛家教義，然不必以純粹之宗教團體出之。蓋大乘法相學，義理精微，於學術上儘有其地位，而足資容人所窮索者也。故本會宗趣，實擬遠紹那爛陀寺及慈恩寺之講學作風，近繼支那內學院諸君子之努力，而發揚佛家大乘法相之學。以是因緣，故本會訂定會員之入會資格，不必以佛教徒為準，要之一以發揚瑜伽宗為依歸。
>
> 本會籌備多時，今日幸見成立，雖曰：我佛加持，然亦未嘗不是同仁等努力之功，乘此成立之日，尚有片言為諸君告。

102 以上排名，根據〈法相學會第一屆會員大會〉會議紀錄（1965年5月8日）。另見高秉業，〈「法相」回憶錄〉，《法相學會集刊》第5輯（12/2003）：22-43，尤頁24。

本會成員，均各有專門而高尚之職業，而共組此學會者，志不在圖利，亦不在揚名，經費支出亦由各會員籌措之，絕不乞靈外間資助。孔子云：「德不孤，必有鄰」，今日本會之組織容或簡陋，然學問之探求，固不在此也，願諸君勉之！[103]

以上引文有兩點尤值得注意。第一，羅先生自覺佛教法相學會的創立是繼承國民政府時期一股研習唯識的風氣。是以，要明白佛教法相學會的工作，當不離弄清國民政府時期相關人士之所以鑽研唯識，此即如第二章所論。第二，佛教法相學會雖為一宗教團體，但會員卻不局限於佛教徒。究其原因，是羅時憲等先生認為唯識思想的貢獻當不只局限於佛教，而是有益於其他思想，一如後文所論。事實上，佛教法相學會的使命不僅希望透過闡揚唯識來振興佛教，更期待透過佛教的振興來改善中國哲學。誠如羅先生在佛教法相學會第三屆會員大會中所言：

今日哲學工作，似已較民國初年為低潮，如臺灣之哲學界，及香港兩大學之表現，可證此言。今日吾人組織法相學會之宗旨，即希望能藉此將佛家哲學輸入當代之哲學界，更增加血液，冀能為中國哲學而開一新機運也。[104]

若是，則佛教的影響力當不應只局限在特定的宗教範圍以內，而更是跨越不同的思想；透過成為其他思想得以進步的資糧，佛教乃能持久保持活力。如此，則佛教和其他思想才能共同

[103] 〈法相學會第一屆會員大會〉會議紀錄（1965年5月8日）。
[104] 〈法相學會第三屆會員大會〉會議紀錄（1967年12月17日）。

進步，而人類的文化亦能由此繼續前進[105]。因此，羅先生期望佛教法相學會在未來能出現以下人物：

> 佛學之中，唯法相唯識有周密之體系，有認識論之基礎，並有可行之方法，則佛學之能影響未來之文化者，其唯唯識耶！其唯唯識耶，拭目以視之，當見吾言之不謬。故法相學會之責任大矣！本會必出三類人物，一者整理本宗之人才；二者由本宗出發而研究中西學術之人才；三者入法相而出法相，自建其學術體系之人才。能如是，則本會誠任重而道遠，幸各會員，守本宗為之家法，破邪顯正，貢獻於文化。[106]

蓋羅先生認為，佛教法相學會固然要培養熟悉唯識思想的人才，否則不論是透過唯識來改善在華佛教，還是藉以改善中國哲學的願景均無從說起；但佛教法相學會卻非以專研唯識作結，而是以此作為研究中西學術的基礎，其目的是希望透過唯識以貢獻人類文化。由此，乃能成就一種既以唯識思想為基礎，又能連貫中西學術的人才，新的思想體系即從這一有著穩固根基，同時有著廣闊視野的人才所開展。若是，則佛教法相學會雖表面上特重唯識，但其眼界卻不局限於個別思想；其研究學問的方法或許偏重傳統，但目標卻甚為前瞻。

惟宏大的使命亦要有具體的步驟方能落實，否則一切的理想亦無異於空談[107]。循早期的會議紀錄可見，羅時憲先生承認

[105] 更多討論，請參考拙作，《激盪即無礙：佛教與儒道思想的互動》（香港：三聯，2020年），頁234-240。

[106] 〈法相學會第二屆會員大會〉會議紀錄（1966年9月18日）。

[107] 唐君毅，《哲學概論（下）》（臺北：臺灣學生書局，1996年），頁536。

佛教法相學會的發展頗為緩慢[108]。究其原因，主要是面對四個困難：第一，宣傳不足；第二，會員稀少；第三，缺乏社會名流推動；第四，欠缺理想會址[109]。事實上，佛教法相學會往後的發展在很大程度上即按克服以上問題而開展。但在進一步討論以前，有兩點須更作解釋。首先，佛教法相學會既由不同人士所組成，則佛教法相學會的整體成就乃不能離開參與人士的個別成績；同理，個別人士有關佛學研究的成績，亦一定程度上與其參與佛教法相學會的整體工作有關[110]。在這一意義下，本書將不會刻意劃分哪些工作是屬於佛教法相學會，而哪些工作則為學會成員的個人成績，因兩者實互相成就，難以強行分辨。其次，佛教法相學會的工作有一連續性和整體性，故後人的成績亦是建基於前人或他人的努力才能出現，某項工作雖在某段時期和由某人完成，卻不代表該項工作的功勞便僅屬於該段時期的該位人士。換言之，個別人士雖在某一時期或有較突出的表現，但這一表現實有賴他人的付出以作助緣方能成功。因此，本書往後雖或強調個別人士的工作，但相關工作卻非僅屬於個別人士，而是不同人士互相砥礪的成果。筆者相信，以上兩點當符合佛教緣起觀所隱含的相依相待的道理，其亦應能為參與佛教法相學會的人士所認同[111]。

事實上，佛教法相學會有關唯識思想的研究自創會以來便

108 參考〈法相學會第二屆會員大會〉會議紀錄（1966年9月18日）、〈法相學會第三屆會員大會〉會議紀錄（1967年12月17日）和〈法相學會第五屆會員大會〉會議紀錄（1969年12月28日）。

109 〈法相學會第五屆會員大會〉會議紀錄（1969年12月28日）。

110 此觀點實為羅時憲先生提出。參考〈法相學會第二屆會員大會〉會議紀錄（1966年9月18日）。

111 相關觀點，詳見羅時憲，《唯識方隅》（香港：佛教法相學會，2004年），頁167-171。

從未停止，相關工作將在下一章再作介紹，吾人在此只想指出這些工作之得以持續，實有賴上述問題的改善或解決。蓋自羅時憲先生逝世後，其大兒子羅德光先生（1935-）即加入佛教法相學會的董事會，並積極尋找資金解決上述問題；李潤生先生則於一九九四年接任佛教法相學會主席，藉以延續學會弘揚唯識的工作。按李先生在二〇〇三年開始便在女真言宗講授《成唯識論》長達十年，又於二〇〇五年和香港大學佛學研究中心合作創辦四年制的漢文佛典課程，於中聘請不同導師講授包括唯識、天台、華嚴和禪等不同思想的中文佛典[112]，藉以延續循社區和學院兩方向提升大眾對佛法認識的做法。李先生在一九九八年卸任主席後，龍永揚先生（?-2020）接任主席，並利用廣闊的人脈於每週的星期日租用大會堂為學會提供授課平台，佛教法相學會乃多一接觸大眾的機會，大大提高了學會在社會上的知名度，而學會亦在二〇〇〇年於旺角白布街藝興大廈首置會址。趙國森博士（1957-）則於二〇〇一年至二〇〇五年接任主席，趙博士本為志蓮小學校長，長期與志蓮淨苑有著良好關係，佛教法相學會不少成員亦在志蓮淨苑的夜書院和文化部兼教有關佛學的課程，其為學會提供了一個培訓弘法人才的機會。陳雁姿博士於〇六年至一九年出任主席，期間學會成功得到陳廷驊基金會和鄭家成先生的志琳衛施基金會支持，學會遂能有較穩定和充裕的資金作長遠的發展，並在〇八年把會址由旺角遷至九龍彌敦道儉德大廈一個較大的單位。現任主席麥國豪先生則為學會增購電腦器材，使學會過去的演講和現在的課程能透過網上平台接觸更多人士，並開拓短講和專欄等方式，讓學會成員有更多機會分享其對佛學的看

[112] 參考梁冠麗，〈建立生命之學——「漢文佛典證書課程」〉，《明覺》第154期（6/2009）。

法。凡此，均大大加強了佛教法相學會弘揚佛法的力量。

除了上述提及的人士，佛教法相學會歷來還培養了多位佛教學者和弘法人材，其在香港佛教界均享有良好的聲譽，對佛教得以在香港發展有著極大貢獻，茲僅列舉部分名字以作證明：辛漢威、李葛夫、張漢釗、陳瓊璀、岑寬華、陳達志、陳森田和陳國釗等。隨著多年以來參與佛教法相學會的人士所作努力，學會會員已由最初的十數人上升至二〇二三年為止的逾三百七十人[113]，並陸續得到個別支持者的捐款支持，足見佛教法相學會的成長和發展。惟資源的增加只是學會得以發展的外緣，若佛教法相學會的工作本身存著問題，則縱有資源亦不必能為社會所支持，或縱得支持也只是朝一錯誤的方向行進。此所以不少宗教團體或文化組織均可擁有龐大的資源，但卻不必能有相應的成績。在這一意義下，佛教法相學會對佛法的研究和講授才是其為人所認同及得以發展的最根本原因，而這即為第四章要討論的內容。

第五節：小結

綜合以上所述，我們可見在二十世紀中葉以降，不少文化事業之所以在香港能有一相對興盛的發展，實與當時香港有著自由的環境息息相關。事實上，羅時憲先生便曾言他在三個情況下會持續說法。第一，是當地有言論自由；第二，自己有壽命，以及第三，有聽眾，縱使只得一人聽課他也會講下去[114]。若是，則闡揚唯識和居士弘法這兩件關乎近現代在華佛教發展的重要事情之

[113] 參考《佛教法相學會2024年年刊》，頁1。

[114] 葉文意，〈莊嚴洒脫的剎那　紀念羅時憲先生〉。另見岑寬華先生的訪問，參考空華，〈弘法宗風　不懈求突破〉《溫暖人間》第579期（10/2021）：16-23。

所以在香港出現，乃非偶然，而是與其時香港特有的環境息息相關。太虛法師自一九一〇年至一九三五年期間曾五次訪港[115]，並在最後一次訪港時表達了對香港佛教的期許，曰：

> 香港所以成為香港，實由中國民族幾千年來之文化精神，加以近代幾十年來的西洋文明，在這二種交叉點上的產品；故香港也可以說是中西文明的結晶體，含有歷史複雜性和世界普遍性的關係。同時，香港的佛學，也可說是在中西文明的交互點中孕育出來的，是含有普遍性和複雜性的佛學。若把這具有複雜普偏性的佛學，研究而發揚流行到全世界，便可從此建立具有普偏世界性的佛教了。[116]

循太虛法師的觀點，香港的特色正是結合了傳統中國與現代西方的元素，故能發展出一套既有別於傳統中國，又有別於現代西方的獨特文化。因此，香港的佛教乃不應僅是在華佛教的延伸，而當具備更廣闊的視野。的確，有論者即認為唯識思想之所以未能持續地在華人社會獲得重視，其中一個原因或與中國人的民族主義有關，即認為中國文化相對於印度文化有著優越性，故忽視了屬於印度文化的唯識思想對改善中國文化而言當有一定程度的啟發[117]。假如這一觀點能夠成立，則其時作為英國殖民地的

[115] 參考高永霄，〈太虛法師與香港佛教〉，收入霍韜晦編，《太虛誕生一百周年國際會議論文集》（香港：法住出版社，1990年），頁313-330。

[116] 釋太虛，〈從香港的感想說到香港的佛教〉，收入太虛大師全書編纂委員會編，《太虛大師全書（第56冊）：雜藏　演講（三）》，頁471-479。引文見頁473-474。

[117] Jason Clower, 'Chinese Ressentiment and Why New Confucians Stopped Caring about *Yogācāra*', in John Makeham ed., *Transforming Consciousness: Yogācāra Thought in Modern China* (New York: Oxford University Press, 2014), pp. 377-411.

香港當能循一較為開放和持平的眼光看待中國以外的文化，並透過吸取外來元素以豐富自身的傳統，這一角度也許有助解釋為何唯識思想能在香港得到較順利的發展。

誠然，香港在近現代在華佛教中的地位不應僅是消極的「避風港」，而更是積極的「燈塔」，其正好為在華佛教當如何發展提供一指引。是以，筆者才強調吾人若不了解香港佛教的價值，則亦不會明白近現代在華佛教的情況[118]。惟佛教法相學會有繼承前人的志向，以求透過唯識來改善在華佛教的理想是一回事，其工作是否能夠達到相關目標卻是另一回事。以下，即介紹佛教法相學會的工作，以反思其在多大程度上有助近現代在華佛教走出困境。

[118] 趙敬邦，〈唯識在香港的傳承〉，《中國文哲研究通訊》第24卷，第2期（10/2014）：37-48。

第四章：學會工作簡析

第一節：討論的角度

自佛教法相學會在一九六五年成立，至今已達一甲子，其多年來完成的工作甚多，當中包括出版著作、專題課程、公開講座和師資培訓等。我們於此固然可以透過列出相關工作，藉以呈現佛教法相學會多年以來的努力和成績；惟值得注意者，是一組織的價值當不應僅由其所完成的工作數量來衡定，而更該從這些工作的意義來判斷。以佛教界的情況為例，假如一組織的工作欠缺價值，則縱然這些工作的數量繁多，其亦不必即對弘法有利；反之，若相關工作有著意義，則有限的數量亦足以為佛教的發展帶來刺激或突破[1]。按此，本章在討論佛教法相學會的工作時，重點乃放在其質量而非數量上。是以，我們在此不擬只對佛教法相學會的工作以一事實的陳述，而更應就相關工作的價值或意義作出解釋。至於一事的價值或意義，則取決於其能否滿足該事之所以作的原來目的。誠然，吾人若連一事究竟因何而作亦未能掌握，實難以探討該事的價值或意義；一事之所以作及如何作，定是為了達到某些目的[2]。因此，我們如要討論佛教法相學會的工作，理應從學會創立的目的著手；能否達到學會創立的目的，即

[1] 類似觀點，參考上田義文著，陳一標譯，《大乘佛教思想》（臺北：東大圖書公司，2002年），頁47-62；蔡耀明，《般若波羅蜜多教學與嚴淨佛土：內在建構之道的佛教進路論文集》（南投：正觀出版社，2001年），頁17-40。

[2] 唐君毅，《哲學概論（下）》（臺北：臺灣學生書局，1996年），頁535-536。

為吾人評價學會工作的一個重要標準。後文將指出，如果相關工作已能滿足學會創立的目的，則吾人雖可循不同標準以評價佛教法相學會的工作，卻仍然難以輕言相關工作即為失敗；同理，假若佛教法相學會的工作未能回應學會所定下的目的，則縱使這些工作能得到別人的認同，其對學會而言亦不必可謂成功。以上標準當適用於評價一人的哲學、一學派的思想，乃至一文化事業的成就[3]。

事實上，佛教法相學會的網站陳列了學會近年的工作梗概，讀者應不難從中找到所需資料[4]。但假若吾人只把這些工作如實列出，則相關工作或容易顯得雜亂無章而不成系統，其價值亦難以為人察覺；惟我們如能指出這些工作怎樣在不同程度上幫助達致佛教法相學會的創立目的，便當發現各項工作不僅可合組成一系統，彼此的價值更能在這一系統之下得以凸顯[5]。上一章即指出，羅時憲先生於佛教法相學會創立時的開會辭及往後的會議紀錄中，明言學會是秉承印度那爛陀寺、唐代唯識宗和國民政府時期支那內學院的使命，以弘揚唯識思想為職志；至於弘揚唯識的目的，則是冀望能振興在華佛教，並藉此改善中國文化和貢獻世界，一如他對學會未來人才的期許中所反映。是以，本章的討論亦將圍繞三個角度，嘗試以一較具系統的方式呈現佛教法相學會的工作：第一，循個人的層面，解釋唯識思想如何使佛教義理得以更清晰的說明，從而幫助教徒獲得解脫；第二，循中國文化的

3 詳見勞思光，《思光人物論集》（香港：香港中文大學出版社，2001年），頁57-64；勞思光，《虛境與希望：論當代哲學與文化》（香港：香港中文大學出版社，2003年），頁19-24。

4 請參考佛教法相學會網頁http://www.dhalbi.org/。

5 有關個體和整體或單位和系統的關係，參考關子尹，《語默無常：尋找定向中的哲學反思》（香港：牛津大學出版社，2008年），頁43-61；陳天機，《學海湧泉：系統視野、天上人間》（香港：牛津大學出版社，2016年），頁5-12。

層面，解釋清晰的佛教義理如何改善中國佛教的立論，藉以提升中國文化的水平；第三，循未來文化發展的層面，解釋佛教法相學會的工作如何幫助相關議題作好準備。

惟在進一步討論以前，有三點須更作說明。首先，以上三個角度不必次第或順序發生，而是可以同時出現，即：改善佛教徒的個人質素已是幫助改善整體佛教的質素，因佛教正是由佛教徒所組成。同理，改善整體佛教的質素則已是協助提升中國文化的水平，因佛教早已是中國文化的一部分。至於提升中國文化的水平本身正是為人類未來文化能夠更好地發展提供資糧，因人類的文化必然包括中國文化。換言之，前述諸角度的劃分只是吾人為了方便分析而作的施設，讀者對之不宜執實，以免誤會本為一整體的工作為各自隔離的事情，從而看不到彼此的關連；其次，本章既以佛教法相學會的創立目的來貫穿學會的工作，便得承認個別工作或會因未能明確被劃入以上目的而未有提及，縱使相關工作循其他角度而言仍可極具價值。此外，亦不排除符合上述目的之工作會因掛一漏萬而未有納入討論之列。簡言之，往後的討論雖力求系統地介紹佛教法相學會的工作，卻不排除有個別工作未能加以顧及。最後，是為了表達和理解上的需要，下文將把繁複的理論加以簡化，僅述及筆者認為在此必須提及的觀點，並盡量避免使用過多的專有名詞，代之以較通俗的說法，以免讀者感到困難和混亂。對於有志探討相關義理的讀者，還請直接查閱佛教法相學會諸位成員的著作，並循這些著作提供的指引翻查有關漢譯甚至梵文佛典為幸，卻不能單憑本章所述以求了解相關義理。凡此，還請讀者垂注。下文即循前述的三個角度討論佛教法相學會的工作，以便在最後一章能對學會的價值及未來發展更作反思。

第二節：唯識在佛教的角色

誠如上一章指出，羅時憲先生認為近現代在華佛教的最大問題是「顢頇佛性，籠統真如」，意指佛教徒對成佛的根據和內涵等諸問題均不甚了了，沒有清晰的理解。的確，假若對成佛的道理和進路亦欠認識，則佛教徒便難免繼續流轉生死，不能解脫；如果吾人所理解的佛法尚待完善，則相關佛法亦難以為社會的進步提供助力，改善人生。換言之，在缺乏清晰義理的情況下，佛教的真正精神和價值當不能彰顯，更遑論做到自利利他，渡己渡人[6]。羅先生認為唯識思想在佛教之所以重要，是其為吾人的存在目標、達到此目標的方法，以及達到此目標後的結果等「境」、「行」、「果」諸範疇提供了詳細說明[7]。在這一意義下，唯識思想當有助改善「顢頇佛性，籠統真如」的情況。香港研習唯識的風氣既由羅先生開始，佛教法相學會又由羅先生及其學生共同創立，則佛教法相學會有關唯識的工作，便應由羅先生對唯識的闡釋說起。按羅先生認為，其所著《唯識方隅》一書反映了他個人對唯識思想的理解[8]。在很大程度上，吾人可言佛教法相學會的工作即建基於《唯識方隅》的觀點而開展。因此，下

---

6 李潤生講，《五重唯識觀講記》（香港：佛教法相學會，2012年），頁93。

7 羅時憲講，陳雁姿等編，《唯識方隅講記（第一冊）》（香港：佛教法相學會，2020年），頁123-124。按《唯識方隅講記》是羅先生在課堂上就《唯識方隅》一書所作的解釋，其經佛教法相學會整理後出版。很大程度上，《唯識方隅》反映羅先生對唯識的看法，而《唯識方隅講記》則解釋他何以有相關看法。事實上，佛教法相學會近年出版不少羅先生和李潤生先生的課堂講記，其對我們了解佛教法相學會有關唯識的看法非常重要，下文即對這些講記多有引用。有關《唯識方隅》一書，見羅時憲，《唯識方隅》（香港：佛教法相學會，2004年）。下文所引《唯識方隅》即根據這一版本。另，此書同時編入《羅時憲全集（第十卷）：唯識方隅》（香港：佛教志蓮圖書館及羅時憲弘法基金有限公司，1998年）。

8 羅時憲講，陳雁姿等編，《唯識方隅講記（第一冊）》，頁33。

文的討論亦以該書對唯識的闡釋作切入點，輔之以羅先生和佛教法相學會成員的其他著作，藉以理解佛教法相學會各種工作的意義。事實上，羅先生承認即使在古代印度，唯識思想諸位大師對個別唯識概念當如何理解亦有分歧[9]。是以，他對於闡揚佛經中的什麼觀點，實有其抉擇，非純粹接受前人的說法[10]。至於羅先生最終選擇宗主者，則為玄奘法師一系的唯識思想[11]。換言之，後文所述最多只反映羅先生一脈所理解的唯識思想，卻不表示唯識思想即等於後文所述，唯識的系統實比羅先生所理解者更為豐富和多元[12]。此所以第一章言本書是介紹為何要研習唯識的通論，卻非一研究唯識思想的專著。至於羅先生所以選擇闡揚玄奘法師一系的唯識思想，主要是認為這一系的唯識思想較為合理，儘管他知道安慧一系的唯識思想或比較接近世親的意思[13]。這一點非常重要，因其反映羅先生及佛教法相學會的唯識研究並非志在尋求無著和世親等唯識祖師的所謂「原意」，而是在不違反他

9 羅時憲講，陳雁姿、鄭明娟編，《西方要決講記》（香港：佛教法相學會，2021年），頁362-364。

10 羅時憲講，陳雁姿等編，《能斷金剛般若波羅蜜多經纂釋講記（第一冊）》（香港：佛教法相學會，2019年），頁58。

11 羅時憲講，陳雁姿編，《成唯識論講記——附《百法明門論》略析》（香港：佛教法相學會，2015年），頁120-121。

12 一個重要例子，是現代日本學界對安慧「唯識古學」的內涵有極多討論，並提出「唯識古學」當不是如傳統說法般接近真心說。若是，則吾人對「唯識古學」和「唯識今學」的分別乃當有一重新認識的必要。詳見陳榮灼，《上田唯識思想之研究：現象學的進路》（新竹：國立清華大學出版社，2022年），頁371-395。佛教法相學會內雖曾有霍韜晦提出類似重估「唯識古學」和「唯識今學」關係的觀點，惟未有掀起太多討論。參考劉宇光，《量論與識論：佛教哲學研究回顧》（臺北：藏典出版社，2024年），頁255-256。另，有關不同唯識大師的理論分歧，參考Paul Williams, *Mahāyāna Buddhism: The Doctrinal Foundations* (Oxon and New York: Routledge, 2009), pp. 100-102；William S. Waldron, *Making Sense of Mind Only: Why Yogācāra Buddhism Matters* (New York: Wisdom Publications, 2023), pp. 5-16.

13 羅時憲講，陳雁姿等編，《唯識方隅講記（第一冊）》，頁299-301；羅時憲講，陳雁姿編，《成唯識論講記——附《百法明門論》略析》，頁120-121。

們思想的前提下，得出唯識思想的最合理解釋。羅先生稱這態度為「以理為宗」，認為現代人亦應以這一態度學佛，而非奉佛陀或某位祖師的說話為金科玉律，半點不能變通[14]。本書最後一章將對這一態度再作討論，暫按下不表。

蓋佛教要處理的問題是什麼？《雜阿含經・卷十六》即載佛陀對學生言：「汝等比丘應如是論議：此苦聖諦，此苦集聖諦，此苦滅聖諦，此苦滅道跡聖諦。所以者何？如是論議是義饒益，法饒益，梵行饒益，正智，正覺，正向涅槃。是故，比丘！於四聖諦未無間等，當勤方便，起增上欲，學無間等。」明言他真正關注的問題是「苦」、「集」、「滅」、「道」等四諦。所謂「苦」，指我們的實存狀態；「集」，是「苦」之所以出現的原因；「滅」，指佛教追求的理想；「道」，則是佛教主張達到「滅」的方法[15]。《增壹阿含經・卷十七》對「集」諦有以下解釋：「所謂集諦者，愛與欲相應，心恒染著，是謂名為苦集諦。」循引文，「集」非指世間的一切均是因緣而有，故「苦」無可避免地出現；「集」是指吾人對於因緣而有的事物有所執取，「苦」從而產生。是以，「苦」之所以出現無關外在世界的無常，而是源於我們對這一世界的理解存著偏差，以致執無常為有常。「苦」的出現既源於吾人，則解決這一問題的答案便須從改變我們如何認識世界一途入手。因此，佛教遂有對吾人主體的特性更作探討的必要，而不能僅以為世間的一切均是緣起性空，以致逕言我們的主體亦沒有獨立不變的本質，一如般若思想所主張；也不能只是強調吾人的心性本來清淨，我們只需一念反省即可頓悟成佛，一如如來藏思想表面所以為。相較般若和如來藏等

---

14 羅時憲講，陳雁姿等編，《唯識方隅講記（第一冊）》，頁214-215。

15 參考呂澂，《印度佛學源流略講》（上海：上海人民出版社，2005年），頁19-20。

思想，唯識思想正好符合佛教對吾人主體當更有探討的要求[16]。

按唯識思想認為每一有情眾生均有八「識」（vijñāna）[17]，其分別為眼、耳、鼻、舌、身、意、末那（manas）及阿賴耶（ālaya）。眼、耳、鼻、舌、身、意等識總稱前六識，末那識為第七識，而阿賴耶識則為第八識；至於「識」的意思，泛指辨別的能力。正是吾人有眼睛，眼睛又有觀看的能力，故顏色能為我們看見，而由各種顏色所構成的色境亦得以出現；因為吾人有耳朵，而耳朵有聆聽的能力，故聲音能為我們聽到，而由不同聲音構成的聲境遂得以可能。同理，由於我們有意識，故能作出各式各樣的思考，由不同思想組成的概念世界乃由此而生。色、聲、香、味、觸、法諸境，分別依眼、耳、鼻、舌、身、意各識而存在，前者即共同構成外境。「末那」則是梵文manas一字的音譯，意指思量，其尤帶執取的意思。末那識一方面思量或執取阿賴耶識為吾人的真實自我，另一方面又思量或執取前六識及為其感知和認知的外境是可被我們把握的對象。思量世上有真實自我的存在謂之「我執」，其是吾人一切煩惱的根源和解脫的障礙，「煩惱障」（kleśāvaraṇa）由此產生；思量世上有可供我們把握的對象謂之「法執」，其時吾人對外境產生貪愛致未能如實了解世界，「所知障」（jñeyāvaraṇa）因而出現。末那識既是執取之所以出現的原因，而執取又是「苦」之所以存在的理由。在這一意義下，末那識可謂一切問題的關鍵。惟我們仍可有以下問題：末那識為何出現？這即要從有關阿賴耶識的討論中尋找答案。

---

16 詳見羅時憲，《唯識方隅》，頁52-55；李潤生，《成唯識論述記解讀·破執篇（一）》（臺北：全佛文化，2005年），頁23-24。

17 以下有關八識的討論，主要參考羅時憲，《唯識方隅》，頁55-136；李潤生，《唯識三十頌導讀》（臺北：全佛文化，2011年），頁148-152；陳雁姿，《顯揚聖教論解讀（第一冊）》（香港：佛教法相學會，2021年），頁45-62。

所謂「阿賴耶」，是梵文ālaya的音譯，泛指「藏」，故阿賴耶識又名「藏識」。圍繞「藏」這一意思，阿賴耶識的內涵有三：第一，「能藏」，意指統攝前六識和末那識的各種有漏種子。「有漏」是雜染的意思，而「種子」（bija）則解潛能。蓋吾人之能夠做到一事，前提是我們有做該事的潛能，種子是潛能並未起用前的名稱，其一旦發揮作用，則謂之現行。佛教既認為吾人正處於有執或煩惱的狀態，則循唯識思想的角度，便是相關的有漏種子已起現行。換言之，末那識之所以出現，也是因為相關種子起現行故。由於阿賴耶識是統攝一切有漏種子的載體，故若沒有阿賴耶識，則有漏種子亦沒有可供收藏的地方，更遑論起用。循此，阿賴耶識是有執或煩惱之得以出現的中介，故其當為我們捨棄的對象；第二，「所藏」，意指前六識和末那識的種子起現行時，這些現行會返過來強化相關種子，而這些種子則寄存在阿賴耶識之中，一旦條件或外緣成熟，相關種子便更起現行。是以，末那識之所以出現，是因為相關種子遇上相應的條件和外緣。既然末那識的出現有賴條件或外緣的配合，則消除相關條件或外緣便應能使末那識不致起用。同理，佛教雖認為吾人在現實上正處於有執或煩惱的狀態，但其理想卻是冀望我們能達到無執或無煩惱的境界。至於這一境界之得以可能，前提正是吾人當有能使我們無執或無煩惱的無漏種子。因此，阿賴耶識除保存已起現行的有漏種子外，亦保存未起現行的無漏種子。它不僅是就吾人在現實上之所以有執或煩惱提供一說明，亦是為我們在理論上得以無執或無煩惱提供一解釋；第三，「執藏」，意指阿賴耶識是末那識的執持對象，後者以為阿賴耶識是我們的真實自我，阿賴耶識乃被錯認為如同常我一樣的存在。總括而言，阿賴耶識本身沒有具體內容，其僅是保存種子的載體及為末那識執持的假體。阿賴耶識與種子可謂一整體，兩者實不能分開討論。是以，吾人若要對阿賴耶識更作認識，便當循探討種子的特性開始。

誠如前文所述，種子是潛能的意思[18]。我們所以能夠作出某些現行，前提是吾人有相關種子，觀察如是，思考如是，執取如是，破執亦如是。惟種子並非永恆不變的實體，而是隨著條件而變化。按《成唯識論．卷二》的定義，種子有六種特性：第一，「剎那滅」，意指種子瞬間生滅，無有久住。假若執取和行惡的種子永恆不變，則我們亦沒有去執和行善的可能；第二，「果俱有」，意指種子一方面是現行之得以可能的原因，但現行會倒過來熏習或強化同類種子，故種子又是現行所促成的結果。種子和現行互為因果，因果遂同時出現；第三，「恆隨轉」，意指前一剎那的種子息滅，後一剎那的種子隨即出現。換言之，種子和種子之間相繼出現，無有間斷。在這一意義下，吾人的生命可謂種子生滅和變化的過程；第四，「性決定」，意指惡種子生起惡法，善種子生起善法，有漏種子生起有漏法，無漏種子則生起無漏法。同類性質的潛能只生起同類性質的現行，價值之間絕無雜亂；第五，「待眾緣」，意指種子的生起有賴其他條件的配合，並非單憑一已的力量即能成事。是以，我們若要使某些種子起用或不起用，便要積極尋找相應的外緣；第六，「引自果」，意指一種子只能生起一現行，卻不存在一種子能生起不同現行的情況。因此，乃沒有所謂一念心轉即能解決所有問題的可能。至此，吾人對於唯識思想關於主體的理論乃有一基本認識。我們當可言，若主體並非有著上述結構，吾人便不必有「苦」的出現；

18　以下有關種子的討論，主要參考羅時憲，《唯識方隅》，頁136-139；李潤生，《唯識、因明、禪偈的深層探究（下）》（臺北：全佛文化，2001年），頁587-630；李嘉偉，《瑜伽師地論．本地分解讀（第二冊）》（香港：佛教法相學會，2021年），頁23-46。

同理，主體如非有著如此結構，我們亦不必有「滅」的可能。現在的關鍵，是吾人如何能夠從「苦」的狀態臻至「滅」的境界，亦即怎樣方能「解脫」（mokṣa）。

蓋我們如要知道怎樣才能夠「解脫」，理應要知道「解脫」意指什麼。否則，若連「解脫」的內涵亦未清楚，則對於如何方能臻至相關境界便只能藥石亂投，甚至出現弄巧成拙的情況。然則，「解脫」的內涵究是什麼？這或可循對「真如」（bhūtatathatā）的理解這一角度作切入以作說明[19]。所謂「真如」，指「真實」和「如常」，亦即世界的「體」；經驗世界的一切現象均離不開「真如」而存在，故這些現象可謂「真如」的「用」。惟一切現象雖不離「真如」而存在，吾人卻不能以為現象即等同「真如」。否則，我們現在即活在「真如」之中，而「真如」乃包括「苦」以內的一切現象。若是，則吾人亦沒有離「苦」的必要和可能。羅時憲先生便認為，「真如」和現象或「體」和「用」的關係，當是「不即」和「不離」。誠如他言：

> 何謂體、用有不即不離之關係耶？唯識家以為，同一宇宙也，以有名相分別之智識（有漏識）觀之，則唯睹其遷流變化之幻相，而其實相為幻相隱覆，此所得者謂之世俗諦，即諸行也。若以超越名相分別之智慧（無漏無分別智）洞察之，則能把捉其實體，故稱之為勝義諦（勝謂勝智，義解作境。勝智所知之境，名為勝義）。於同一宇宙，由用以觀察之智慧不同，而所得之境有別。於同一現實的宇宙加以觀察，所得之境不離此現實的宇宙，故不

[19] 以下有關真如的討論，參考羅時憲，《唯識方隅》，頁199-216。另見羅時憲講，陳雁姿等編，《唯識方隅講記（第四冊）》，頁1254-1308。

離；由所用之智慧不同，而所得之境有異，故不即也。[20]

以上引文有兩點對於我們了解「解脫」的內涵非常重要。第一，吾人若循有漏的心識來認識世界，便只能得悉變幻無常的現象，而「真如」卻必須循無漏的心識出發方能體證。換言之，我們若要證入「真如」，便得先把一己的心識由現在的有漏狀態轉變為未來的無漏狀態。惟誠如前文所述，種子的改變有賴外緣的配合。因此，吾人若要透過無漏的心識以證入「真如」，乃不能忽視外緣的重要性；第二，「體」、「用」既是不離，則我們在證入「真如」這一「體」後，吾人主體和為這一主體認識的世界當還是有著各式各樣的「用」，只是其時的「用」已不為我們帶來煩惱。是以，吾人在證入「真如」後並不是對世間的各種議題不作回應，而是能以無執的狀態對之更作反省。以上兩點，即在不同程度上回應「煩惱障」和「所知障」兩個問題，而「解脫」的內涵即是成功對治二障，一如後文所論。綜合以上所述，我們當明白「解脫」有賴各種條件的配合，而實現「解脫」以後亦不會忽視世間的各種事情。凡此，均強調外在世界的重要，這即把本節的討論帶到吾人主體和外在世界之間究竟有何關係的問題。

惟在進一步討論以前，唯識思想在佛教中有一特殊作用，其當更有討論的必要，此即它有助解釋佛教緣起性空與輪迴（saṃsāra）兩個主張當有並存的可能。蓋佛教主張世間的一切事物因緣而有，故沒有事物具獨立不變的本質，當中包括我們的生命。吾人既是由各種物質和心識所組成，但物質和心識卻隨著外緣的不同而變化。因此，我們遂沒有獨立不變的自我，吾人的

---

[20] 羅時憲，《唯識方隅》，頁208-209。

自我本質亦是空；可是，佛教主張輪迴，其認為我們今期生命所作行為的業力會影響吾人下期生命的形態，而我們今期生命的形態則為上期生命所作的業力所影響。換言之，吾人今期生命的所作是下期生命之所以如此的因，下期生命的形態是今期生命所作的果；我們今期生命的形態是上期生命所作的果，上期生命所作是今期生命之所以如此的因。問題的關鍵，正是吾人既沒有獨立不變的本質，那麼一期生命亦當隨著相應條件的消失而消失。若是，則由一期生命過渡至另一期生命者究竟是誰？另外，我們所作行為產生的業力當影響下期生命的形態，但這些業力保存在吾人今期生命的什麼地方？其又如何過渡甚至影響吾人下期生命？凡此，均見佛教一方面主張緣起性空，另一方面卻主張輪迴存在，實先要解決輪迴主體究是什麼，以及業力如何運作等問題。否則，佛教理論便難免有著自相矛盾的嫌疑[21]。佛教法相學會即認為，唯識思想能為以上問題提供答案。

簡要言之，唯識思想視阿賴耶識為輪迴主體。由於阿賴耶識是無量種子的載體，本身沒有具體內容；種子又是剎那生滅，其出現和生長均待緣而有，故作為種子載體的阿賴耶識亦非永恆不變的實體。是以，《成唯識論・卷二》乃有言：「諸心、心所，依他起故，亦如幻事，非真實有。為遣妄執心、心所外實有境故，說唯有識。若執唯識真實有者，如執外境，亦是法執。」明言強調心識主要是為了說明外境的存在當離不開吾人的主體，藉以糾正人們錯誤以為外境是客觀存在，而可供吾人視作執取的對象；但心識及其所具的一切屬性亦是因緣而有，我們若以為心識即是實有，亦為另一種執取。換言之，唯識思想雖肯認阿賴耶識

[21] 李潤生，《佛家輪迴理論（上）》（臺北：全佛文化，2000年），頁49-60。

是輪迴主體，但用以輪迴的這一主體卻並非如靈魂一樣的實體，而僅是隨緣變化的假體[22]。但隨緣變化的假體當以什麼形態由一期生命過渡至下期生命？事實上，唯識思想既主張阿賴耶識是貯藏一切種子的載體，而種子的成長實為吾人的現行所影響。在這一意義下，我們所作行為的業力即構成種子得以熏習的條件。由於潛能起用以化成現行及現行起用以激發潛能兩事均離不開阿賴耶識這一載體，故業力亦只能保存在此一心識之中。正是吾人所作行為產生的業力會熏習相關種子，種子一旦遇上外緣則會產生相應結果，故其與吾人該期生命是否完結可謂沒有必然關係：一期生命縱未結束，但只要為相應業力所影響的種子未遇上外緣，相應結果還是不會出現；一期生命即使結束，但只要為相應業力所影響的種子遇上外緣，相應結果還是因而發生。換言之，若循唯識思想的角度，輪迴與其說是一人生命形態的延續或改變，倒不如說是無數為業力影響的種子生滅和轉化的過程。至此，佛教所主張的輪迴當指什麼乃漸見清晰，而輪迴主體究是什麼以及業力如何保存等問題在理論上遂得到一大致解釋[23]。至於末那識為何存在，亦可透過我們上期生命所作行為產生的業力而熏習相關種子的道理而得到一具體回答。誠然，輪迴涉及宗教經驗甚至信念，非純然是一理論的問題。因此，有關輪迴仍有值得探討的地方[24]。本章於此並非認為唯識思想即已解決一切有關輪迴的疑問[25]，而僅想指出一點：唯識思想在佛教的一個可貴之處，是其

22　李潤生，《佛家輪迴理論（上）》，頁165-167。

23　詳見李潤生，《佛家輪迴理論（上）》，頁129-167。

24　羅時憲講，陳雁姿等編，《唯識方隅講記（第四冊）》，頁1507-1510。

25　從人類歷史上有關死後世界的討論如何豐富，可知人們對這一有欠認知意義的議題實難有共識。對古今中外不同死後世界的討論，參考John Casey, *After Lives: A Guide to Heaven, Hell, and Purgatory* (New York: Oxford University Press, 2009)；石上玄一郎著，吳村山譯，《輪迴與轉生：死後世界的探究》（臺北：東大圖書

為佛教不少具爭議的問題提供了理論上的解釋[26]。前述羅時憲先生之所以選擇宗主玄奘法師一系的唯識思想，是因他認為其較為合理，而這一合理之處則是此系的唯識思想有助解釋佛教中或未能清楚解釋的地方[27]，一如後文展示。事實上，般若思想的重點在破執，故其在很大程度上並未能解釋諸如我們的生命為何出現、解脫還滅如何可能，以及真假善惡等價值如何安頓等問題。相關問題必待唯識思想加以補足方能得到解答，屆時佛教理論才可謂完滿[28]；而只有自身有著完善的理論，佛教才足以成為改善其他思想或文化的資糧。否則，若一理論本身即存在明顯的困難和眾多的疑問，其恐怕亦難以輕言可助改善他者的缺點[29]。筆者以為，這一點尤值得輕言佛教或其他思想當有助人類文化更好發展的人士所警惕。在進一步討論唯識思想對吾人所處世界的可能貢獻前，讓我們先回到其如何看待吾人主體和各種現象之間有何關係的問題。

的確，羅時憲先生強調「唯識」的意思非如表面上所主張的以為世間只有心識是真實，外在世界則僅是這些心識投影出來的影像；「唯識」的意思，當是指外境不能離開我們的心識而獨立存在或為吾人所認識。羅先生援引窺基法師於《成唯識論述記·卷一》所言的「唯遮境有，執有者喪其真。識簡心空，滯空者乖其實」支持以上說法。簡言之，外境是經過我們心識過濾後才出現的結果，故其不能離開吾人的心識而獨立存在。在這一意義

公司，2015年）。

26 羅時憲講，陳雁姿等編，《唯識方隅講記（第一冊）》，頁410。

27 羅時憲講，陳雁姿、鄭明娟編，《西方要決講記》，頁370-374。

28 李潤生，《成唯識論述記解讀·破執篇（一）》，頁23-24。

29 類似觀點，詳見方東美，《中國大乘佛學（上冊）》（臺北：黎明文化，2004年），頁376-407。

下，外境究是如何取決於吾人的心識，而沒有所謂全然客觀的外境。因此，外境不是虛無，也非實有；但吾人既憑藉各種因緣而成為當下的自己，遂不能錯誤以為我們的本性既是空，故沒有任何能力和屬性。吾人實仍有各種能力和屬性，只是這些能力和屬性並沒有獨立不變的本質，而是隨條件的改變而變化[30]。是以，心識雖非實有，卻非虛無。以上道理的另一面，是外境雖非實有，但其既賴我們的心識而得以存在，吾人的心識又憑藉各種條件方能出現，而非可以任意改變，故外境還是有著一定程度的客觀性，並非虛無；我們的心識雖非虛無，但其畢竟憑藉各種條件方能存在，故非實有。主體和外境皆非有非無，此即為唯識思想所言的「中道」[31]。以上說明主體和外境的特性，「唯識無境」則用以解釋兩者的關係。

蓋「唯識無境」雖是唯識思想的一個重要理論，但其確實意思卻存著爭議[32]。學界中一個較傳統的說法，是認為「唯識無境」主張世間只有吾人的心識是真實，而外境則為我們的心識所「變現」（pariṇāma）。在這一意義下，唯識思想遂有否定外在世界的客觀性之嫌，而純粹為一種主觀的唯心論[33]。惟以上闡釋恐有推論太過之嫌，因佛教僅是否定世間的事物有獨立不變的本質，卻不致承認事物的存在只是吾人心識的作用，從而竟否定事物的客觀存在。事實上，循上文的討論，佛教法相學會反對唯

30 羅時憲，《唯識方隅》，頁33。另參考羅時憲講，陳雁姿等編，《唯識方隅講記（第一冊）》，頁196-198。

31 李潤生，《唯識三十頌導讀》，頁78-79。

32 以下有關佛教法相學會對「唯識無境」的解釋，主要參考李潤生，《唯識、因明、禪偈的深層探究（下）》（臺北：全佛文化，2001年），頁441-529。

33 有關「唯識無境」不同闡釋的討論，參考林鎮國，《空性與現代性：從京都學派、新儒家到多音的佛教詮釋學》（臺北：立緒文化，1999年），頁231-246；釋則生，《唯識宗與應成派宗義抉擇（上冊）》（臺北：新文豐出版公司，2021年），頁524-533。

識是指世上僅有心識是真實，而外境則為虛妄的說法。羅時憲先生便認為，外在世界是否存在不應只是我們心識的作用；不論循常識還是科學的角度，吾人均有承認外在世界當為某種意義下的客觀存在之必要，玄奘法師一系的唯識思想即持相關觀點[34]。循此，「唯識無境」一說乃另有含意。

查羅時憲先生以為，唯識思想主張吾人主體和外在世界之間的關係當是「見分」和「相分」或「能知」和「所知」：「見分」或「能知」指我們對外在世界作出分辨的能力，「相分」或「所知」則為被吾人分辨的外境。作為外境的「相分」之得以出現，是因為我們有作為「見分」的分辨能力；外境之得以成為「所知」，是因為有作為「能知」的吾人主體。所謂「變現」，非如魔術般的由無變有，而是外境須透過心識方能呈現的意思[35]。事實上，「外境」一詞為梵文 viṣaya 的翻譯，意為被我們感知或認知者。換言之，「外境」實指吾人心識起用下「外物」為心識感知或認知的影像，而非「外物」本身。「唯識無境」只是重申「所知」客境不能離開「能知」主體而為人所認識，或為人所認識的外物表相不能獨立於我們的認識能力而出現，卻非主張「外物」即為我們的心識所創造。因此，「唯識無境」是說明認知過程如何運作的認識論，而非解釋外在世界怎樣出現的創造論。更準確的說法，是縱然要解釋外在世界何以出現，亦當循吾人和外境之間的認識關係作切入方謂合理。究其原因，是因為唯識思想既主張吾人主體有八識，而阿賴耶識又攝持一切種子，故後者實包括我們各種行為之得以可能的潛力。是以，外在世界畢

[34] 羅時憲講，陳雁姿等編，《唯識方隅講記（第二冊）》，頁403-409。

[35] 羅時憲，《唯識方隅》，頁63-65、185-188。另參考羅時憲講，陳雁姿等編，《唯識方隅講記（第二冊）》，頁398-419；羅時憲講，陳雁姿等編，《唯識方隅講記（第三冊）》，頁1148-1159。

竟如何，並非僅是吾人在認識上如何理解它，亦涉及我們在行為上如何影響之。不少學者便認為「唯識無境」雖是一種認識論，但卻是以認識論作入路或基礎的一套倫理學甚至解脫論，其最終還是以改變一己行為乃至社會現況為終極目標[36]，而這一觀點當為佛教法相學會所同意。蓋佛教法相學會認為，現實的山河大地和社會文化等固然是吾人的眼識、耳識和意識等心識的感知和認知對象，但其亦是由吾人的阿賴耶識共同建構的結果。《成唯識論・卷二》即載「所言處者，謂異熟識由共相種成熟力故，變似色等器世間相，即外大種及所造色。雖諸有情所變各別而相相似，處所無異，如眾燈明各遍似一。」意指外在世界究是如何，實有賴不同眾生共同參與，彼此互相影響[37]。在這一意義下，我們可說是世界之所以如此這般的因，世界如何轉變，最終還是取決於吾人自己[38]。前文言「唯識無境」當是一種認識論，僅為了強調其並非一套主張心識創造萬物的形上學，卻非指該套思想便僅涉及認知而無關行動；作為認識論的「唯識無境」最終不是為了對世界建構知識，而是要說明忽視主體和客境這一認識論關係，我們實難以真正明白解脫的內涵和達至相關境界的方法。的確，種子雖起著如此這般的現行，其卻有著不如此這般的潛能；現實世界雖是由吾人不同種子所起現行共同變現，但可能世界仍有待各種作為潛能的種子一起建構[39]。問題的關鍵，是我們若要

[36] 林鎮國，《空性與方法：跨文化佛教哲學十四論》（臺北：政大出版社，2012年），頁33-45；劉宇光，《煩惱與表識：東亞唯識哲學論集》（臺北：文津出版社，2020年），頁42-45；蔡伯郎，〈唯識無境在倫理學上的意涵〉，《正觀》第82期（9/2017）：81-113。

[37] 羅時憲，《唯識方隅》，頁192-193；李潤生，〈淨土建立的理論〉，收入陳雁姿、鄭明娟編，《淨土論集》（香港：佛教法相學會，2020年），頁5-145，尤頁137-145。

[38] 李潤生，〈淨土建立的理論〉，頁85-94。

[39] 李潤生，〈淨土建立的理論〉，頁95-106。

改變現實的狀況，便須改變吾人的心識。由此，即把討論帶到唯識思想的最重要目標：「轉識成智」（āśraya-paravṛtti）。

誠然，當明白吾人主體和外在世界或心識與外境的關係後，我們便知如要破除執取及由其衍生的煩惱，改變吾人現有的心識是必要的工作。更具體的說法，是把我們現有的有漏種子加以轉化，使循之而起的雜染現行能得到質素上的改善[40]。按唯識思想，心識的出現和改變有賴四種條件：因緣（hetu-pratyaya）、等無間緣（samanantara-pratyaya）、所緣緣（ālambana-pratyaya），以及增上緣（adhipati-pratyaya）[41]。「因緣」者，指種子，即一現行之出現有賴相應的潛力，若一眾生根本沒有作某種行為的種子或潛力，則其亦沒有出現相關現行的可能，一如前文所述；「等無間緣」者，指前一心識謝滅，後一心識才可生起。查「等」強調心識之間的平等，「無間」則形容心識與心識之間念念相續，無有間斷。例如吾人在這一剎那思考如何作惡，則同時不能思考如何行善。唯有前一思考作惡的心識謝滅，後一希望行善的心識方能出現。等無間緣即指前一心識讓位予後一心識，若前一心識保持現狀，後一心識乃沒有出現的可能。在這一意義下，前一心識可說是使後一心識得以出現的條件，而這一觀點正是強調吾人的心識活動當是一非常非斷的過程；「所緣緣」者，其由「所緣」和「緣」兩元素共同構成。「所緣」指吾人心識攀附或慮知的對象。例如「色境」是眼識的「所緣」；「聲境」是耳識的「所緣」，一切法是意識的「所緣」等。總括而言，外境乃是吾人心識的「所緣」。至於「緣」是「增上緣」的簡稱，意指外境不但

[40] 羅時憲講，陳雁姿等編，《唯識方隅講記（第二冊）》，頁687。

[41] 以下有關「四緣」的討論，參考羅時憲，《唯識方隅》，頁167-171；李潤生，《唯識・因明・禪偈的深層探究（下）》，頁664-673；陳雁姿，《陳那觀所緣緣論之研究》（香港：志蓮淨苑文化部，1999年），頁74-81。

是我們心識的「所緣」，亦是使吾人心識得以生起作用的「增上緣」。換言之，外境不只是為我們感知或認知的對象，其亦是影響吾人感知或認知的條件。有心識才有外境，有外境必有心識。外境的狀態固然取決於我們的心識，但吾人的心識亦受外境的制約，非可任意改變。是以，方能保證我們對外境的認識並非主觀，從而避免說非成是，顛倒黑白的情況出現；「增上緣」者，則泛指其他一切有利於一現行發生的條件。以上所述有一點甚值得注意：唯識思想既認為心識的改變有賴「所緣緣」及「增上緣」，則其便不會忽視包括外境以內的外在條件於吾人修持上的角色。反之，唯識思想當極重視對包括外境以內的外在條件作出認識，因其直接影響吾人能否得到解脫[42]。循這一角度觀之，相對於可以轉變的心識，能使心識轉變的外在條件也許更為重要，惜這卻往往是近現代在華佛教忽視的地方。

按大乘佛教強調方便法門，表面容許人們以任何手段來導人解脫。因此，佛教在弘法一事上似甚有彈性，絕不僵化[43]；但這一主張的代價卻可換來弘法方式五花八門，真假難辨的弊害[44]。羅時憲先生即認為，真正的修行只有戒、定、慧三者，即持戒、禪修，以及讀經[45]。透過持戒，吾人能把惡種子加以壓抑，從而讓善種子得以生長；隨著禪修，我們可把善行所表現的價值加以穩定，最終連行善的念頭亦告消除。屆時有漏種子謝滅，無漏種子繼而出現；藉由讀經，吾人對佛教的目標、轉依的理論，以及

---

42 陳雁姿，《陳那觀所緣緣論之研究》，頁211-242。

43 參考釋太虛，〈即人成佛的真現實論〉，收入釋印順編，《太虛大師選集（下）》（新竹：正聞出版社，2013年），頁213-234。

44 釋印順，《遊心法海六十年・契理契機之人間佛教合刊》（新竹：正聞出版社，2014年），頁110-115。

45 羅時憲講，陳雁姿等編，《唯識方隅講記（第二冊）》，頁422；羅時憲講，陳雁姿等編，《能斷金剛般若波羅蜜多經纂釋講記（第四冊）》，頁455-456。

持戒和禪修的助益等諸問題均能有正確的了解，解脫乃有實現的可能[46]。吾人當可用《攝大乘論》的「多聞熏習，如理作意」一句，概括心識得以改變的道理[47]：多聞，即多讀經論，乃至其他一切有助吾人更好地認識經論的知識，不要孤陋寡聞；熏習，指勤加實踐，不要僅從語言概念上分析，以致淪為知解宗徒；如理，即見解要建基於正理，不能穿鑿附會，隨意發揮；作意，指透過前述各項，以達圓滿境界[48]。佛教法相學會不少工作即循上述原則加以開展。

首先，是戒律的闡釋。按唯識思想的一個主要源頭，為相傳由彌勒菩薩口述，無著筆錄的《瑜伽師地論》。該論〈本地分〉第四十和四十一卷詳論大乘菩薩的行為標準，可謂唯識思想主張的最重要戒律，又名《瑜伽菩薩戒》。事實上，唯識宗又名瑜伽行派，瑜伽（Yogā）一詞即指修行，可知唯識思想不僅強調理論，並重視實踐。值得注意者，是相對於自利，大乘菩薩更重利他，故作為大乘佛教的戒律，《瑜伽菩薩戒》乃不只要求受戒者不能行惡，更要求其行善。羅時憲和李潤生兩位先生便先後講授《瑜伽菩薩戒》，其均強調受戒者應入世辦事，改善社會。循《瑜伽菩薩戒》的角度，大乘菩薩為了利他的目的，甚至可容許不遵守一些較輕微的戒律；若僅追求一己清淨而對世間的事務不聞不問或消極退縮，反而是違反大乘戒律的表現[49]。誠如第二章

46 羅時憲講，陳雁姿等編，《唯識方隅講記（第二冊）》，頁687-690。

47 事實上，這亦是歐陽漸和呂澂等先生用以對治相關問題的方法。詳見維勤（Eyal Aviv），〈對法充耳不聞？——20世紀中國關於聞熏（Srutavāsanā）思想以及聞與思本質的辯論〉，收入中山大學人文學院佛學研究中心編，《漢語佛學評論（第一輯）》（上海：上海古籍出版社，2009年），頁85-112。

48 參考李潤生講，陳雁姿編，《六門教授習定論講記》（香港：佛教法相學會，2012年），頁275-277。

49 例子見羅時憲講，陳雁姿、余志偉編，《瑜伽菩薩戒本及略攝頌講記》（香港：佛教法相學會，2019年），頁100-116；李潤生講，《瑜伽菩薩戒講記》（香港：

所言，近現代在華佛教被不少人認為未能對社會的各種議題作出回應，而在日常生活中，不少佛教徒亦為其能否作如食肉和從商等行為而有所爭論[50]。佛教法相學會對《瑜伽菩薩戒》的推廣，正好為佛教在原則上當能入世提供戒律上的說明，並為佛教在什麼情況下能作入世事務提出理論上的澄清。至於《瑜伽菩薩戒》之所以有相關主張，當然與整體唯識思想認為吾人心識與外境有著不即不離的關係有關：正是外境可以改變心識，故我們實不能對外境不聞不問；反之，隨著吾人的心識有所改善，我們更應有改進外境的必要。惟前文既言大乘菩薩可因利他的原故而犯較輕微的戒律，乃知如何有效實踐《瑜伽菩薩戒》實取決於受戒者的質素。否則，一人亦可用利他為藉口以行犯戒之事。足見有關戒律的問題並不能停留在理論的闡釋，而更待吾人質素的提高，故佛教才有禪修的必要。

其次，是禪修的實踐。按無著撰有《六門教授習定論》，詳述如何透過修習止觀使我們的心識得以轉化，藉以幫助保證吾人確是建基於一己質素的提升而作出各種善行，減低因利己而犯戒的機會；並透過持續的禪定工夫，幫助吾人朝著解脫的目標前進。羅時憲先生晚年曾講授《六門教授習定論》，惜未完成即逝世。李潤生先生繼其志，仍教授該涉及唯識的禪修理論[51]。事實上，羅先生亦曾講授藏傳佛教祖師宗喀巴（約活躍於十四世紀中後期至十五世紀前期）的《菩提道次第廣論》[52]，該論有關禪修

佛教法相學會，2012年），頁291-296。

50 網上節目「佛門警訊」即討論佛門中不少具爭議的議題，而人們對這些議題的看法便可謂意見紛紜，莫衷一是。

51 李潤生講，陳雁姿編，《六門教授習定論講記》，頁25-27。

52 講授內容現輯錄在羅時憲講，陳雁姿編，《止觀大意講記》（香港：佛教法相學會，2017年）。

的部分即多引自《瑜伽師地論》和《解深密經》，故從廣義上亦可謂唯識思想的禪修理論。的確，近年禪修在社會中似有日漸普及的趨勢，不少人均嘗試藉著相關活動提升一己的心理質素。惟真正的佛教禪修當要有經論輔助，由此才可因為有理論基礎而避免出現幻覺等情況出現[53]。佛教法相學會便長期開辦禪修課程，讓大眾不僅有認識唯識思想的渠道，更有親自實踐相關教導的機會[54]。由於禪修尤重實證，故相關討論在此亦點到即止；有關理論的陳述，則集中在對經論的解釋。

最後，是佛法的理解。佛教法相學會既強調研習經論，乃重視研習的方法[55]。誠如第二章所言，支那內學院在研習佛典時強調家法、科判和因明，藉以構成一經院學的傳統。羅時憲先生自承，他正是循經院學的途徑研習佛法[56]，而佛教法相學會亦明顯跟隨這一做法。在家法方面，《唯識方隅》一書反映羅先生對唯識的大概理解，而他的理解則有文獻上的根據，非憑一己的猜度。蓋由玄奘和窺基兩位法師共同纂譯的《成唯識論》固然是在華唯識思想的集大成者，但該書卻有不少地方難以理解，故有賴窺基撰寫的《成唯識論述記》以作輔助方能讀通。羅先生的唯識觀點即建基於《成唯識論述記》[57]，而要準確研讀《成唯識論述記》，便得參考慧沼和智周等唯識宗大師的注疏。至於利用《成唯識論》來了解唯識思想，主要是其反映了護法一系的觀

53 李潤生講，陳雁姿編，《六門教授習定論講記》，頁27-28。

54 羅德光和岑寬華兩位先生便長期主持佛教法相學會的禪修課，加強了不少人士對禪修的認識和鞏固了相關基礎。

55 羅時憲講，陳雁姿等編，《能斷金剛般若波羅蜜多經纂釋講記（第一冊）》，頁55。

56 羅時憲講，陳雁姿等編，《能斷金剛般若波羅蜜多經纂釋講記（第四冊）》，頁147-148。

57 參考羅時憲講，陳雁姿等編，《唯識方隅講記（第一冊）》，頁315。

點，而護法則與唯識學祖師世親有直接的師承關係。這一循同一學統的角度以了解唯識思想的做法，大大減低吾人對唯識思想作任意揣測或過度詮釋的風險[58]。這一透過「注」和「疏」來了解「論」，再用「論」來理解「經」的層層對讀的方法，即為家法。佛教法相學會歷來不少成員即依循上述原則，對唯識典籍進行解讀，藉以保證所持觀點言之成理，理必有據。羅時憲先生的《成唯識論述記刪注》[59]、《瑜伽師地論纂釋》[60]、《攝大乘論疏》[61]、《解深密經測疏節要》[62]；李潤生先生的《唯識二十論導讀》[63]、《唯識三十頌導讀》、《成唯識論述記解讀》[64]；趙國森博士的《解深密經導讀》[65]；陳雁姿博士的《顯揚聖教論解讀》[66]，以及集合多位成員或學友合撰的《瑜伽師地論・本地分解讀》等[67]，均為遵循家法以闡釋唯識思想的例子。至於科判，意指對個別經論的結構作出分析，透過指出如序分、正宗分和流通分等範疇，對相關經論的大意更作介紹、列出具體立論及總

58 類似觀點，參考羅時憲講，陳雁姿等編，《能斷金剛般若波羅蜜多經纂釋講記（第四冊）》，頁403-404。

59 羅時憲，《成唯識論述記刪注》第一至第三冊，編入《羅時憲全集》第7-9卷（香港：佛教志蓮圖書館、羅時憲弘法基金有限公司，1998年）。

60 羅時憲，《瑜伽師地論纂釋》第一及第二冊，編入《羅時憲全集》第5-6卷（香港：佛教志蓮圖書館、羅時憲弘法基金有限公司，1998年）。

61 羅時憲，《攝大乘論疏》，編入《羅時憲全集》第6卷（香港：佛教志蓮圖書館、羅時憲弘法基金有限公司，1998年）。

62 羅時憲，《解深密經測疏節要》，編入《羅時憲全集》第4卷（香港：佛教志蓮圖書館、羅時憲弘法基金有限公司，1998年）。

63 李潤生，《唯識二十論導讀》（臺北：全佛文化，1999年）。

64 李潤生，《成唯識論述記解讀》（安大略省：安省佛教法相學會，2005-2017年）。按《成唯識論述記解讀》暫已出版〈破執篇〉、〈賴耶篇〉和〈末那篇〉共十冊，其餘〈六識篇〉、〈決疑篇〉、〈體性篇〉和〈修證篇〉則有待出版或完成。

65 趙國森，《解深密經導讀》（臺北：全佛文化，1998年）。

66 陳雁姿，《顯揚聖教論解讀》（暫兩冊，香港：佛教法相學會，2021年）。

67 陳瓊璀、李嘉偉、向瑞屏、陳雁姿、釋覺泰、葉莉娜等合撰，《瑜伽師地論・本地分解讀》（暫六冊，香港：佛教法相學會，2020-2025年）。

結等，藉以避免對經論作籠統的解釋。透過科判，每一部經論的結構和推論均清楚呈現，確保作者和讀者對相關論著有透徹了解。前文所列諸位佛教法相學會成員的著作皆使用了科判的方法來對相關經論進行分析，讀者可更作查閱。因明者，簡言之，即為佛教的思考方法。誠然，世間的道理繁多，惟具說服力的義理當最少符合兩個條件，其即沒有違反我們的經驗和理性。因明又稱「量論」，是探討何謂真確知識的學問。循因明學說，真確的知識可透過「現量」和「比量」來加以檢驗。「現量」指經驗，「比量」指推理；前者包括禪修時入定乃至證入真如等狀態，後者則指透過如「宗」、「因」和「喻」等「三支比量」的方式論證一理論是否合乎邏輯。第二章指出，因明學說在傳統中國未能盛行，至民國初期才有復甦的跡象。惜華人佛教界對因明仍非常陌生，以致不少佛教徒對於知識在解脫中究竟扮演什麼角色並未有真切的了解[68]。羅時憲先生的《唯識方隅》即總論因明學說，其可謂開香港佛教界利用因明學說審視各種佛典的先河。李潤生先生則分別就陳那弟子商羯羅主的《因明入正理論》[69]，以及盛行於西藏的法稱（Dharmakīrti，約活躍於七世紀）因明著作《正理滴論》作出解讀[70]，藉以加深和擴闊華人佛教界對因明的認識，從而對佛典作合理的闡釋。除以上著作外，佛教法相學會便時有關於因明的研究論文出版[71]，可謂華人佛教界乃至學術界的

68 劉宇光，《量論與識論：佛教哲學研究回顧》，頁24-27。

69 李潤生，《因明入正理論導讀》（全兩冊，臺北：全佛文化，1999年）。

70 李潤生，《正理滴論解義》（香港：密乘佛學會，1999年）。

71 例子見陳森田，〈對「法稱否定比量分類」的評鑒〉，《法相學會集刊》第4輯（1996）：第七章；陳雁姿，〈陳那《集量論・現量品》對佛家知識論的建構〉，《法相學會集刊》第5輯（2003）：127-147；范偉濤，〈玄奘法師「真唯識量」的評析〉，《法相學會集刊》第6輯（2008）：115-142；蔡禮德，〈佛家因明提綱〉，《法相學會集刊》第7輯（2013）：73-120；羅勁松（寶僧法師），〈《因滴論》破相違決定及第四第五相〉，《法相學會集刊》第9輯（2023）：27-54。

異數。

循以上所述，可知唯識思想極重視使吾人心識得以轉化的條件；而既重視外在條件，則其乃強調解脫是一漸進的過程，當中實需要經過長期的學習和努力，非憑我們一念反省即可成事。這一解脫的過程即包括「資糧位」、「加行位」、「通達位」、「修習位」和「究竟位」等五者。吾人可透過反省一己的程度和觀察他人的表現，從而衡量修行者的所處階位[72]。所謂「資糧位」，指凡夫由發心修佛，繼而認識佛理的階段；「加行位」者，指透過修習禪定以暫時降伏煩惱的階段；「通達位」者，則指見道後的聖者階段，此時有漏種子已被暫伏而不起現行，惟仍有重新墮落的可能；「修習位」者，指從聖者到成佛的一個階段，其時不僅有漏種子不起現行，無漏種子亦漸能起用，已臻此位的菩薩當不再墮落，故能妥善地使用各種方便法門以導人解脫；「究竟位」者，即佛的果位。誠如第一章所言，歐陽漸對於在華佛教長期處於「有結論無研究」和「有研究無結論」的情況感到不滿，遂提出「結論後之研究」的說法，強調佛法的研究應以解釋如何達到佛果為目的。的確，吾人雖常言佛教的目的是解脫，但解脫的內涵究是什麼？這便得從「大涅槃」（mahāparinirvāṇa）和「大菩提」（mahābodhi）中更作了解[73]。

按「涅槃」指「煩惱障」已被消除的清淨狀態，惟佛教所言的「涅槃」實有小乘和大乘之分：小乘佛教主張的涅槃有二，即「有餘依涅槃」和「無餘依涅槃」；大乘佛教主張的涅槃有四，除了上述兩種涅槃以外，更有「本來自性清淨涅槃」和「無

[72] 以下討論，參考羅時憲，《唯識方隅》，頁294-305；李潤生，《唯識三十頌導讀》，頁431-484。

[73] 以下有關「大涅槃」和「大菩提」的討論，主要參考羅時憲，《唯識方隅》，頁303-305；李潤生，《唯識三十頌導讀》，頁484-494。

住處涅槃」。蓋小乘佛教中臻至解脫的聖者已盡斷煩惱，不再流轉生死。若身體猶在，則這一有根身卻無煩惱的狀態即是「有餘依涅槃」；如身體亦不復存在，便謂之「無餘依涅槃」。但循大乘佛教的角度，小乘佛教的「涅槃」卻過於消極，因其僅強調個人的無有煩惱，卻未能發心幫助他人亦能離苦得樂，故遂有其餘兩種「涅槃」觀的提出。所謂「本來自性清淨涅槃」，意指一切法本來清淨，只是凡夫仍有雜染，故未能證得這一清淨的狀態。因此，問題的關鍵並非外在的事物，而是吾人內在的心識。若我們的心識清淨，則吾人亦沒有迴避外在事物的必要。反之，當可根據無執或沒有煩惱的狀態對各種事物作一最為客觀和合理的回應。循大乘佛教的角度，已臻解脫的聖者當能展現各種無漏善行，故其不但不會執著於特定的涅槃狀態，更會按不同需要而投入人間，以助他人同獲解脫。此一不住特定涅槃以度眾生的境界乃謂之「無住處涅槃」，亦即佛的境界。具足上述四種「涅槃」即為「大涅槃」。我們既知大乘佛教所言的「涅槃」實有利他的特色，則便能更好地理解「大菩提」的內涵。

所謂「大菩提」，特指吾人在沒有煩惱的情況下，「所知障」亦得以消除的狀態。誠如「大涅槃」主張，吾人在成佛後當不僅停住於一己的無執或無煩惱狀態，而更是幫助他人離苦得樂。是以，成佛後的重點乃不只是無執或無煩惱，而是我們的心識在無執或無煩惱後所呈現的狀態。查唯識思想主張我們每人均有眼、耳、鼻、舌、身、意、末那和阿賴耶等八識，《成唯識論・四智相應心品》即對吾人成佛後各種心識的狀態有明確說明：八識應轉化為四智，亦即「轉識成智」。簡言之，佛的境界當是能夠以智慧回應世間。所謂「四智」，即「大圓鏡智」、「平等性智」、「妙觀察智」和「成所作智」，其分別為八識轉變後吾人的心識情況。蓋「大圓鏡智」指阿賴耶識改變後所呈現出來的智慧。前文提及阿賴耶識寄存一切種子，又為末那識執取而被誤認是吾人的真實主體。惟隨著我們修習戒、定、慧，末那識逐漸把我執的念頭去除，故阿賴耶識亦開始不再為末那識執取為真實的自我。由此，我們亦不因為有我執而作業，並由於沒有造業而不再流轉生死，從而獲得解脫。有漏種子既被壓伏，無漏種子乃得以起用，吾人遂能按一己的願力繼續以不同方式幫助他人擺脫輪迴。阿賴耶識在不被末那識執取而為自我，以及有漏種子已被消除的情況下，作為造業中介的角色不復存在。屆時阿賴耶識即仿如一鏡子，如實地把眾生的影像加以呈現；「平等性智」則是末那識轉化後的智慧。按我們既成功把我執去除，則當能觀一切眾生皆因緣和合，彼此在本質上實為平等；「妙觀察智」是意識轉化後表現的智慧。吾人在有執的情況下，意識受我執影響而對一切事物均加以遍計算度，終起種種愚痴。惟一旦我執的念頭除掉，我們的意識乃因為沒有所蔽而能對各種事物作出合理的判斷；「成所作智」則是眼、耳、鼻、舌、身等五識轉化後的智慧。蓋凡夫的五識因受意識和末那識的影響而作惡，但隨著末那識和意識的改變，五識不但不再作惡，其更是吾人得以成就各種善行的工具。業力終止，故不再流轉生死；願力起用，以助眾生擺脫輪迴，此即為「大菩提」。成佛以後的境界，遂能從唯識思想中得一具體說明。討論至此，唯識思想對於我們為何有苦、怎樣離苦，以及離苦後的狀態等諸問題均有一比較詳盡的說明。凡此，皆為佛教徒當如何更好地自處提供了重要參考。

蓋如前文所述，近現代在華佛教面對的一大問題，是不少教徒對佛法了解不足，以致在不同議題均未有清晰理解的情況下，對於如何解脫無從入手，更遑論發揮佛教的潛力以貢獻社會。羅時憲先生即認為，佛陀以「空」和「有」兩輪作法門以說法，彼此在原則上實為一體。如他言：

> 佛陀說法，力求以方便顯示究竟，而又無過失。此方便善巧之門有二，即是空、有兩輪。空輪破除徧計所執，以遮（否定）作表。有輪即用顯體，廣辨依他起性。所謂以遮作表者，謂意識周徧計度，執染淨諸法，不如其分，（於無處而增益之，於有處而捐損減之，是謂不如其分。）遂成大病；故必遮破之，而後圓成實性方能顯露也。所謂即用以顯體者，謂依他起性之法，有造作，有生滅，無一（獨立）常（固存）之自性，唯是實體上之用；體與用不相離，故得藉用以顯體也。[74]

惟在現實上，唯識思想在弘法上實較為可取。究其原因，是唯識思想能循經驗世界出發，透過對經驗世界的各種現象作出分析，從而步步證入真如[75]。換言之，唯識的進路並非從一超然的角度逕言吾人即有佛性，故在本質上當與佛無異；亦非直言一切事物本質為空，因此對經驗世界持一否定的態度。前者的問題，是忽視了我們在經驗世界中正是處於有執的狀態，故未能直接循如來藏已然起用的角度來討論成佛之道；後者的問題，則是漠視世間一切事情的差異，以致容易陷入虛無主義之中。唯識思想承認吾人正處一有執的狀態，並正視一切現象有著差別，才是一符合吾人實際經驗的進路。

---

[74] 羅時憲，《唯識方隅》，頁16。

[75] 詳見羅時憲講，陳雁姿等編，《唯識方隅講記（第四冊）》，頁1461-1487；李潤生講，《五重唯識觀講記》（香港：佛教法相學會，2012年），頁17-25。

事實上，羅先生對執空的佛教徒有頗多批評，認為人們若僅看到一切事情本質為空，則容易連道德對錯等是非判斷亦輕易放棄，最終淪為自我放縱。這一觀點是不少人對佛教的誤解，當有澄清的必要[76]。在很大程度上，佛教法相學會所以強調唯識思想，正是為了糾正相關錯誤。的確，羅先生強調唯識與般若只是我們理解真如的不同進路，兩者並非互相排斥，一如前文所述；反之，兩者更是相輔相成，缺一不可。誠然，般若思想似乎未對任何事情加以肯定，以致有陷入虛無主義的風險，故吾人有研習唯識思想以重新肯定現實世間的必要；但唯識思想名相繁多，研習者容易陷入複雜的名相中而不能自拔，故我們亦有學習般若思想以破執的需求[77]。因此，佛教法相學會雖強調唯識，卻極重視般若的研究。例如羅時憲先生便著有《現觀莊嚴論略釋講義》[78]，其即討論如何在了解唯識思想後，以般若思想對治因研讀唯識而衍生的問題。更著有《八千頌般若經論對讀》[79]、《能斷金剛般若波羅蜜多經纂釋》和《般若波羅蜜多心經講錄》[80]，試從唯識的角度補足般若思想或容易惹人誤會的地方；李潤生先生則著有《中論析義》[81]、《百論析義》[82]和《十二門論析

---

[76] 羅時憲講，陳雁姿等編，《唯識方隅講記（第一冊）》，頁282；羅時憲講，陳雁姿等編，《能斷金剛般若波羅蜜多經纂釋講記（第四冊）》，頁39-42。

[77] 羅時憲講，陳雁姿等編，《能斷金剛般若波羅蜜多經纂釋講記（第四冊）》，頁61-62。

[78] 羅時憲講，《現觀莊嚴論略釋講義》（香港：佛教法相學會，2005年）。

[79] 羅時憲，《八千頌般若經論對讀》上、下兩冊，編入《羅時憲全集》第1、2卷（香港：佛教志蓮圖書館、羅時憲弘法基金有限公司，1998年）。

[80] 羅時憲，《能斷金剛般若波羅蜜多經纂釋》和《般若波羅蜜多心經講錄》，編入《羅時憲全集》第3卷（香港：佛教志蓮圖書館、羅時憲弘法基金有限公司，1998年）。

[81] 李潤生，《中論析義》（全兩冊，香港：佛教志蓮圖書館及羅時憲弘法基金有限公司，1999年）。

[82] 李潤生，《百論析義》（全兩冊，臺北：全佛文化，2001年）。

義》[83]，解釋循唯識的角度如何能夠把般若思想的義理更精確地表達出來。只有「空」、「有」兩輪相互配合，佛教的義理方能全面，教徒對佛法的了解才不致偏廢，從而對如何解脫有所把握和得到保障。

總括而言，羅時憲先生認為前人既然已對成佛的道理和途徑作了詳細解釋和說明，吾人乃應對之加以驗證和實踐，反對單憑一己的才智自行摸索解脫之道[84]。這種從強調前人所說而衍生出來的經院學傳統，使佛教法相學會的立論均能持之有據，遂糾正時人浮游無據，對佛理作任意詮釋之弊。因此，我們可言佛教法相學會用以對治「顢頇佛性，籠統真如」的方法，正是從「多聞熏習，如理作意」一途入手，而具體的理路和做法即如上文所述。由此，佛教法相學會創立時的第一個期許即能得以達成，其即把成佛的道理加以解釋，藉以幫助教徒能獲得解脫。佛教的解脫之道既得清晰說明，接著的工作便是把佛教中向被視作不大清楚的地方更作解釋，藉以改善包括中國佛教以內的中國文化，一如下文所論。

第三節：對中國佛教的助益

在進一步討論以前，筆者重申本書視「佛教在中國」和「中國佛教」為兩個彼此相關卻有所分別的概念。前者指印度佛教在中國的情況；後者則是佛教和傳統中國文化接觸後衍生的產物，其是中國文化的一部分，非古印度原有。本書雖強調近現代在華

83　李潤生，《十二門論析義》（香港：佛教志蓮圖書館及羅時憲弘法基金有限公司，2003年）。

84　羅時憲講，陳雁姿等編，《唯識方隅講記（第二冊）》，頁418-419。

佛教面對的問題是「顢頇佛性，籠統真如」，但我們若循更宏觀的角度觀之，則可發現這實非僅是中國佛教的問題，而是中國文化普遍存在的現象。事實上，儒、道等主流傳統中國思想對於吾人的心性、期望達到的境界，以及如何由心性證入相關境界等諸問題便常欠缺清楚的說明[85]。是以，林鎮國先生即指出，佛教在中國歷史上所面對的處境當是中國文化對知識問題的忽視，故強調理性推論和觀察外境的唯識思想難以在漢土生根和發展[86]。若是，則在華佛教的現況實為佛教與中國文化接觸後所發展出來的結果[87]，吾人如要從源頭上改善在華佛教的問題，乃應循根本處著手，此即要改變中國文化中忽視知識的做法，在似乎難以使用理論分析的地方加強理論的分析，或強調中國文化中重視知識的一面[88]。此所以本書第二章言，今人若要闡揚唯識，當不能只是重覆前人的觀點，而應有策略上的調整；至於這一策略上的調整，便是不再強調唯識思想與包括中國佛教以內的中國文化之間的對立，而是展示前者如何補足後者，藉以提升後者的質素[89]。

不少論者均指出傳統中國思想過於重視直覺和體證，以致欠缺清晰和系統的立論。因此，如要改善中國思想，乃有強調理論的必要[90]。的確，如欲改善中國文化，便應針對相關缺點而立

[85] 趙敬邦，《激盪即無礙：佛教與儒道思想的互動》（香港：三聯，2020年），頁170-186。

[86] 林鎮國，《空性與方法：跨文化佛教哲學十四論》，頁17-32。

[87] 釋印順，《中國佛教論集》（北京：中華書局，2011年），頁191-206。

[88] 勞思光，《文化問題論集新編》（香港：中文大學出版社，2000年），頁197-208。

[89] 羅時憲，〈韋達英譯《成唯識論》序〉，收入《羅時憲全集（第十二卷）：詩文　聯語　遺照　墨跡》（香港：佛教志蓮圖書館及羅時憲弘法基金有限公司，1998年），頁71-73。

[90] 參考方東美，《中國大乘佛學（下冊）》，頁386-389；唐君毅，《中華人文與當今世界補編（下）》（臺北：臺灣學生書局，2018年），頁5-10；謝幼偉，〈抗戰七年來之哲學〉，收入賀麟，《五十年來的中國哲學》（上海：上海人民出版

論；若連相關缺點亦未能認清即奢言改善中國文化，則無疑是一種幻想。前文即指出，禪宗的興起與佛教的衰落當有一定關係，因前者使佛教徒變得不重經教和修持，重視推論和實證的佛教宗派從此息微。這一現象所衍生的結果，是近現代在華佛教以淨土宗和禪宗最為興盛[91]，香港佛教的情況亦然[92]。羅時憲先生便認為上述兩宗均未能正視推理和方法，故容易予人迷信和模稜兩可的印象[93]。因此，吾人若要改善在華佛教的質素，從而希望使中國文化的水平能隨之提升，一個最直接的方法便是針對現實情況，著手改善淨土宗和禪宗的立論，藉以讓其能夠擺脫予人訴諸迷信和直覺的印象。

蓋淨土宗是中國民間最流行的佛教宗派之一，主張透過念持佛號往生淨土[94]。由於其似缺乏理論解釋為何念佛即能往生淨土，加上透過念佛以生淨土有借助外力之嫌，與佛教強調自力的情況有所不符，故淨土思想廣被視作僅為吸引教育程度較低者的一種法門，甚至被人視作迷信[95]。佛教法相學會則利用唯識思想，解釋念佛往生淨土的可能性。查吾人念佛以生淨土涉及主體與外境的關係，而唯識思想即強調這一關係的合理性。循常識的角度，淨土思想大致可分為兩類：第一，認為所謂淨土是我們主

社，2012年），頁228-238；張岱年，《中國哲學大綱》（北京：中國社會科學出版社，1997年），頁8。

[91] 參考黃敏浩，〈佛家思想概述——中國佛教的歷史、宗派思想及性格〉，收入楊國榮、溫帶維編，《中國文明與自主之道》（香港：匯智出版，2008年），頁157-191；釋星雲，《佛教史》（臺北：佛教宗務委員會，1999年），頁136-138。

[92] 高永霄，〈香港佛教各宗派弘傳概略〉，《香港佛教》第241期（6/1980）：4-8。

[93] 羅時憲講，陳雁姿等編，《唯識方隅講記（第一冊）》，頁89-90和頁119。

[94] 有關淨土法門的一個簡要介紹，參考陳雁姿，《佛說觀無量壽佛經析解》（北京：宗教文化出版社，2020年），頁1-5。

[95] 對淨土法門的質疑，參考釋印順，《淨土與禪》（臺北：正聞出版社，1992年），頁64-75。

觀的看法，只要吾人心性清淨，則所觀外境無有不淨，禪宗即為持這種淨土觀的代表；第二，認為淨土是理想的世界，其是一客觀的存在。我們透過稱名念佛，諸佛即會引領吾人往生彼地[96]。惟從唯識的角度，以上兩說皆有不足。這是因為唯識思想認為心識的改變有賴外境的存在，非任由一己隨意變化。是以，外境的狀態並不全然是我們的主觀看法。可是，外境畢竟得透過吾人的心識方能呈現，故其影像亦非純然的客觀。若從以上觀點思考淨土思想，則淨土當是由我們的心識共同變現。一方面，淨土確隨吾人一己的程度改善而逐漸出現。在這一意義下，我們是淨土之所以出現的主因；另一方面，諸佛既成就其所變現的淨土，則透過稱名念佛，吾人乃對彼所變現的淨土產生信念，而這些已成的淨土即成為我們得以改善一己水平的增上緣。在這一意義下，淨土思想遂不是迷信，而是有理論的解釋：淨土是吾人與諸佛所共同變現，是我們與諸佛互動的結果。以上是透過唯識思想以解釋淨土信仰的一個簡要說明，其亦幫助解釋何以玄奘、窺基和太虛諸位精通唯識思想的法師，以及羅時憲先生等均信奉淨土思想，尤其著重有賴吾人主動參與建設的彌勒淨土[97]。羅先生即曾講授相傳是窺基所著的淨土典籍《西方要決》，藉以解釋唯識思想與淨土信仰的關係[98]。佛教法相學會並出版《淨土論集》，對以上道理詳加闡釋[99]。以上，乃為透過唯識思想以改善中國文化的一

96 羅時憲講，陳雁姿、鄭明娟編，《西方要決講記》，頁40-50。

97 楊維中，《中國唯識宗通史（下）》（南京：鳳凰出版社，2008年），頁633-642；羅時憲講，陳雁姿等編，《唯識方隅講記（第一冊）》，頁149-151；陳雁姿，〈從《慈恩傳》看玄奘法師的彌勒信仰的弘持〉，《志蓮文化集刊》第11期（2015）：157-178。

98 羅時憲講，陳雁姿、鄭明娟編，《西方要決講記》。

99 李潤生、陳雁姿、尤堅、衍希法師、駱慧瑛、鄭慧儀，《淨土論集》（香港：佛教法相學會，2020年）。

個典型例子。

如果淨土信仰的影響主要在民間或普羅大眾的層面，則禪宗的影響便較集中在學界或知識分子的範圍。蓋禪宗的表達方式言簡意賅，吾人對其所作詮釋的空間甚大，以致常有似是而非的情況出現。羅時憲先生便認為，學佛雖有不同途徑，但當中有兩途徑當較為可取：第一，由原始佛教開始，繼而學習般若思想，最終研習唯識思想。這途徑的好處是循序漸進，研習者能因而打下穩健的根基。弊處卻是必須投入大量時間，現代社會的一般人或未能加以實行；第二，由唯識思想開始學習，再循唯識的角度閱讀般若思想和原始佛教。這途徑的好處是能從一較全面和深入的視域審視不同佛理，不同佛理的特色遂清晰可見。弊處則是唯識思想名相繁多，不宜初接觸佛法者使用[100]。惟不論以何種途徑學習佛法，羅先生認為般若和唯識是研習不同佛教思想的基礎，吾人實不應在對兩者均沒有認識的情況下逕自研究天台、華嚴和禪等宗派的思想[101]。否則，對後者的闡釋乃極容易出現未符佛理的情況，其中尤以對禪宗所作的闡釋為甚[102]。

事實上，佛教法相學會便嘗試用包括唯識思想以內的佛教義理，對禪宗思想作出解讀，以冀改善禪宗在近現代在華佛教的形象。例如羅時憲先生主張，《六祖壇經・行由品》載五祖弘忍法師（601-675）傳法予六祖惠能（638-713）的偈誦「有情來下種，因地果還生；無情亦無種，無性亦無生」，便須循唯識義理方能解通。按羅先生的闡釋，偈誦中的「有情」非泛指一切眾生，而是指有解脫種子者。當有解脫種子的眾生向一善知

[100] 羅時憲講，陳雁姿等編，《唯識方隅講記（第四冊）》，頁1542-1548。
[101] 參考羅時憲，〈學佛〉，收入《羅時憲全集（第十二卷）：詩文　聯語　遺照墨跡》，頁112-114。
[102] 羅時憲講，陳雁姿等編，《唯識方隅講記（第二冊）》，頁418-419。

識問學，該善知識即等同為前者熏習相關的解脫種子。在這一意義下，該善知識即為前來問學的眾生之得以解脫的增上緣[103]。若是，則禪宗不但沒有因為強調一己在開悟上的重要性而忽視外緣，其更承認世上有不具成佛種子的眾生存在，這則加深甚至顛覆了我們對禪宗思想的理解。羅先生便著有〈《六祖壇經》管見〉一文，詳述《六祖壇經》所言自性和悟道後的狀態實與唯識思想所述相符，藉以透過唯識思想補足《六祖壇經》或因表達過於精簡而可能做成的誤會[104]。必須強調的，是本書並非認為只有透過唯識的角度來解釋禪宗思想才是正確，其他不涉唯識思想的解讀便為錯誤；而是要指出透過唯識思想，吾人當可對諸如禪宗等義理作另一番闡釋，從而對後者得到一更全面的了解。循著羅先生的思路，李潤生先生撰有《禪宗公案》一書[105]，憑藉淵博的佛教知識對不少難以理解的禪門故事作出解釋，藉以使禪宗義理不致輕易為人誤會之餘，更能發現當中的奧義。例如《景德傳燈錄．卷八》載有「南泉斬貓」公案，當中述及有兩伙僧人因欲奪得一貓而起爭執，結果精通戒律的南泉普願禪師（748-834）竟把無辜的貓兒斬殺，以息雙方的爭拗。這一公案的內容無疑非常極端，吾人對其所欲表達的義理實甚難理解。李先生卻以《瑜伽菩薩戒》中「善權方便，為利他故，於諸性罪少分現行，由是因緣，於菩薩戒，無所違犯，多生功德」一句作切入點，先言南泉普願的做法是為了讓涉事僧人明白一切事物無有自性的道理，繼而指出如是為了助人開悟而採用激烈的方式，則這不但未有違反

103 羅時憲講，陳雁姿等編，《能斷金剛般若波羅蜜多經纂釋講記（第四冊）》，頁182-183。

104 羅時憲，〈《六祖壇經》管見〉，收入《羅時憲全集（第十一卷）：學術論文集》，頁93-130。

105 李潤生，《禪宗公案》（臺北：方廣文化，2016年）。

菩薩戒律，甚至是為了助人開悟而不惜自己犯下殺戒的大悲表現[106]。若是，則表面不合理的做法遂得一合乎佛法的解釋，其乃大大豐富了吾人對禪門公案的理解和想像；禪宗的義理非可讓人任意闡釋，而是隨著我們對整體佛法的認識有所增加而有待進一步發掘。

討論至此，吾人可見佛教法相學會並非持唯識思想當與傳統中國佛教對立的立場，一如歐陽漸等支那內學院的居士所主張；亦非採太虛法師認為佛教各宗派即為平等的做法，從而輕視了各宗派在價值上的差異。佛教法相學會實是以一不著兩邊的「中道」態度，利用唯識思想改善中國佛教，藉以一方面使唯識思想能成為改善中國文化的資糧而得以保存，另一方面幫助中國文化得以發展。由此，則唯識思想和中國文化乃可共存。的確，「佛教在中國」和「中國佛教」實為一體，但彼此卻有本末之分。最重要的，是善用「佛教在中國」補足「中國佛教」，藉以使中國文化能隨「中國佛教」的改善而有所進步。由此，遂能符合佛教法相學會創立時期望達到的第二個期許，即利用唯識思想以改善中國文化。惟有一點卻值得我們注意：近現代不少宗主儒家價值的思想家均有利用佛教思想來豐富甚至建構自身思想的情況，熊十力、唐君毅和牟宗三等諸位先生即為當中著名例子[107]。但佛教法相學會用以改善中國文化的程度，似僅是限定在利用唯識思想對傳統中國佛教更作解釋，藉以使吾人能對後者有一更為全面和深入的了解，卻非逕用唯識思想改善或補足其他諸如儒、道等傳統中國文化。這一饒有分寸的做法有何意義，便涉及下文將要討

---

[106] 李潤生，《禪宗公案》，頁74-77。

[107] King Pong Chiu, *Thomé H. Fang, Tang Junyi and Huayan Thought: A Confucian Appropriation of Buddhist Ideas in Response to Scientism in Twentieth-Century China* (Leiden: Brill, 2016), pp. 42-50.

論的問題，即佛教法相學會的工作對未來文化建設的啟示。

第四節：為未來文化作預備

誠然，佛教主張緣起性空，故世間的一切現象當沒有永恆不變的本質，當中包括文化[108]；文化既然不斷變化，則新的問題必然出現，並有賴新的方法對治[109]。是以，我們若認為僅把握一既定觀點即能解決吾人所有問題，本身已是一種虛妄。所有的觀點當隨著時代轉變而更新，否則難免出現保守的情況，甚至終為人淘汰[110]。此所以在歷史上，佛教亦因身處不同時空而有形態上的分別，將來亦必繼續變化[111]。因此，我們不能僅是重覆前人所述，因前人的觀點亦受特定的時空所制約，未必全然適用於其他時空；為了對應新的問題，文化當有創新的必要[112]。問題的關鍵，是我們如何使文化得以創新。不少論者均對相關問題有所思考，其中一個重要方法便是借鑒別人的優點來改善自身的缺點[113]，這在近代中國的脈絡而言，主要是「援西入中」[114]；若循如儒家等個別思想的角度出發，則包括「援佛入儒」[115]。以上做

[108] 林鎮國，《空性與方法：跨文化佛教哲學十四論》，頁2。

[109] 勞思光，《歷史之懲罰新編》（香港：中文大學出版社，2000年），頁199-212。

[110] 類似觀點，詳見唐君毅，《生命存在與心靈境界（下）》（臺北：臺灣學生書局，1986年），頁510-517。

[111] Stephen Batchelor, *Secular Buddhism: Imagining the Dharma in an Uncertain World* (New Haven and London: Yale University Press, 2017), pp.3-4.

[112] 方東美，《方東美先生演講集》（臺北：黎明文化，2004年），頁44-46。

[113] Arne Naess and Alastair Hannay, 'An Appeal to the Cramped Scholar by Way of Foreword', in Arne Naess and Alastair Hannay ed., *Invitation to Chinese Philosophy* (Oslo: Universitetsforlaget, 1972), pp. vii-xv.

[114] 彭國翔，《中國哲學方法論：如何治「中國哲學」》（上海：上海三聯書店，2020年），頁57-78。

[115] 參考傅偉勳，〈佛學、西學與當代新儒家——宏觀的哲學考察〉，《二十一世紀雙月刊》第38期（12/1996）：68-79。

法的好處，是一方面可以讓自身文化透過吸取「他者」的優點而得以改善，另一方面則是使「他者」能發掘自身的優點，從而間接幫助其成長，故可說是一雙贏的做法[116]；但相關做法的壞處，是難以僅引入「他者」的優點卻排拒其附帶的缺點。若只引入「他者」的個別觀點，則這一吸收便容易淪為選擇性甚至隨意的挪用，最終必做成穿鑿附會。若是，相關做法便既未能幫助吾人從根本上改善自身文化，亦容易使「他者」受到曲解，以致出現雙輸的情況[117]。然則，文化的創新應如何進行？在討論相關問題時，關子尹先生便借用奧地利哲學家波柏（Karl Popper，1902-1994）「零星工程」（piecemeal engineering）的說法，強調任何大事必由無數小事所組成。換言之，文化的改進不一定要建構宏大的理論系統，而是可以憑藉不同文化之間一點一滴的交流，透過累積心得和經驗，達致彼此的共同成長[118]。這一觀點正好用以解釋佛教法相學會的工作對未來文化建設的意義。

事實上，相對於專研唯識，乃至利用唯識改善在華佛教的質素，佛教法相學會似未有太多針對未來文化更好發展的具體工作。在這一意義下，佛教法相學會似較忽視其創立時的第三個期許，即培養既能出入唯識，又能溝通中西的人物。吾人若論學會成員為了貫通中外文化所作的工作，最明顯的例子似乎只有韋達先生的《成唯識論》英譯本[119]。蓋韋先生是佛教法相學會創立時的副主席，其於香港大學攻讀英國文學，先取得學士學位，再

116 賀麟，《五十年來的中國哲學》，頁17-30。

117 類似觀點，參考勞思光，《中國文化路向問題的新檢討》（臺北：東大圖書公司，1993年），頁50-51。

118 關子尹，《語默無常：尋找定向中的哲學反思》，頁367。另見勞思光，《文化哲學講演錄》（香港：中文大學出版社，2002年），頁xiii-xiv。

119 Tat Wei trans., *Ch'eng Wei-Shih Lun: Doctrine of Mere-Consciousness* (Hong Kong: The Ch'eng Wei-Shih Lun Publication Committee, 1973).

透過研究《周易》取得碩士學位，曾長期擔任何東爵士（1862-1956）的英文祕書。韋先生於一九三五年皈依太虛法師，並於一九五三年開始聽羅時憲先生講授《成唯識論》長逾十年。英譯《成唯識論》一書便是韋先生在課程期間和完結後總共用了接近二十年時間完成，其決意把《成唯識論》的觀點能惠澤英語讀者，為首部完整的《成唯識論》英譯本[120]。誠然，該書未必在唯識的闡釋上有所突破，但其卻可成為英語學界對唯識思想更作研究的資糧，這從英語學界在研究《成唯識論》時，以韋先生的譯本作重要參考一事可知[121]。

的確，佛教法相學會多年來與三輪佛學社及世界佛教友誼會港澳分區總會合辦「佛學星期班」，循思想史的角度系統地講授包括原始佛教、部派佛教、般若、唯識，乃至密宗等各種佛教思想，讓公眾得以較全面地了解佛教思想的發展，從而了解每一階段的佛理。學會更開辦各種題材的課程、讀書會和公開講座[122]，凡此舉措不僅有助提升大眾對佛教的認識，亦旨在培訓弘法人才，當中目的與其說是要短期內改善包括佛教在內的文化現狀，倒不如說是為未來的文化能有所發展作好準備[123]。羅時憲先生即明言他並不追求聽課者的人數，最重要是有人把正法繼續講下去[124]。事實上，假若講論的所謂佛法本身即缺乏道理，則縱有

---

[120] 以上所述，見該書譯者簡介及譯者序言，Tat Wei trans., *Ch'eng Wei-Shih Lun: Doctrine of Mere-Consciousness*, pp. XXI-XXIV. 另見高永霄，〈悼念韋達居士〉，《香港佛教》第210期（11/1977）：14-15；高永霄，〈英譯「成唯識論」出版十週年〉，《香港佛教》第291期（8/1984）：23-24。

[121] 例子見Dan Lusthaus, *Buddhist Phenomenology: A Philosophical Investigation of Yogācāra Buddhism and the Ch'eng Wei-shih Lun* (London: Routledge, 2013).

[122] 相關資料，可參考佛教法相學會網頁https://www.dhalbi.org/.

[123] 羅時憲講，陳雁姿編，《成唯識論講記——附《百法明門論》略析》，頁245-251。

[124] 羅時憲講，陳雁姿等編，《能斷金剛般若波羅蜜多經纂釋講記（第四冊）》，頁403。

多人宣講，亦不必能對治任何問題。反之，更有可能助長各類歪風；如果所承傳者確有道理，那麼歪理及由其衍生的問題終會消失，社會風氣亦由此得到改善[125]。每一講者和聽者的背景和水平既有不同，佛教對每人的刺激乃應有異。換言之，每人均可從佛法中找到自己所需的資糧，而佛法對文化的貢獻遂永遠開放。因此，持續地講授和研習佛法終有助培養出新的文化[126]。在這一意義下，佛教法相學會的授課無疑是為未來文化能有一更健康的發展埋下種子，當外緣成熟，即能得出相應的結果；而非強行標新立異，刻意創造一套龐大的理論系統以解釋各種問題，卻反而衍生新的爭議[127]。

除了有系統的著作和講授外，佛教法相學會的成員亦澄清他人對玄奘一系唯識思想存在的誤解[128]，並對佛教中或較易為人忽視的題材作出補充[129]，更對有待開發的範疇加以探索[130]。凡此，足見佛教法相學會的工作實非常多元，並不囿於唯識一途。學會期刊《法相學會集刊》即收錄佛教法相學會歷年不少工作成果，

---

125 唐君毅，《書簡》（臺北：臺灣學生書局，1990年），頁506。

126 類似觀點，參考李潤生，《生活中的佛法——山齋絮語》（臺北：全佛文化，2000年），頁202-205；陳雁姿，〈佛教辯道學的方法與精神〉，《志蓮文化集刊》第8期（2012）：131-151。

127 更多討論，見勞思光，《中國文化路向問題的新檢討》（臺北：東大圖書公司，1993年），頁193-195。

128 例子見李潤生，〈轉識成智困難的辨解〉，《法相學會集刊》第6輯（2008）：1-46；李葛夫，〈月稱《入中論》辯破唯識無境之探究〉，同上書，頁47-92。

129 例子見陳森田，〈僧肇的聖人觀念〉，《法相學會集刊》第7輯（2013）：95-119；辛漢威，〈開寶梵本《大佛頂白傘蓋陀羅尼輪曼茶羅》解讀——兼與普通真言藏梵本、房山石經不空譯本之比較〉，《法相學會集刊》第8輯（2018）：19-100。

130 例如李葛夫博士便應用人文主義地理學研究佛教建築和園林藝術，並於《志蓮文化集刊》發表多篇相關文章。詳見何三，〈李葛夫老師：弘法道心　青春自在〉，《溫暖人間》第599期（8/2022）：12-19；陳達志先生則長期任臨終關懷義工，利用佛法幫助病人以得善終。詳見蔡淑儀，〈陳達志居士逾30年菩薩行〉，《香港佛教》第742期（3/2022）：18-24。

大眾可在公共圖書館和各大學圖書館查閱。也許，佛教法相學會在表面上並未就未來的文化建設提出太多雄圖大略，但其卻以一細水長流的務實態度和作風為文化作出貢獻。在很大程度上，這一做法或比試圖建構複雜的哲學系統來解決文化問題更能收穩健和長遠的功效[131]。若是，則佛教法相學會無疑就其創立時的第三個期許作了大量工作，只是這些工作或以較潛藏的形式進行而已。

以上，即嘗試循一系統的方式把佛教法相學會的工作加以介紹。我們在理解相關工作的大概情況後，即能按之對佛教法相學會的成績作出評價，並提出一些既建基於現實，又不失理想的發展建議。

第五節：小結

誠然，上文所述僅是筆者根據佛教法相學會的成立目的，而對其主要工作所作的一個簡單介紹。當中對學會有關諸如八識屬性或「心所」的內容、種子「熏習」與「熏生」的分別、有漏種子和無漏種子的關係、「一闡提」（icchāntika）能否成佛、有關「心法」、「心所有法」、「色法」、「心不相應行法」和「無為法」等「五法」的分類、「三性」與「三無性」的特性，以及因明的「宗過」和「因過」的論證等較複雜及富技術性議題的討論，均因為已溢出本書的性質而未有觸及，而只能留待另文及不同範疇的專家學者更作評論。惟單憑以上的簡單介紹，相信已能為讀者帶出佛教法相學會所作工作的一個重要特色：解脫當

[131] 更多討論，請參考拙文〈中國哲學研究方法論再議——論關子尹教授對西方哲學所作詮釋的啟示〉，《鵝湖月刊》第573期（3/2023）：39-50。

有道理可說，有典籍可依，並有步驟可循，卻不是訴諸直覺，或動輒以不可說和不可思議為借口，從而任由一己的主觀意願以行事。在這一意義下，佛教法相學會的貢獻正是讓在華佛教久未能出現的「知識論轉向」得以在香港這片土地的佛教界生根。透過重新發現佛教的智性傳統，對治近現代在華佛教普遍思想貧乏的困境，情況即像藏傳佛教的格魯派利用經院學來糾正其他教派的反智傾向，藉以使整體的藏傳佛教能有一更健全的發展一樣[132]。唐君毅先生曾說知識分子有兩類：一種是只懂利用時勢，另一種則是創造時勢[133]。吾人當可言，羅時憲先生在數十年前即決意在香港弘揚唯識，正是開創時局的表現；佛教法相學會的工作對於在華佛教而言，意義乃不可謂不大。

事實上，筆者相信凡是從佛教法相學會學習過的人士，當能正視知識在成佛上實扮演重要的角色，而未能輕易服膺欠缺道理的弘法方式和所傳佛理。若以上的分析正確，則香港的佛教可說已由原本較屬民間信仰的迷信，轉變為以哲學為基礎的智信，並使佛教能真正成為改善中國文化和豐富人類文明的資糧，而佛教法相學會即在這一過程中肩負起主要的角色。但值得注意的，是任何文化事業均有其特色，故亦必有強項和不足，佛教法相學會亦不例外。因此，佛教法相學會如要更有發展和貢獻，便當認清自身的強項和不足，而不能停留在現有的成績。下一章即討論相關強項和不足，藉以為學會的未來方向稍作建議，並冀能幫助在華佛教有一更全面的發展。

---

132 José Ignacio Cabezón, *Buddhism and Language: A Study of Indo-Tibetan Scholasticism* (New York: State University of New York Press, 1994), pp.11-26.

133 唐君毅，《中華人文與當今世界補編（下）》，頁644-646。

第五章：結論

第一節：學會的性格

綜合各章所述，我們已知闡揚唯識、居士弘法和香港角色等三個元素在近現代在華佛教中實有著重要地位，而作為具備以上三個元素的佛教法相學會於吾人了解近現代在華佛教的處境而言，可謂非常關鍵。因此，佛教法相學會的歷史與發展當有值得我們更作認識的必要。但唯識雖然重要，其義理卻非全無爭議；居士雖然重要，其地位亦是機緣所致；香港雖然重要，其環境亦非永恆如此。假如佛教法相學會的特色亦沒有獨立不變的本質，則學會固然沒有一成不變的理由，而是應隨著時代的轉變而有所發展。換言之，佛教法相學會如要對佛教以及文化繼有貢獻，便得與時並進，不能停駐於現有階段。惟學會當朝什麼方向發展卻得建基於現實情況，不能憑空想像；而現實情況則不能離開學會本身的性格，否則佛教法相學會亦不再是為人熟悉的那個團體[1]。是以，吾人若要為佛教法相學會提出合理建議，實該循認清學會的性格開始。

誠如第一章所言，佛教法相學會是一個以弘揚唯識思想為職志的佛教組織。這一定位遂使學會必然涉及兩重性格：宗教與

[1] 最簡單的例子，是佛教法相學會當不能為了發展而走諸如放棄弘揚唯識或行庸俗路線等方向。一旦其朝這些方向以發展，則佛教法相學會便恐怕不再是前文所討論的那一個團體。

學術。按佛教法相學會雖然主要鑽研極具理論性和學術性的唯識思想，但其研習唯識的目的是為了對治近現代在華佛教面對的問題，藉以幫助教徒能更有把握地得到解脫，從而使在華佛教有重新振作的機會，以及讓佛教能對人類文化更作貢獻。換言之，佛教法相學會對於唯識的態度遂非純粹的學術追求，而是有著明確的宗教目的。嚴格而言，一個學術機構不應預設宗教立場。最少，其當能對不同宗教立場抱持開放的態度，而不以宣傳特定宗教立場為目標[2]；惟一個宗教組織卻必有其宗教立場，當中雖仍可就各種議題有著討論空間，但相關討論卻應是以達到或不違反該宗教立場為目標和界限，一如歐陽漸主張的「結論後之研究」所述。事實上，歐陽漸的主張與中世紀歐洲的經院哲學言「哲學為神學之婢女」可謂有著一定程度的相似性。蓋中世紀歐洲的經院哲學雖強調理性的重要，但其工作主要是把本為信仰的對象改變成一知識的對象，理性的適用範圍只是用以證明上帝的存在，而非用以質疑上帝的權威[3]。在這一意義下，理性的使用實有底線，同樣情況亦存在於「結論後之研究」這一主張中。的確，歐陽漸有關佛學的研究是以達致佛教的結論為目的，但佛教的組成部分畢竟涉及信仰的元素，恐非全然能透過理性證明，此所以佛教強調「信」、「解」、「行」、「證」，學佛當以起信為先[4]。最典型的例子，是我們如從理論的角度出發，則輪迴和阿賴耶識等可說僅是佛教的預設，一人大可不必認同；但吾人若循

---

2 Alec Vidler, 'The Future of Divinity', in J. H. Plumb ed., *Crisis in the Humanities* (London: Penguin, 1964), pp. 82-95.

3 參考勞思光，《哲學問題源流論》（香港：中文大學出版社，2001年），頁163-168。

4 更多討論，見釋印順，《人間佛教論集》（新竹：正聞出版社，2007年），頁218-221。

宗教的角度出發，則輪迴和阿賴耶識便無疑是佛教信仰的一部分，其涉及個人的宗教體驗[5]。佛教法相學會既是一宗教組織而非純然的學術機構，則它對唯識甚至其他佛理的探討便是以幫助吾人達到相關宗教目的為依歸，而非為了尋求知性上的滿足。是以，我們遂不宜以評價一學術機構的標準來衡量它的工作價值。佛教法相學會是一宗教組織而非學術機構，這是吾人必須認清的第一點。

惟值得注意的，是佛教法相學會的創立雖是基於宗教理由，但唯識思想強調推理和實證，故其性質又可謂甚接近學院意義下的哲學[6]。由此，乃使佛教法相學會與不少以信仰為主軸的宗教組織有所分別，以致我們或難免用學術的標準來對其加以衡量。的確，羅時憲先生便指出很多人誤會唯識思想只講理論，不涉修行[7]，而唯識思想在中國佛教史中亦向來僅為少數人垂青的專家之學，並未受普羅大眾的特別注意[8]。在很大程度上，唯識思想確容易因其理論的繁複而使人忽視了它的宗教性質。基於唯識思想的理論性和學術性，吾人乃不能以討論唯識是以達到宗教目的為理由，從而迴避了學術的規範和要求[9]；反之，當有更留意學術發展以能對各種涉及唯識的議題作出回應的必要。佛教法相學

5 羅時憲講，陳雁姿等編，《唯識方隅講記（第二冊）》（香港：佛教法相學會，2020年），頁597-598；羅時憲講，陳雁姿等編，《唯識方隅講記（第四冊）》，頁1507-1510。

6 按所謂學院意義下的哲學，強調的正是理論的嚴謹。參考關子尹，《從哲學的觀點看》（臺北：東大圖書公司，1994年），頁1-21。

7 羅時憲講，陳雁姿等編，《唯識方隅講記（第二冊）》，頁422。

8 黎耀祖，〈唐代唯識學衰落原因之探討〉，《能仁學報》第10期（12/2004）：71-89。

9 有關觀點，參考P. Griffiths, 'Buddhist Hybrid English: Some Notes on Philosophy and Hermeneutics for Buddhologists', *Journal of International Association of Buddhist Studies* vol. 4, no.2 (1981): 18-19.

會是一具學術性格的宗教組織，為我們必須認清的第二點。

蓋如何使信仰符合學術標準，以助信仰不致淪為主觀和獨斷；又如何在符合學術標準下追求信仰，以令學術不致成為虛無和戲論，一直是宗教教育面對的難題[10]。由於佛教法相學會是宗教組織，故不能純粹以學術標準加以衡量；但因其工作甚具學術色彩，故不能以信仰為由拒絕學術討論。具備宗教和學術兩重性格，是佛教法相學會的複雜之處；怎樣調和兩重性格，則涉及學會的未來發展。誠然，如果一個強調學術工作的宗教組織不能回應學術的規範，或一個有著宗教目的之學術機構不能滿足宗教的需要，則對於相關團體而言均是一尷尬的問題。下文將指出，不論循宗教還是學術的角度，佛教法相學會的工作均有其得失；如何在相關得失中前行，則是本書最後要討論的議題。

第二節：殊勝及局限

事實上，唯識思想強調循經驗世界出發以作思考，反對從不符現實的角度來討論解脫的問題。如果我們認為唯識的進路是務實的表現，則亦宜由實際的處境來評論佛教法相學會的工作，這樣才能對學會給予公允的評價和合理的建議。至於佛教法相學會的實際處境，即為前文所述的兩重性格，而這兩重性格之所以必須，是因其有助對治近現代在華佛教「顢頇佛性，籠統真如」的情況；只有改善相關情況，佛教徒才有望獲得解脫，在華佛教才有發展的希望。的確，就佛教的情形而言，若僅有學術討論而沒

[10] 更多討論，參考唐秀連，〈「學術的佛教教育」在價值多元化社會的定位與取向〉，收入學愚編，《佛教文化與現代實踐》（香港：中華書局，2014年），頁173-214。

有宗教目的，則更具學術性的討論亦可以僅是戲論；如只有宗教目的而缺乏學術支持，則再堅定的信仰亦可以只是迷信。足見宗教和學術實可互補不足，甚至相輔相成。但互補不足的前提，是先承認各自的不足；相輔相成的可能，則更是在克服了彼此的不足後方能出現的結果。然則，從宗教和學術的角度觀之，佛教法相學會的工作有何殊勝和局限？

循學術的標準，佛教法相學會的工作或容易為人質疑的地方，是其使用的研究方法過於傳統，以致未必適合現代學界的潮流。如前文所述，佛教法相學會的研究方法主要建基於經院學的傳統，具體的做法則包括家法、科判和因明。這些方法的好處，固然是使有關佛法的闡釋能有文獻的根據，對相關根據則有具體的解釋，而有關解釋均符合理性和經驗的要求。簡言之，經院學的研究方法有助保證吾人對經論的解讀有一定的規範，避免人們對一文本作過度的詮釋[11]，從而達到「結論後之研究」的效果。惟循詮釋學的角度，這一研究方法卻有一定理論困難。以家法為例，家法雖憑藉「經」、「論」、「注」、「疏」、「鈔」等層層互讀的方式，確保吾人對一文本的解讀當合乎或不違前人的意思，但在一文本闡釋者必然是根據一己的前見以對文本作出闡釋的前提下，「注」實已涉及闡釋者對「論」的個人解讀，「論」亦不離闡釋者對「經」的主觀理解。若是，則家法縱能減低我們對一文本作任意闡釋的主觀性，但其反映的客觀性卻恐怕並非如設想般堅實。每一次對文本所作的解釋，均是闡釋者的一次創造性閱讀[12]；由不同人士對一文本所作闡釋而衍生出來的傳統，實

[11] 參考Jonathan Culler, 'In defense of overinterpretation', in Umberto Eco *et al.*, *Interpretation and Overinterpretation* (Cambridge and New York: Cambridge University Press, 1992), pp.109-124.

[12] Donald S. Lopez, Jr., 'On the Interpretation of the Mahāyāna Sūtras', in Donald S.

已滲入不同時空的人士對該文本所作的不同理解，故難以把某一種闡釋視為對該文本的權威看法[13]。吾人若要對一文本有全面的把握，僅憑經院學的做法當有不足，而更應有語言學、文獻學、歷史學甚至哲學等多方面的知識作配合，方能較準確地知悉一套思想的意思。事實上，上述觀點引伸的一個效果，正是挑戰在闡釋一文本上有所謂權威的存在。藉著人們對一文本呈多角度的解讀，一文本及其所承載的思想方能保持活力[14]；如果對一文本及其所反映思想的闡釋過於單一，則容易使之漸趨保守，以致失去認識其他觀點的興趣。事實上，我們可發現當代學界對唯識思想實呈多元的解讀，以致對諸如地論宗和攝論宗、安慧，以及同屬玄奘門下的韓國僧人圓測（613-696）等華人學界的非主流議題均有長足的研究[15]，而這些研究在不同程度上實有助吾人對玄奘一系的唯識思想作進一步的了解。惟佛教法相學會對語言學、文獻學、歷史學和哲學等學問在闡釋一文本時所扮演的角色似相對未予太大重視，亦未有參考太多現今學界涉及唯識的研究成果。凡此，均使學會的工作與現代學術的主流顯得不大相應，其亦限制了學會的視野。如何既重視前人觀點，又能使一理論更有發揮，涉及一套思想能否適應時代的問題[16]，其迫切性實值得我們

Lopez, Jr. ed., *Buddhist Hermeneutics* (Honolulu: University of Hawaii Press, 1988), pp. 47-70；Jacqueline G. Suthren Hirst, 'On Burglars and Makers of Links: Tradition and the Reuse of Indic Texts', *Religions of South Asia* vol. 6, no. 2 (2011): 149-160.

[13] 類似觀點，詳見 Stefano Zacchetti, *The Da zhidu lun* 大智度論 (**Mahāprajāpāramitopadeśa)* *and the History of the Larger Prajñaparamita: Patterns of Textual Variation in Mahāyana Sūtra Literature* (Bochum: Projektverlag, 2021), pp. 67-82.

[14] 張鼎國，《詮釋與實踐》（北京：商務印書館，2016年），頁147-178。

[15] 參考劉宇光，《量論與識論：佛教哲學研究回顧》（臺北：藏典出版社，2024年），尤單元二。

[16] 龔雋，《禪史鈎沉——以問題為中心的思想史論述》（北京：三聯書店，2006年），頁432-442。

正視。

惟從宗教的角度，宗主特定觀點能為教徒提供一明確的修持方向，這做法實為必要。按宗教應有明確目的，達到該目的便要有相應手段，而手段當不能離開實際處境。吾人固然可以對一宗教的目的是否合理，什麼手段方能達到相關目的，以及這些目的和手段與我們實際生活有何關係等議題作出討論，但相關討論最終還是以完善該宗教的內涵為目標。換言之，宗教信仰才是目的，學術討論只是手段；學術討論是為了認識宗教信仰，宗教信仰的穩固有益於學術討論[17]。可是，有一點卻值得注意：多元的討論雖有助我們對一宗教更作認識，但不一定有助吾人鞏固對它的信仰[18]；一人縱然緊貼學術發展，並能掌握不同用以闡釋佛家思想的方法，卻不代表即能臻至解脫這一宗教目的。佛教實有其自身的問題意識和研究方法，並不能為其他問題和方法取代[19]。在這一意義下，佛教法相學會的經院學方法可謂緊扣佛教的宗旨而立論，有利達到佛教自身的宗教目的。的確，循學術的角度觀之，經院學傳統所呈現的保守一面或有值得批評的地方；惟相關方法如能為教徒指出一明確的修持方向，從而避免因人殊人異所產生的迷妄，則循宗教的角度，其遂為一值得肯定的做法。我們若明白佛教法相學會是一有著學術性格的宗教組織，便當知道學術討論只是為了幫助達到宗教目的。吾人若同意成佛當有理論可循、中國佛教應有待改善，乃至佛教對人類社會可更有貢獻，則

---

17 Frederick J. Streng, *Understanding Religious Life* (Belmont: Wadsworth Publishing Company, 1985), pp. 145-154.

18 John B. Thompson, 'Editor's Introduction', in Paul Ricoeur, John B. Thompson ed. and trans., *Hermeneutics and the Human Sciences: Essays on Language, Action and Interpretation* (Cambridge: Cambridge University Press, 2016), pp. xi-xxxvii.

19 上田義文著，陳一標譯，《大乘佛教思想》（臺北：東大圖書公司，2002年），頁49-62。

佛教法相學會的工作便有值得借鏡的地方；除非我們能夠指出學會的工作如何未能達到相關宗教目的，否則，當沒有理由因為現有做法未有兼及其他學術討論而對之作出批評。不然，便是本末倒置。

誠如第四章指出，一工作若能滿足其所作的目的，則吾人便不應依據其他評價標準而輕言這些工作即為失敗；反之，若一工作未能回應其所作目的，則我們縱能循其他標準以稱許相關工作，但這些工作仍難以被視作成功。有學者即認為佛教研究當不能離開它身處的實際處境[20]，佛教法相學會的創立既是為了對治近現代在華佛教「顢頇佛性，籠統真如」的困局，那麼我們便應思考怎樣的研究方能有效對治相關問題。換言之，多元的闡釋和新穎的方法如未能對治近現代在華佛教的問題，則循宗教的角度觀之，相關闡釋和方法亦可謂沒有多大價值；如單一的進路和傳統的做法有助解決問題，那麼其便值得吾人肯定[21]。若是，則佛教法相學會在學術標準下所呈現的困難，卻可以是滿足了宗教上的要求，而不必為人所批評。

可是，以上觀點雖有助解釋佛教法相學會的工作在宗教上的意義，惟其卻非全然正確。這是因為經院學的做法縱能幫助教徒在個人層面上達到宗教目的，但並不一定有助佛教回應當代的各種議題[22]；假如佛教未能回應當代社會的需要，則終難逃為人淘汰的結局，一如國民政府時期太虛法師、歐陽漸和呂澂先生等

---

20 Thomas A. Tweed, 'Theory and Method in the Study of Buddhism: Toward "Translocative" Analysis', *Journal of Global Buddhism* vol. 12 (2011): 17-32.

21 類似觀點，更見林鎮國，《空性與方法：跨文化佛教哲學十四論》（臺北：政大出版社，2012年），頁v。

22 釋太虛，〈我的佛教改進運動略史〉，收入釋印順編，《太虛大師選集（下）》（新竹：正聞出版社，2013年），頁257-309。

人所認為。若是，佛教乃有更好地反省如何在現今社會自處的必要[23]。事實上，我們即使撇除前文有關任何注疏均是闡釋者對文本的主觀解讀等理論問題，而可相信經院學的做法能夠保證今人得出符合或不違前人觀點的立場，但家法既自成一系統，便必然衍生系統的內外之分。系統內的人士如何有效與系統外的人士溝通，從而確保家法不致淪為自說自話的封閉系統，實為一有待解決的問題[24]。的確，前人雖有所說，但亦必有未說。畢竟吾人身處時代與前人不同，前人的觀點對於我們現在的處境是否全然適用，實屬可疑；一旦前人未有對今人面對的問題有所討論，則強調甚至宗主前人觀點的研究方法是否可以幫助吾人回應當代問題，便有待考察[25]。誠然，不論是宗教發展還是學術討論皆是建基於現實情況來進行[26]，隨著全球訊息日益流通和政經問題日漸複雜，任何價值觀均有與他者溝通和利用自身觀點貢獻各種議題的必要。此所以當代才有不少跨領域和跨宗教的對話[27]，以及佛教倫理學等應用色彩鮮明的佛學研究的出現[28]。惟吾人若僅著眼於家法等經院學方法，乃容易忽視甚至排斥家法以外的觀點，以致未能積極參與諸如科學與宗教或佛教與基督教等跨領域溝通，亦不易回應家法未有提及卻與現代人息息相關的諸如氣候危機和

23 周慶華，《佛學新視野》（臺北：東大圖書公司，1997年），頁21-37。

24 參考關子尹，《語默無常：尋找定向中的哲學反思》（香港：牛津大學出版社，2008年），頁54-57。

25 木村泰賢，〈佛教研究之大方針〉，收入張曼濤編，《佛學研究方法》（臺北：大乘文化出版社，1978年），頁93-113；方東美，《中國大乘佛學（下冊）》（臺北：黎明文化，2004年），頁322-323。

26 勞思光，《危機世界與新希望世紀——再論當代哲學與文化》（香港：中文大學出版社，2007年），頁124-125。

27 劉述先，《全球倫理與宗教對話》（臺北：立緒文化，2001年），頁175-202。

28 例子見Peter Harvey, *An Introduction to Buddhist Ethics: Foundations, Values and Issues* (Cambridge: Cambridge University Press, 2000).

人工智能對人類文明的挑戰等問題[29]。若以上的分析正確，則在多元對話和回應當代議題已是大勢所趨的前提下，建基於經院學的研究便不易追上時代需要。簡言之，對經論的解讀須按時代需要而有創新的必要。否則，將對整體佛教的發展相當不利[30]。

但上述有關宗教的缺點，在學術上亦可以是一優點，因傳統的研究方法實為一切涉及佛教的學術討論提供了穩固基礎。蓋一宗教的發展應依據該宗教的核心思想，我們若連一宗教的核心思想也未能掌握，便輕言發展該宗教，則所謂發展亦容易誤入歧途，甚至淪為以宗教之名謀取各種利益為實[31]，可見把握一宗教的核心思想如何重要。這一原則，當同樣適用於有關佛教的學術討論。按循學術的角度，跨領域的對話和對現代議題的回應固然有其需要，但相關對話和回應必須建基於對自身思想有正確的了解。假使我們根本未能認清一己的局限和價值，則所謂跨領域的對話和現代應用亦無異於各說各話和穿鑿附會。若是，則相關討論亦不見得即有學術價值[32]。在一次私人對話中，唐君毅先生曾告訴李潤生先生，言只有對一套學問有正確的了解，方能與其他思想會通。否則，所謂會通儒佛思想或東西文化云云亦無異於附會，並說羅時憲先生能對佛典有正確理解，甚為難得[33]。在很大程度上，經院學的研究方法雖不利創新，但佛法之得以發展卻不

---

29 類似觀點，參考李志夫，《晚霞集》（臺北：法鼓文化，2019年），頁239-270。

30 參考The Dalai Lama, H. E. Dagyab Kyabgön Rinpoché ed., Gavin Kilty trans., *The Fourteenth Dalai Lama's Stages of the Path Vol.1: Guidance for the Modern Practitioner* (Somerville: Wisdom Publications, 2022), p. 163.

31 釋印順，《遊心法海六十年‧契理契機之人間佛教合刊》（新竹：正聞出版社，2014年），頁110-115。

32 參考蔡耀明，《般若波羅蜜多教學與嚴淨佛土：內在建構之道的佛教進路論文集》（南投：正觀出版社，2001年），頁1-15。另見彭國翔，《中國哲學方法論：如何治「中國哲學」》（上海：上海三聯書店，2020年），頁88-90。

33 李潤生，〈微言憶錄〉，《毅圃》第8期（12/1996）：29-30。

是只賴創新，而更是能在義理上固本培元，藉以減少人們對佛法的誤解，繼而在穩健的基礎上尋求突破[34]。換言之，嶄新的討論雖有助吾人對佛法有另一翻了解，惟這卻不能推斷出傳統的研究方法便沒有價值。如果傳統的研究方法有助我們對佛法有一穩健的理解，則其便為佛法之得以繼續發展的必要條件。是以，新舊兩種研究方法並非二元對立，而是可以互相配合[35]。佛教法相學會雖暫未有志於從事與他者對話或利用佛法回應各種當代議題，但其工作卻有助使相關討論變得更為扎實，從而避免空洞無物或似是而非的立論。在這一意義下，學界也應更多地參考學會的工作，因後者對於他人能在佛學研究上取得突破，實為重要的助緣[36]。

綜合以上所述，吾人可見對於同一議題，循不同角度觀察實可得出不同評價。因此，大部分議題當沒有簡單直接或非此即彼的答案。不論是循宗教還是學術的角度，佛教法相學會的工作均有其得失和利弊。從宗教的角度看或是優點的地方，在學術的角度而言則可以是缺點；反之亦然。佛教法相學會既有著宗教和學術兩重性格，則這是否意味其工作雖有價值但卻必有所不足？或許，認清自身工作的價值和不足只是吾人今後工作的第一步，更重要的是如何發揮相關價值並改善不足，這才是一文化事業之得以繼有進步的不二法門[37]。由此，即把本書的討論帶到最後一節：佛教法相學會未來如何在法海上更作前行，以能對佛教作出

34 釋印順，《教制教典與教學》（新竹：正聞出版社，2003年），頁150-153。

35 朱文光，《佛學研究導論》（臺北：文津出版社，2008年），頁4。

36 類似觀點，參考龔雋、陳繼東，《作為「知識」的近代中國佛學史論：在東亞視域內的知識史論述》（北京：商務印書館，2019年），頁222-240。

37 勞思光，《中國文化路向問題的新檢討》（臺北：東大圖書公司，1993年），頁191-193。

更大貢獻。

第三節：法海中前航

事實上，早有論者指出學術研究不應滲入個人情感或立場，以免破壞學術的客觀性[38]；而個人信仰是否可用學術來加以討論，亦是宗教人士常有的疑慮[39]。在一定程度上，宗教和學術似乎有著一種張力，兩者難以輕言共存。惟我們卻可思考以下問題：個人信仰可否幫助吾人更熱切和認真地追求有關該宗教的知識？另，宗教的知識又會否堅定我們的個人信仰，甚至有助達到該宗教的目的？如果以上問題均有機會得出正面答案，則吾人便不應只循宗教和學術當為對立的一面立論，而是可以多循相反方向來尋求彼此的共存之道。誠然，一人可因有宗教信仰的支持，而更認真地從事相關的學術研究，藉以使後者不致成為戲論；一人亦可因有學術研究的支持，令其宗教信仰更經得起理性的考驗，從而使後者不致淪為迷信。因此，宗教和學術不必處於對立位置，兩者的分別所構成的矛盾當只是「人病」而非「法病」；隨著我們胸襟的開闊和視野的擴大，宗教和學術得以共存的可能性亦隨之增加[40]。若是，則兼具宗教和學術兩重性格於一身的佛教法相學會便不一定存在前文所述的各種問題；反之，其更可以是有著其他宗教組識或學術機構所無的優勢。

誠如各章指出，佛教法相學會認為回到那爛陀寺的傳統有

38 劉笑敢，《詮釋與定向——中國哲學研究方法之探究》（北京：商務印書館，2009年），頁2-7。

39 參考水野弘元著，李立東譯，《經典成立史》（上海：華東師範大學出版社，2017年），頁37-38。

40 更多討論，請參考拙文〈中國哲學研究方法論芻議——反省劉笑敢教授「反向格義」與「兩種定向」的觀點〉，《鵝湖學誌》第62期，2019年6月，頁127-160。

助教徒臻至解脫，故其強調經院學的研究方法，反對人們就經論作任意闡釋。換言之，對經院學傳統的重視，是為了保證解脫能夠實現，而學術討論的動機僅是要實現宗教目的，而非純粹尋求知性上的滿足。宗教有賴學術，學術有助宗教，可謂佛教法相學會對文本闡釋所取的基本立場。由此，對文本作出闡釋乃為一兼具宗教和學術兩重性質的活動。按宗教哲學家傅偉勳（1933-1996）曾提出「創造的詮釋學」一說，主張我們對文本的闡釋該有「實謂」、「意謂」、「蘊謂」、「當謂」和「必謂」等階段或層次。大致而言，「實謂」指文本實際表達什麼；「意謂」指文本想要表達什麼；「蘊謂」指文本可能表達什麼；「當謂」指文本應當表達什麼，以及「必謂」指文本於現在必須表達什麼[41]。明顯地，以上的闡釋階段或層次是由吾人應對文本有基本乃至準確的掌握，到對文本要有合理發揮的一個過程[42]。的確，我們若對一文本缺乏掌握，則遑論對之所反映的思想更作發揮；但吾人假如不能對一文本所反映的思想更作發揮，亦難言對該文本真有掌握[43]。是以，我們對一文本有了一定的掌握後，便當思考如何更好地把相關思想表達出來，藉以發掘其當代意義；吾人在發揮相關思想時，該注意所表達的義理是否有著文本根據，避免提出違反文本的意見[44]。我們若從以上思路反省佛教法相學會的工作，便能對學會往後的發展方向有一大致認識。

41 詳見傅偉勳，《從創造的詮釋學到大乘佛學》（臺北：東大圖書公司，1999年），頁1-47。

42 李賢中，《中國哲學研究方法的可能之路》（臺北：台大出版中心，2022年），頁319-329。

43 Étienne Lamotte, 'The Assessment of Textual Interpretation in Buddhism', in Donald S. Lopez, Jr. ed., *Buddhist Hermeneutics*, pp. 11-27.

44 唐君毅，《中華人文與當今世界（上）》（臺北：臺灣學生書局，1988年），頁386-405。

理論上，佛教法相學會的工作主要集中在探討一文本實際表達什麼的「實謂」層次，其好處是幫助其他涉及佛教的討論和實踐均變得穩健，從而避免出現浮游無據的觀點和做法，一如前文所述；但學會暫未完成太多有關其他諸如「意謂」、「蘊謂」、「當謂」和「必謂」等層次的工作，故亦減低了其與他者溝通和回應當代議題的能力。實際上，佛教法相學會的一大貢獻是把作為專家之學的唯識思想帶入社區，從而使香港的佛教界能出現華人歷史中罕見的「知識論轉向」；惟由於未有太大動力從事「實謂」層次以外的工作，學會的價值亦暫未能為學界有進一步的認識。誠如前一章所述，羅時憲先生並非志在尋求唯識祖師的「原意」，故在原則上，他對佛典的闡釋不會只是停留在「實謂」的層次；羅先生既主張討論佛法應「以理為宗」，不能墨守前人所說，則他更不會反對吾人按實際需要就佛典作更多層次的闡釋。事實上，羅先生承認唯識思想亦非正宗，其是後人對佛法所作的闡釋[45]。在很大程度上，唯識思想即為無著和世親等人按當時印度社會的需要而對佛法所作的發揮，故可謂是一屬於「必謂」層次的活動[46]；大乘菩薩既在現實世界中磨鍊而成，其在解脫後還會繼續助人朝解脫的方向前進，故當積極學習不同思想，藉以對世界的事物更作認識，以能有效渡化眾生[47]。凡此，均說明佛教法相學會並非僅重視「實謂」層次的工作，其亦不會反對就佛典進行諸如「必謂」等層次的闡釋，此所以學會才有對將來的人材當能出入唯識和溝通中西的期許。佛教法相學會只是反對吾人對佛法作任意的闡釋，卻非反對我們對佛法更作合理的發揮；其工

45 羅時憲講，陳雁姿等編，《唯識方隅講記（第一冊）》，頁300。
46 傅偉勳，《佛教思想的現代探索》（臺北：東大圖書公司，1995年），頁13-15。
47 李潤生講，《瑜伽菩薩戒講記》（香港：佛教法相學會，2012年），頁291-296。

作所以集中在「實謂」的層次，是因為教徒若對佛法未有清楚的了解，則不宜開展其他層次的闡釋。一旦教徒對佛法有一大概的認識，則當按實際情況和個人需要以尋找一條最合適的道路[48]。

若以上的分析正確，則學會過去的工作不但值得吾人肯定，我們更應該在既有成果下加強諸如文獻學、語言學、歷史學和哲學等學問的研究，藉以一方面改善「實謂」層次工作的質素[49]，另一方面則為將來能夠參與其他層次的闡釋作好準備；至於參與其他層次的闡釋亦不能僅靠「實謂」的工作，而當留意現今學界的發展，藉以可以掌握他者的問題意識和研究方法，從而反思自身的長處和短處。如此，方能知悉一己可以貢獻他人的地方，並明白有什麼值得改善之處[50]。誠然，宗教如未能通過理性考驗，便無異於自圓其說，難以為現代人所接受；學術若未能影響社區，則無異於活在象牙塔，對社會可謂沒有多少價值。兼具宗教和學術兩重性格的佛教法相學會，正好不會因為宗教理由而忽視學術討論，亦不會由於重視傳統而否定創新。在這一意義下，其發展雖有著挑戰，但前途卻充滿希望；唯識、居士和香港於在華佛教的地位縱會變化，佛教法相學會都能從中找到自己的位置。

綜合各章所述，吾人可發現香港實有一批居士正在努力弘揚唯識思想，其不但延續前人的未竟之業，並為未來的文化作出貢獻。這一艱鉅的文化事業仍在繼續，其發展可謂影響在華佛教的

[48] 羅時憲，《詩文・聯語・遺照・墨跡》，編入《羅時憲全集》第12卷（香港：佛教志蓮圖書館、羅時憲弘法基金有限公司，1998年），頁112-114。

[49] 事實上，近年佛教法相學會便加強了涉及改善「實謂」層次的工作，當中包括開設藏文課程和增加有關梵文的研究等。例子見香港佛教法相學會梵文小組編，《《瑜伽師地論》〈真實義品〉梵漢英對照及梵文文法分析》（香港：佛教法相學會，2017年）；世親菩薩造，陳森田譯，〈三自性論 Trisvabhāvanirdeśaḥ〉，《法相學會集刊》第9輯（2023）：201-214。

[50] 方東美，《生生之德》（臺北：黎明文化，2004年），頁207-208。

前途，故我們應有對之更作留意的必要；而隨著對佛教法相學會有所認識，吾人乃知道學會亦是在浩瀚法海中不斷探索，以求再有進步。如果佛教法相學會是繼承了前人未完的工作，則其工作亦是未完而正待後人的繼承；學會已提出一條穩健的學佛津梁，關鍵是如何在這一基礎下前進。讀者如認同佛教法相學會的理念和工作，便請對之繼續關注，藉以幫助其更作發展；若對佛教法相學會抱持不同看法，亦請對之提出批評，從而協助其更作完善。的確，佛教法相學會的故事仍待有志者一同譜寫，浩瀚法海的航程正供有心人一起參與。本書即嘗試以一通俗的方式介紹佛教法相學會的歷史和成績，冀使學會的事跡能更為人知，從而一方面補足香港佛教史的一片空白之餘，另方面能助在華佛教和未來文化可因學會的發展而有一更為光輝的前景。

本書的討論便在此完結，但新的篇章亦隨即開始。

跋

本書所述，可說是筆者在學習佛學上的一次經歷紀錄和經驗分享。

自筆者對佛學感興趣以來，曾在香港於不同院校或機構聽過不同人士講授佛學，當中包括僧人、居士和學者。在相關學習中，第一位接觸的老師是曾在香港中文大學作訪問教授的林鎮國先生。林教授當年於中大開授研究院課程，主題是唯識經籍《解深密經》，內容涉及該部經的性格、阿賴耶識所屬的範疇、唯識無境的內涵，以及三自性和三無自性的意義等諸議題。在課堂上，林教授盡量不對各個議題表達自己的立場，而是介紹中外不同學者對相關議題的看法，藉以讓同學能自己思考，從而作出個人判斷。這一做法的好處是使同學知道原來對同一概念或理論可以有不同的闡釋，而沒有一個絕對或權威的正確答案。惟對於初接觸佛學的筆者而言，其時卻沒有足夠的能力對各種議題進行分析和判斷。因此，在接觸不同學者就不同議題作出不同闡釋後，筆者不但未能欣賞不同觀點的價值，更有人殊人異甚至迷失的感覺，仿如陷入一個龐大的概念迷宮之中。雖然筆者的期末論文能僥倖取得學生生涯中最高級的A++成績，但筆者自問其時對唯識思想實未有什麼認識，故是次學習經歷可說是如入寶山空手回，至今想來仍覺可惜。

為了對佛學有更深入的認識，筆者之後遂到不同院校修讀與佛學相關的課程。但部分授課人士或過於武斷，以致沒有為課堂留下任何討論的空間；或似是而非，未能就所持立場作進一步的解釋；更嚴重的，是講者之間的觀點常有互相衝突的地方，凡此均加深了筆者對佛學的疑問，對佛學的認識乃愈益混亂。直至遇上李潤生先生，繼而接觸到羅時憲先生及其他佛教法相學會成員對佛學的闡釋和評斷，筆者才了解到傳統研究方法的重要。透過相關研究，筆者對佛學的疑問亦逐漸得到釐清，在學習佛學上感到的混亂遂得以改善，並開始理解之前所遇的講者究竟在什麼地方顯得武斷，哪裡似是而非，又如何可使不同人看似有所衝突的觀點加以消除，甚至對於宋明儒者、熊十力和牟宗三等先生對於佛學的批評，以及契嵩法師、呂澂和印順法師等人物對相關批評所作的回應等諸問題，亦開始有了初步的理解。由此，乃發覺學習佛學當首先有一準繩，因為有一準繩才能對各種議題有所評判，繼而對之作深入反省。惟既得準繩，也要避免其僵化成一定向，以致排斥了這一準繩以外的觀點，從而未能向其他可取的觀點學習。如何有一準繩之餘，而不蔽於一定見；如何吸收不同觀點，卻不致有所迷茫，是筆者從學習佛學的經驗中，認為值得正視的問題，而這問題對其他就佛學感興趣的人士當同樣重要，而有提出來更作討論的必要。

也許，學術機構當盡量講求多元和客觀，不宜有預設的宗教立場；宗教組織則必須有自己的主張和信仰，不宜把不同觀點作等量齊觀。初接觸佛學者或宜有一方向，否則容易陷入虛無；對佛學已有一定認識的人士卻應從固有方向中超拔，藉以保持心靈的開放。筆者相信，只有不以宗教信仰為由而忽視學術觀點，亦只有不以學術觀點為據以輕視宗教信仰，我們才能吸收宗教和學術兩方面的優點，從而取長補短；初接觸佛學者宜有明確的動機和方向，才可避免視佛家思想為概念遊戲，而對佛學有一定認識者則要有廣闊的胸襟和視野，才能在現有基礎上推陳出新。筆者深明以上所述並無高論，但正因其並非高論，故反易為人所忽視。因此，遂把相關觀點提出，冀能對後來者有著些微助益。

趙敬邦

二〇二五年三月二日　香港

附錄一：羅德光先生訪問

訪問日期：二〇二三年十一月十二日

訪問地點：九龍彌敦道儉德大廈佛教法相學會會址

問：趙敬邦

答：羅德光先生

問：羅公在佛教界享負盛名，但人們對他在弘揚佛法以外的事情卻認識較少。請問羅公日常生活有什麼興趣，好讓我們能對他較鮮為人知的一面有所認識？

答：

除了佛學以外，爸爸可說沒有任何興趣。媽媽便常埋怨他，上學講佛經，放學又是看佛經。有時家人和朋友在打麻將，爸爸卻獨個兒在看佛經，看得津津有味，竟不知道身邊發生什麼事。爸爸喜歡和學生飲茶和聊天，但飲茶的目的亦不是真的為了吃飯，而是討論佛學問題。除此之外，真是沒有什麼興趣了。可以和你分享一件趣事，我的一個弟弟出生時，媽媽在分娩，爸爸則在看《顯揚聖教論》。當人們問他兒子叫什麼名字時，爸爸便叫兒子做顯揚。可見他對佛學是如此有興趣的。

問：羅公授課、著述和弘法的事業如此繁重，請問他怎樣分配工作和跟家人相處的時間？

答：

媽媽曾說爸爸在外面的時間比留在家裡的時間還多，教導他人子女的時間多過教導自己子女的時間。爸爸的時間可謂全部奉獻給佛教，我們的相處亦與佛教有關。我的父母是世交，我的祖母和外祖母是佛門師兄弟，自小已相識。她們兩人的家庭均算富裕，我外祖母便有份捐錢興建香港芙蓉山竹林禪院，而祖母和外祖母兩人亦隨融秋法師學習。至於我們這班子女對佛教亦可說有點貢獻，因為爸爸初從廣州來港弘法時，只能用鋼筆在蠟紙上寫文，再用油印機在紙上滾動以製作講義，這些講義即由我們這班子女幫忙製作。以我自己為例，我為何會接觸打坐呢？原因是我年輕時很喜歡游水，差不多每日到荔枝角灣游泳。當時沒有關心水質污染的問題，終染上慢性中耳炎，以致左耳爛掉，幾乎要割去，差點性命不保。手術後雖能保住性命，但身體卻變得很差，甚至大病一場。當時睡不著覺，食少吐多，中西醫均沒有辦法，情況頗為危險。爸爸即建議我打坐，但我當時連起身也會暈眩和嘔吐，怎樣打坐？爸爸便說打坐不一定要坐起身，而是可以臥禪。叫我在床上數呼吸的頻率，由一數到十，數到疲倦便入睡。我跟著指示，果然成功入睡。之後數月慢慢開始能夠進食和起身，自此我便開始學習打坐。爸爸認為我沒有佛學的基礎，故不宜學習太複雜的打坐方法。因此，他教我密宗的月輪觀，透過觀想月光以集中精神。約一年後，我開始在打坐中觀想到月影，十年之後更能夠觀想到整個月亮，可見意識的問題真是十分神奇，一般人和沒有宗教信仰的人或不易相信。另外，爸爸往生前一星期開始吃粥水。有一次我不小心在粥水中遺留了數粒米，還被他責罵呢！一個星期後他往生，我便向志蓮淨苑的宏勳法師請教，法師說爸爸只喝粥水是在淨身。的確，爸爸在臨終時說他見到佛來到房間，並叫我們向佛頂禮，我們便跟著做。爸爸再問我們，他的事情是否已經做完，還有沒有什麼欠了未做，我們說沒有了，那麼爸爸便說自己要睡了，側側身便往生了。由往生的一刻起，整間房間均充滿香氣，但出了房間卻沒有香味了，這情況持續了一星期。我最初懷疑是否房間哪處倒翻了香水，又打開窗子察看，發現真的只有房間才有香氣，真是匪夷所思。爸爸對佛教真是鞠躬盡瘁，他在臨終前數天還到能仁書院上課，直至他不能講話才停止，所以學生們對他的離開都十分不捨。

問：請問羅公是怎樣學習佛法的？

答：

可能是宿世因緣，爸爸自少年時便喜歡佛學。他在廣州中山大學原本讀醫科，但由於他喜歡看佛經，故為了看懂佛經，在大學第二年轉讀中文，並結識了不少如太虛法師和歐陽竟無一系的居士等佛教界的人士。爸爸對很多佛學的宗派均有認識，但始終較喜歡唯識，而他碩士論文的指導教授便包括呂澂。除了唯識以外，爸爸亦接觸密宗，如藏密的諾那呼圖克圖上師。東密真言宗第五十代傳人馮達庵常想收爸爸為徒，但爸爸不肯。馮達庵的修為是很好的，有一次爸爸去馮達庵處玩耍，馮達庵便叫爸爸在屋外玩，說自己先要到屋內打一會坐。誰知馮達庵入屋後久不出來，爸爸好奇之下便爬上通風口窺探，但當時看到的卻不是馮達庵，而是毘盧遮那佛！爸爸隨即嚇到跌了下來，馮達庵便從屋內出來，爸爸對他說剛才見到毘盧遮那佛。馮達庵乃說這毘盧遮那佛是自己打坐時變現的，並問爸爸是否想學。爸爸雖然想學，但馮達庵的條件是要爸爸摒棄酒色財氣，爸爸便拒絕。馮達庵再問爸爸為何不學，爸爸便告訴他既然密宗什麼都不能公開討論，那麼學來有什麼作用？爸爸明言自己的志願是弘法，而不是關上房門打坐。換言之，爸爸認為學習密宗對弘法沒多大幫助和意義。其實密宗很多內容都是由顯宗衍生出來，如果不懂顯宗便逕學密宗，很容易不清不楚。爸爸對打坐的認識，便是源於密宗。至於太虛法師則教導爸爸顯宗的道理。但只要學生問到，爸爸對顯密兩宗的問題都會解答。

問：請問羅公還有沒有什麼有趣的經歷？

答：

其實爸爸在佛學以外，還懂得很多學問，有些甚至可能會被人認為是旁門左道。抗戰時廣州淪陷，爸爸跟隨中山大學走難，走遍大半個中國，途中接觸了不少能人異士。當時有外道希望認識《心經》和《金剛經》等佛經的道理，願意用外道的圓光術和咒語等來與爸爸交換，爸爸由此便學會了圓光術和不少咒語。所謂圓光術，即用一個碗裝滿水，從水中可看到畫面。有一件有趣的事或可與你分享。抗戰結束後，爸爸在中山大學任出版組主任，後在文史系任副教授。及後曾一度轉至廣東國民大學任正教授，再返回中山大學任正教授。在國民大學時，有同事已勸爸爸離開廣州。由於外祖父和外祖母均在香港，所以爸爸在四九年便帶同家人來港。我們最初在外祖父母的家暫住，後在融秋法師位於芙蓉山的竹林禪寺寄居。當時有自梳女在竹林禪寺附近居住，一日有一位婆婆哭訴她遺失了鑽石戒指，這戒指是她的畢生積蓄。由於這婆婆實在太過傷心，融秋法師便請爸爸用圓光術替這婆婆尋找戒指，爸爸便用圓光術見到該婆婆在洗手時把戒指沖到水渠中。隨即找工程師傅拆掉水渠，並成功找到該隻戒指。爸爸自此聲名大噪，黑白兩道均有事請他幫忙。有一次，錢穆教授帶同一位哈佛大學的教授拜訪爸爸，該位教授邀請爸爸到哈佛大學開授「東方神祕學」，惟因為爸爸未能用英語授語而作罷。及後爸爸看到報紙應徵教師，遂在瑪利諾神父學校教書，從此開始了在香港的教書生涯。學校的神父佩服爸爸在宗教上的學問，漸漸有愈來愈多的人知道爸爸對佛學有深入認識，遂請爸爸講授佛學。但爸爸雖然認識圓光術和咒語等學問，他甚少向人提及這些東西。這是因為佛教講緣起，世事均是因緣而有，並非早被決定的。一件事情如何發展，應該取決於很多因素的。

問：羅公對佛學的認識和對佛教的貢獻廣為人敬佩，但請問他在中山大學是否已教授佛學？還是他的弘法事業其實是在香港開始？

答：

由於當時中山大學沒有佛學系，所以爸爸是在中山大學的文史系教授中文，他是來到香港後才開始教授佛學的。事實上，爸爸初在香港講授佛學是非常困難的，常受到出家人的排擠。當時不少出家人認為居士說法是大罪，講佛法是出家人的專利，認為在家人對佛法的了解當然不及出家人，爸爸便經常引經據典以說服甚至駁倒出家人對佛教的誤解。寶燈法師在《佛經選要》出版後，便曾就著佛經的選輯和對經文的解讀跟爸爸爭論，但最終卻被爸爸說服了。後來寶燈法師成立能仁書院及能仁研究所，立即找爸爸出任研究所所長，可見寶燈法師的大量。

問：的確，曾經有傳聞指羅公對出家人不敬，與出家人關係不佳，請問是真有其事還是誤會？

答：

當年很多出家人的品德不好，不是真的出家，而是把出家當作一個職業。以前西方寺的永惺法師很佩服爸爸的學問，遂給徒弟每人三百元，津貼他們聽爸爸講授佛學。最初學生上課十分踴躍，但課堂一次比一次少人，最後竟沒有什麼人來聽課。爸爸問永惺法師原因，得知原來這些徒弟顧著賺錢，上課才得到三百元津貼，他們打一場齋已能賺取一千五百元，那麼你說他們會去上課還是打齋？爸爸便是對這類職業出家人反感而已。現在的衍空法師在出家前是爸爸的學生，他曾嘗試說服爸爸支持其出家，但兩次均未能成功。爸爸認為在家也可弘法，不一定要出家。直至第三次，衍空法師說他出家是希望成為出家人的典範，爸爸才說你既然有這一宏願，那麼我便不能阻止你了。爸爸與出家人的關係便是如此，對真正的出家人尊重，對職業的出家人卻不客氣。

問：請問羅公對於自己在港的弘法工作是否滿意？他會否有什麼抱負未能實現？

答：

爸爸遺憾未能完成一本關於《成唯識論述記》的注釋。他曾問李潤生能否替他完成這一工作，幸好李潤生答應，並說無論如何會完成這項工作。此外，爸爸有一心願，是希望能夠培養出五十位能夠弘揚正信佛教的學生。他晚年時只數到大約五位這樣的學生，但有人勸他不一定要親自培養五十人的。你的學生會培養學生，學生又培養學生，總數定會超過五十人。爸爸聽後便釋懷了，因為知道弘法的工作會繼續向前。

問：我們知道您是法相學會的副主席，請問您是如何加入法相學會的？您在法相學會的工作面對什麼困難？

答：

其實我是被人「捉」入法相學會的。由於爸爸往生後，法相學會諸位董事希望學會有羅公的後人幫忙處理財務，所以我才加入法相學會。我多年以來都是教車師傅，完全不懂財務，亦沒有接觸佛學，所以要犧牲時間去重新學習。當時獲董事委以重任，把我介紹給爸爸一些較資深的學生認識，我便藉機向他們化緣，希望能夠改善法相學會的財務。所以我加入法相學會，是爸爸往生後的事情。法相學會最初的資源很少，以致影響弘法的效果。幸好爸爸有一位學生名呂榮光，他是一位退休會計師。原來他當時是陳廷驊基金會的董事，我便把法相學會的困難告訴他，並請他向陳廷驊基金會查詢能否捐助法相學會。最終法相學會成功得到陳廷驊基金會的捐助，每數年能獲得一筆較大的款項，法相學會的工作才比以前改善。另外，我們四處收集爸爸在不同課堂的錄音，希望把這些錄音放在互聯網，以讓更多人能聽到佛法。但由於爸爸在不同場合所講授的內容有所分別，故要集齊一套完整的課堂錄音並非預期中容易。如整理《唯識方隅》的講課內容，我們便整理了十年！更不用說跟稅務局和會計師等打交道的過程是如何繁瑣了。以前我因為工作太忙，沒有機會接觸佛教。處理法相學會的工作意味我要放棄工作機會，但我還是希望能夠幫助完成爸爸的事業。我雖不太精通佛學，但以前爸爸的學生在晚上九時聽完課後往往意猶未盡，經常拉著爸爸飲夜茶以便繼續請教，甚至到我們的家中傾談至凌晨一、二時。當時的學生和爸爸並非閒聊，而是向爸爸提出各種尖銳的問題。如趙國森聽爸爸講《金剛經》有六個譯本，有一晚竟帶備六個譯本逐本向爸爸請教，我便從爸爸與學生的對話中聽到佛法。至於爸爸雖然常與學生談論到深夜，但他不會立即睡覺，而是打坐片刻。爸爸早上會在工作前打坐，晚上睡覺前又打坐，一天大約只睡四小時。

問：說起打坐，我們知道您是資深的禪修老師，長期在法相學會教導禪修班。請問您現在禪修已到了什麼程度？可否和我們分享一些禪修的心得？另，您對參與禪修班的同學有什麼建議？

答：

唯識對禪修的階段有嚴格規定，根據《八識規矩頌》，打坐時沒有眼識、耳識和身識便開始進入二禪，我感覺自己是在這一階段。有關學習禪修，我有一些想法。第一，不要希望透過禪修獲到什麼神奇的經驗，因為這一學習目的是不純正的。第二，禪修沒有捷徑，一定要一步一步來。第三，禪修對我們的身心有一定幫助，可加強我們的抵抗力和信念，這對我們的信仰是很重要的。我個人對死亡便不感到恐懼，而是知道我會前去的是一處什麼地方，它是彌勒淨土，這是我的信念。過去我不相信這些宗教經驗，待我親眼見到爸爸的情況後便相信了。的確，初學禪修或要犧牲娛樂的時間，但長遠看這些所謂犧牲其實可以一笑置之。我最初接觸禪修只是為了治病，後來認識佛教後便知道禪修的意義是如何深遠。至於參與禪修班的同學，我希望各位能再勤力一點，不要怠懶，要勇猛精進。否則，一旦放下了學習便不容易追回進度。我亦希望能有更多的人來學習禪修，這不但對自己有好處，對法相學會將來能有更多人幫忙弘法亦有幫助。

問：最後，請問您對法相學會的未來發展有什麼意見或期望？

答：

我以前對法相學會的期望很多已經實現。早期法相學會開會只是在我們家裡，所以一直希望法相學會能有一會址。我們購得會址的經過其實是十分曲折的，不但建議在法相學會內部未為全部董事支持，外部亦有財力的限制。幸法相學會的名聲良好，故能得到有心人的幫助，問題最終亦能得到解決。我亦希望法相學會能招收更多真正想學佛的佛教徒前來聽課，這期望也已達到。此外，法相學會過去一段頗長時間主要由我和政府部門打交道和處理租地方等事宜，工作很辛苦。現在學會有兩位全職職員和少數兼職職員，這是很大的進步。有了資金才能聘請員工和購置器材，如此弘法的事業才能持續。我現在則希望禪修班能維持下去，甚至發揚光大。事實上，自從疫情之後學生人數便開始減少，我又容許同學在家中透過電腦上課，結果參與禪修的人更少。如果課程參與人數不斷減少，外界對法相學會的支持便會縮減，這樣法相學會的發展便會吃力，這些是我感到擔心的地方。當然，法相學會的未來要看緣，但我仍希望後人能繼往開來，這是我對法相學會的期望。

問：謝謝羅先生接受訪問！

附錄二：李潤生先生訪問[1]

李潤生先生簡介：

李先生先後畢業於香港葛量洪師範學院、珠海書院及新亞研究所，師事新儒學家唐君毅先生及佛學家羅時憲先生，曾任教於羅富國教育學院、葛量洪教育學院、香港中文大學校外進修部、新亞文商書院、新亞研究所、能仁研究所、志蓮淨苑及香港大學佛學研究中心等。著作包括《生活中的佛法——山齋絮語》、《僧肇》、《佛家輪迴理論》、《唯識・因明・禪偈的深層探究》、《因明入正理論導讀》、《唯識三十頌導讀》、《唯識二十論導讀》、《中論導讀》、《中論析義》、《百論析義》、《十二門論析義》、《禪宗公案》、《成唯識論述記解讀・破執篇》、《成唯識論述記解讀・末那篇》和《成唯識論述記解讀・賴耶篇》等多種。

1 筆者按：是次訪問於二〇〇九年進行，當時筆者受香港中文大學劉國強老師囑託，為其所創辦的文化刊物《毅圃》擔任編輯一職，遂得有因緣訪問佛學名家李潤生先生。由於《毅圃》原為弘揚唐君毅先生的學問而創辦，故訪問亦以談論唐、李兩位先生在新亞研究所的師徒關係開始，並以如何研習中國文化等問題作結。惟訪問中李先生亦論及羅時憲先生的事跡，以及唯識在佛教中的角色等議題，其不但與本書的主旨相符，更能補充本書的內容，故對我們了解羅先生的貢獻和唯識的價值均非常重要。現得李潤生先生和劉國強老師家人同意轉載，原文刊於《毅圃》第四十八期，二〇〇九年五月，頁10-20。作者於此僅把原文曾出現的錯字和若干或可更作改善的標點符號稍作修正，其餘內容則未作改動。

問：趙敬邦

答：李潤生先生

問：請問您可否與我們分享一些有關唐（君毅）先生的軼事？

答：

唐先生授課時非常投入，以致經常忘記扣襯衣的鈕子，抽煙時又會忘記點煙，甚至會用粉刷抹汗。學生上課時均有一定困難，因唐先生說的是四川話，因此我也能聽懂一半而已。由於新亞研究所未有投影機，故唐先生每次上課均會使用黑板，其邊講邊寫，以致經常弄得全身皆是粉末；又唐先生喜歡沉思，有學長便曾告訴我，唐先生有一次乘車到中大馬料水時，車子駛至海灘以至差點翻倒，但唐先生竟若無其事，且沒有任何驚恐表情，原來他當時正在沉思；而唐先生雖主要研究哲學，但他的文學修養很好，講書時喜歡引用詩句，朱熹的「半畝方塘一鑑開，天光雲影共徘徊。問渠哪得清如許？為有源頭活水來。」便是唐先生喜歡引用的詩句之一。他有時會把詩句默寫於黑板上，學生對唐先生之文學修養均十分欣賞。我們雖未能接上唐先生的思路，但隨他在理念世界中遊觀，已讓我們感到陶醉。但唐先生也有一不好的習慣，便是經常抽煙，乃至尚未抽完第一枝煙，第二枝煙已經點起。由於經常被煙燻黃燻黑，故你會發覺唐先生的手總是黑黑的，當我們去探望他時，便要被迫吸二手煙了。另唐先生的客廳放有一小盅白砂糖，他偶爾會進食一匙，相信這是為了解自己的煙癮。不幸的是，或基於此一緣故，唐先生眼睛和肺部最終均出現了問題。

問：請問當時新亞研究所的學習氣氛如何？

答：

當時研究所的學習氣氛很好。現在研究所的同學多是兼讀，而我們當時則多為全職學生，學生當時還可以拿津貼。我覺得其時研究所最好之處，是每月均有例會，每一研究生須輪流發表論文。學生在研究所研讀兩年，第一年不用寫專題論文，但須出席例會，而所有老師和參與同學均可對所發表的論文提出意見或批評。若你的文章得到好評，那便有信心繼續撰寫畢業論文；若論文受到攻擊，那你便須對自己的寫作提高警惕，以免犯上各種錯誤，故例會可視為一「木人巷」，對研究生的學習非常有用。另外，我們要修讀一科「方法論」，該科由謝幼偉先生教授，其會教導學生在研究文學時應用什麼方法，研究哲學和歷史又當用什麼方法。研究生既學習方法論，又參與例會，故一般而言，其時研究所畢業之同學對自己的寫作能力均有一定信心。

此外，當時尚有一學風，便是所內的教授和所外的一些學者每月會聚合一起討論學問。我在研究所讀書時，牟（宗三）先生還在港大任教，但他每月均會來跟唐先生、謝幼偉先生、程兆熊先生等討論問題，由於學生的境界未到老師的水平，我們往往只會聽他們討論，但縱使只是聆聽，其已對我們的學業有很大益處。現在研究所已沒有了這些傳統，例會沒能維持，老師亦不會聚集在一起討論學問了。我記得我在例會時曾發表一篇論文，其是有關唯識的知識論。唯識主要探討形上學，但其亦包括知識論的面向。錢穆先生曾說喜歡我的文章，但亦警告，言唯識偏向純理論方面，其與生命意義難以相應，故研究唯識容易讓人感到枯燥。錢先生告訴我，不要把唯識當作純理念般研究，而須讓其與自己的生命結合。錢先生的態度是非常誠懇的，一如跟子侄談話般，這亦反映了當時師生關係非常緊密。由於當時很多同學是由大陸流亡到港，故錢先生他們於農曆年時更會邀請學生到家中相聚，一起吃團年飯。這種師生關係於現在已很難存在，如我對學生便很難做到這樣。所以錢、唐等先生是真正的性情中人，他們為了使中國文化不致墮落，乃把整個生命投入其中，他們的生命是文化生命，整個生命已與中國文化結合，其一舉一動、一言一行均是文化的流露。他們的生活方式與普通人不同，其不會在特定時間進行如看電影等娛樂活動，而是把時間全放在讀書、研究和培養未來的學者等工作之上，故他們所作的是承先啟後的文化事業。我相信如他們這種生命形態於現今世界已難再有，他們實在令人懷念。

問：剛才您提到謝幼偉和程兆熊等先生，我們知道其時為文化出力者還有佛學家羅時憲先生，請問您可否跟我們介紹一下羅先生的事情或學問？

答：

羅先生與錢、唐等先生同樣對解放後的政權沒有信心，亦感與新政權的文化理念不同。其時大陸把一切文化馬列化，一切文化皆只是馬列的附庸。唐先生便寫了〈說中華民族之花果飄零〉一文，述說其對中華文化日漸飄零的擔憂。但更重要的，是唐先生同時強調中華文化的「靈根自植」。「花果飄零」是消極的，「靈根自植」才是積極的。要維持中國文化，每人均須由己作起，把中華文化長養栽培，這便是靈根自植，以期將來有一天能開花結果。唐先生們便是做靈根自植的工作，希望在香港這片土地上再植中國文化的靈根，以求終有一天反饋於中國大陸，現在也許快到開花結果的時候吧。大陸現在喜歡研究中國文化的學者回去講學，不論你是研究儒學或佛學，均表歡迎。如兩年前我曾回大陸開一個有關因明的研討會，我過往雖未曾赴大陸出席同類會議，但他們卻清楚我們的工作。這便是錢、唐、牟等先生過去在香港這一片自由的土地上植下靈根，以反饋大陸的結果。羅時憲先生亦是一樣，只是羅先生是站在宗教的領域工作。其實錢、唐、牟等先生一直重視宗教，並充滿宗教意識，他們對文化的熱誠，便可謂由隱藏在他們內心的宗教意識所激發，若欠缺此一意識，他們實難堅持自己的工作。同樣地，羅先生把自己學到的佛學帶來香港，使香港能於佛教事業上培養出一些弘揚正法的人才。

我在進入新亞研究所前已認識羅先生。我其時於早上任教小學，午後有空便到聯合書院的夜校上課。聯合書院夜校即在農圃道新亞中學的位置，故我對農圃道有很深厚的感情。羅先生教授中國哲學史，他的教學非常靈活，喜歡把傳統概念現代化、生活化。除了中國哲學史，羅先生於課外又講授佛學，從此我便跟隨他研讀佛學。羅先生主要講授唯識，但亦曾講授儒家的《易經》和道家的《老子》。我曾於大三時轉到珠海書院上課，當時教授《易經》的老師是純粹解釋《易經》內容，而沒有教授研讀《易經》的方法。羅先生教授《易經》卻教導我們如何進入《易經》，研讀《易經》應該看什麼書籍等，故我雖然沒有正式跟隨羅先生習《易經》，但羅先生可謂真正教導我研讀《易經》的老師。事實上，若只是解釋文本內容，學生只能跟從老師的思想，羅先生卻能教授我們如何自行研讀《易經》，這便是以指指月，點石成金了；而在佛教方面，當時香港佛教內很少人講授唯識，讀佛學若不懂唯識，則容易欠缺系統，有顢頇佛性，籠統真如之失。如我們研讀般若，縱使讀了《金剛經》等典籍，卻仍未能解答諸如我們的生命從何而來、其存在狀態若何、修行的步驟如何、如何提升我們的生命境界、提升的過程又是怎樣、修行時有什麼相狀以作自我評價等問題，故研讀佛學若不從唯識開始，研讀的焦點乃容易模糊，並不能把佛學貫穿為一系統。或有人認為有系統並不一定是好，但對初學者而言，有系統總是較沒有系統為佳。當你掌握系統後，應否把這一系統拋掉則是另一回事。但對於初學者而言，則一定要由一點出發，再由點到線，線到面，面到體來研究。但當時香港不重唯識，如我修持淨土，但為何修淨土能生西方？一旦涉及「為何」的問題，很多人便不能回答。若要真正解通此類問題，我們乃要由根源上、存在上尋找說明。若論及根源上和存在上的說明，整個佛教乃得由唯識出發。羅先生認為香港佛教的弊端，正是欠缺系統，沒有由根源上作出發，故他把唯識學帶到香港。但羅先生不是只著重唯識的，他便曾建議我將來大可研究華嚴。若有人以為純粹讀天台、華嚴而可以不懂唯識、中觀，其實這是不行的，因為有關典籍根本不能讀通。天台可說是中國的空宗，華嚴則是中國的有宗，有宗涉及地論及唯識思想，故懂得唯識，你便能較易讀懂《華嚴疏鈔》。因此，很多人誤以為羅先生是唯識獨尊，其實羅先生著重唯識，是對機說教而已。香港在這一情況下，需要推廣唯識，佛學才能通透。羅先生自己便不只研究唯識，亦有研究禪宗，如他便撰有〈《六祖壇經》管見〉一文，只是他通達唯識，並用唯識之方法研究其他宗派而已。

問：您剛才提到唯識在研讀佛學上的重要性。現在坊間介紹佛教的書籍很多，我們若要對佛教有一較正確的認識，還有什麼地方值得注意？

答：

這問題十分重要。我認為研究佛教有三點值得注意。第一，佛教思想不像《聖經》般只記錄在舊約和新約之中，再由新約定於一尊。舊約受猶太教影響，再由新約開出「愛」的傳統。舊約所記載的上帝很可怕，人們一旦得罪上帝，則會受到懲罰，故舊約聖經並不講「博愛」，而強調「正義」，但新約精神則在救贖，開始強調「博愛」。這一精神在歷史中縱有受到干預，或有所偏差的時候，但大致上一直貫徹至今。佛教則不然，佛學是一個思想演變之流，其雖是源於原始佛教，但部派佛教已對原始佛教的思想有所修正，部派佛教後更有複雜的發展，有傳到中國的，也有傳到日本和韓國的。日本和韓國的佛教尚且不談，只是中國佛教便有天台、華嚴、北禪、南禪等宗派，故我們研讀佛教哲理，便不能把其思想定於一尊。若你只是研讀原始佛教、或般若、或唯識，這樣定必有所偏差，故研讀佛學應注意之第一點，我們必須認識其源流，印度哲學一定要懂，並知道佛教發展史，中國哲學的發展亦須了解。不然，自己修讀般若，卻因般若典籍非這樣主張，而輕言別的宗派不行，這是膚淺的做法。我們要知道，各個宗派之所以出現，是要對應該時代某些特定問題的。舉例說，如來藏講成佛之根據，假若你只研究成佛之方法，而忽視我們的成佛根據，則縱有方法亦不能成就的。因此，若我們知道整個佛教發展之來龍去脈，則會發現宗派間表面看似矛盾的說法，其實可以沒有矛盾。如來藏講成佛之根據，般若講空，兩者看似矛盾，殊不知如來藏不是要否定空的，只是其要回應另一問題，即人們只要修行，則可以成佛，故其要解決的是成佛之本源問題。若你純用般若的觀點來反駁如來藏，以為凡講如來藏者即為錯，則正是不了解佛教思想發展的緣故。透過思想發展史，我們才可了解什麼思想是為了解決什麼問題而有、其怎樣解決這些問題、什麼方面能夠解決這些問題、或什麼方面不能解決。後人正是建基於前人未能解決之問題再作研究，使佛教思想得以完整化。

第二，佛教主張破邪顯正，中觀和唯識均有相關討論，如來藏則較少講這些問題。當我們研究佛教時，要留意佛教本身之方法論——即因明。我們要知，佛教認為什麼是真，什麼是假，「現量」、「比量」指涉正確知識，「非量」即為錯誤。但什麼才是「現量」、「比量」和「非量」？要辨別之，我們須有「覺」。「覺」是要如實觀地覺，如實觀才能與真實相應。因明對於何謂真、何謂假等問題，均有清楚說明。在這一意義下，佛教其實優於儒家。儒家講心性非常出色，但對知性了解卻嫌不足。佛教對知識有詳細說明，由世俗諦到不可思議的第一義諦，其契入是有一過程的，故我認為認識佛教之第二點，是要懂得佛教之方法論，亦即是因明學。

第三，是如剛才所說，在研讀任何宗派之前，可先讀一點唯識。我的生命從何而來？何者為善的本性、惡的本性？為何會有善和惡的本性？善、惡間有何關係？如何轉惡為善？透過研讀唯識，我們乃能對這些問題有清晰了解。又唯識講「境」，其即為生命的對象，「境」之進一步，涉及「三自性」之問題，什麼是「遍計所執」？什麼是「依他」？什麼是「離言第一義諦」？在弄清各種概念後，我們便須修行。修行之方法很多，其要視乎你的目標而定。小乘和大乘的目標不同，戒、定、慧之實踐方法亦有不同。佛教稱樹立人生目標首要發心，儒家則稱為立志。儒家言「三十而立，四十而不惑」，儒家一定要立志，一如佛家一定要發心，透過不同方法以達成不同目標，唯識正能清楚講解生命的方向和境界，其正如一把尺，利用它來自我衡量，自己能清楚自己的修行已到什麼境界。如我們修定，能否真正得到「等持」？「等持」有何特徵？我們要了解整個生命體，再因應自己的根器、氣質、特性和機緣等，以考慮研究天台、華嚴，還是禪宗。當然，最好還是能對佛教有更深之了解後才研究禪宗，否則一開始研究禪宗亦會引起其他問題而難得正解。我認為從以上路途研究佛法會較為穩當，這樣才能貫通各宗派的思想。

問：請問可否給一些意見予有志研究中國文、史、哲之年青人？

答：

我認為，不管你是基督徒還是回教徒，作為一個中國人，我們受中國文化的薰陶而長大，應對中國傳統文化有基本認識。你是否研究它是一回事，但你亦應該讀《論語》和《孟子》等傳統典籍，這是我堅持的理念；而作為一個文化人，以及世界人類之一分子，我們又應對世界的文化有概括認識，故現今的科學和民主精神，我們是應該懂的，乃至世界其他的宗教，我們亦應略懂。若對思想有興趣，則我們亦須懂西方哲學，由蘇格拉底至分析哲學，均應有概括了解，故我認為若有志從事於有關文化之研究，首當認清自己的定位，知道自己應該懂得什麼，續而努力學習。

其次，是有關對文化之使命感。若你立志弘揚文化，你的知識面愈廣，其實對於完成你的工作愈為有利。唐先生的知識便非常廣博，其不只有廣博的涉獵，更是對不同思想有深入的認識。如他對唯識之了解，雖只為其學問之一部分，但卻有非一般之看法。唐先生對各種學問，先作定位，弄清某一思想究竟是對應什麼問題而有，從而肯定該套思想之價值，及給予其一定位置，最後才檢視該套思想是否完滿，並指出其不足之處，以求再發展出新的學問，而永不會一下子否定一套思想。唐先生這一套思想方法與態度，或受佛教的判教思想影響。唐先生這方面非常難學，一方面博，一方面深，而非僅是表面地肯定一套思想而已。我最近寫《成唯識論述記解讀・賴耶篇》一書，書中序言便引唐先生在《中國哲學原論・原性篇》中評論唯識的言論，他認為唯識在世界思想界中，系統最為博大、完滿。有人以為他反對唯識，其實他是給予唯識一個極為崇高的位置。但為何一般人會評擊唯識？唐先生認為只是人們也可以從不同的角度出發，因而或對唯識之系統有不同評價，而非唯識的系統內部有所缺憾。唐先生擅於從不同角度看問題，牟先生有時則或欠缺了耐性，喜歡以最好、最重要的角度去看一問題，而不再從其他角度反覆觀之。唐先生可謂一仁者，牟先生則是一智者。智者是敏銳的，三言兩語便指出問題所在；仁者則對任何問題都給予地位和定位，但如何定位呢？這是困難的地方，但這亦是對文化有真正尊重之表現。這態度誠如《易經》的坤卦所言，人要厚德才能載物。

問：最後，請問您認為中國文化相對於世界其他文化而言，對現代人的安身立命究竟有何特別之處？

答：

我覺得中國文化有一很大優點，便是把個人生命和整個宇宙貫通起來。個人生命與宇宙萬象相比是很渺小的，故我們要由個人生命擴充，使人與整個宇宙生命結合，以發揮孟子所言的浩然之氣。儒家主張宇宙的天道與個人的人道結合，這思想於佛教其實亦有之，如唯識講阿賴耶，便不講客觀的宇宙，而是把客觀宇宙歸攝到主觀的個體生命而呈現出來。但唯識精神不同於儒家所言的「贊化天地」、「與天地參」的。儒家肯定宇宙生命，唯識則用心識來統攝客觀宇宙。阿賴耶會隨著我們所發不同的願望而變現客觀的不同世界，故客觀宇宙是我們主觀生命的客觀化而已。不過儒、佛背後之理念，均是希望我們把有限生命作無限的擴大，這一認為宇宙是阿賴耶之開展的思想，與儒家天人合一的想法同樣給予我們力量，若我們不能體會此精神，而僅把心思投放於個人生命，則每當遇上困難，我們便容易退縮。反之，若個人生命與客觀宇宙能合而為一，我們便有信心克服困難，我覺得這是中國文化給我們最大的體驗。何況中國儒家有一套良知良能、下學上達的理念，君子素其位而行，最終達至盡心、知性、知天、事天、立命的境界，獲得上不愧於天、俯不怍於人的真正自得的快樂，這便是人們所尋的孔顏樂處之所在，這便是中國文化指引現代人安身立命的明燈。但中國人這一套心性之學也並非沒有缺點的，其缺點正是不能發展出有系統的客觀科學。如何建立知識論，乃至如何統治國家等問題，中國傳統文化便有所不足。儒家認為統治者應該均是聖人，此種賢人政治的理想固然非常圓滿，但如何保證統治者必為聖人？又如何保證其在得到權力後不會淪為小人？那卻找不到圓滿的答案。孟子言「修其天爵，以要人爵；既得人爵，而棄其天爵」，此即為腐化。如何補救儒家在這方面的不足，正是我們要思索的問題。總而言之，我們對自己的文化當要有所認識，不然潮流風尚吹向哪一方，我們便向那一方向搖擺，這樣的人生是沒有根的。

附表一：羅時憲先生年譜

年分	事件
1914	出生於廣東順德，原名時憲，字孔章。
1917-1927	於廣州就讀私塾和中山大學附屬中學。
1927	其母於一九二七年在廣州皈依融秋法師，先生被迫跟從。
1928	先生嘗來港遊玩，於剛抵港的融秋法師主持的竹林禪院讀得佛經，並隨茂峰和筏可等法師交遊，得聽佛理；後得宛清法師贈歐陽漸著《佛法非宗教非哲學》一書，及玄奘和窺基法師畫像。
1934	適值藏密諾那呼圖克圖上師於廣州開壇説法，先生乃往接受十一種灌頂；唐密馮達庵阿闍黎在廣州開壇灌頂，先生往受胎藏法及千手千眼觀音法。
1935	升讀中山大學，首年主修醫學、次年轉修中國語言文學，副修哲學；適值太虛法師應邀到中山大學演講，遂皈依太虛法師。
1939	本科畢業，留校修讀研究院；日軍攻陷廣州，先生隨中山大學遷入雲南，在當地再遇太虛法師，得以問學；隨中山大學遷入內陸期間，認識不少「外道」，學懂圓光術及不少咒語。
1941	以《漢譯佛典文學研究》取得文學碩士，首年指導老師為陳竺同，校外評審則為歐陽漸和呂澂。
1941-1947	於中山大學出版組任主任，後在文史系任講師、副教授。
1948	任廣東國民大學文史系正教授。
1949	重回中山大學文史系任正教授，後舉家遷至香港。
1950始	開始在瑪利諾中學任教中文及歷史，繼而在廣橋書院、新亞書院，以及後來的聯合書院等校任教如中國哲學史和《周易》等課程。
1953	在香海蓮社開講《成唯識論》達十年〇八個月。
1957	應李世華、馮公夏等人邀請，出任《佛經選要》主編，並聯同劉銳之、江妙吉祥和刑述之等一起主持編纂工作。
1960	中學會考增設佛學科，先生獲委任為考試委員會成員。
1961	一套兩冊《佛經選要》由金剛乘學會出版。
1962	邵黃志儒成立三輪佛學社，先生與劉銳之、梁隱盦等開設「佛學星期班」，系統地在社會講授佛理。「佛學星期班」自此每年一屆，至今未停。

年分	事件
1963	陳湛銓於六二年創立經緯書院，六三年設立佛學系，先生任該系主任。
1964	完成於香海蓮社講授的《成唯識論》課程，並籌備成立佛教法相學會。
1965	與韋達、高永霄、葉文意、霍韜晦和李潤生等共十四人創立佛教法相學會。
1966	任新亞研究所碩士論文校外評審。先生兼任此職最少至一九八五年才止。
1973	能仁書院成立研究所，先生任該所主任，至逝世前指導多篇碩士論文。
1974	出版《能斷金剛般若波羅蜜多經纂釋》。
1978	《唯識方隅》講稿出版，後被編輯為《唯識方隅》（上編）。
1984	移民加拿大，自此穿梭港、加兩地講授佛學。
1989	於加拿大安大略省創立安省佛教法相學會。
1991	《唯識方隅》全書出版。
1992	選定《佛家經論導讀叢書》的經論和導讀者，整套叢書於九七年完成出版。
1993	完成《八千頌般若經論對讀》；十二月十二日凌晨一時四十五分，在家人和學生的陪同下安詳逝世；臨終前，表示佛菈臨房間，叫眾人禮佛；往生後，房間充滿香味，約一星期才消散，被認為是菩薩往生的象徵。
身後	
1998	共十二卷《羅時憲全集》出版，收錄先生已完成及未完成著作多種，包括《成唯識論述記刪注》首四卷、《瑜伽師地論纂釋》四卷及《解深密經測疏節要》等。

附表二：佛教法相學會大事年表

年分	事件
1964	羅時憲籌備創立佛教法相學會。
1965	羅時憲與韋達、梁隱盦、林潤根、姚繼華、王慶甫、霍韜晦、李潤生、鄧綺年、葉文意、高永霄、溫藻沂、張智樑、申士炤共同創立佛教法相學會。羅時憲任主席，韋達任副主席。
1968	首輯《法相學會集刊》出版，刊登會員和學友的研究成果。集刊至今已出版九輯。
1974	羅時憲《能斷金剛般若波羅蜜多經纂釋》出版；韋達英譯《成唯識論》出版。
1978	羅時憲《唯識方隅》講稿出版，後被編輯為《唯識方隅》（上編）。
1984	羅時憲移民加拿大，自此穿梭港、加兩地講授佛學。
1991	羅時憲《唯識方隅》全書出版。
1993	十二月，羅時憲逝世；羅德光加入法相學會，積極籌款。
1994	李潤生接任主席。
1998	十二卷《羅時憲全集》出版；龍永揚接任主席。
2000	學會於旺角白布街藝興大廈首置會址。
2001	趙國森接任主席。
2003	李潤生在女真言宗講授《成唯識論》，長達十年，並與香港大學佛學研究中心合作開辦四年制的漢文佛典課程。
2006	陳雁姿接任主席。
2008	會址轉為九龍彌敦道儉德大廈單位。
2015	得陳廷驊基金會捐款，陸續添置電腦器材。
2017	開始聘請全職員工，並把過去的課堂內容放置網上。
2017	正式得志琳衛施基金會捐款。
2019	麥國豪接任主席。

參考文獻

中文文獻

丁新豹：〈嶺南的開發與香港前代的發展〉，收入香港城市大學中國文化中心編：《嶺南歷史與社會》，香港：香港城市大學出版社，2003年，頁93-107。

上田義文著，陳一標譯：《大乘佛教思想》，臺北：東大圖書公司，2002年。

上田義文著，陳榮灼編譯：《色即空・空即色——上田義文唯識學論文集》，臺北：政大出版社，2022年。

于君方：〈西遊與東遊——漢傳佛教與亞洲的跨文化交流〉，收入釋果鏡、廖肇亨編：《求法與弘法——漢傳佛教的跨文化交流國際研討會論文集》，臺北：法鼓文化，2015年，頁27-42。

于君方著，方怡蓉譯：《漢傳佛教復興：雲棲袾宏及明末融合》，臺北：法鼓文化，2021年。

于君方著，方怡蓉譯：《漢傳佛教專題史》，臺北：法鼓文化，2022年，頁329-356。

水野弘元著，香光書鄉編譯組譯：《佛教的真髓》，嘉義：香光書鄉，2002年。

水野弘元著，李立東譯：《經典成立史》，上海：華東師範大學出版社，2017年。

中共中央文獻研究室編：《毛澤東文集：第8卷》，北京：人民出版社，1999年。

中村元著，香光書鄉編譯組譯：《從比較觀點看佛教》，臺北：香光書鄉出版社，2003年。

木村泰賢：〈佛教研究之大方針〉，收入張曼濤編：《佛學研究方法》，臺北：大乘文化出版社，1978年，頁93-113。

木村泰賢著，釋依觀譯：《原始佛教思想論》，臺北：臺灣商務印書館，2019年。

方東美：《方東美先生演講集》，臺北：黎明文化，2004年。
方東美：《中國大乘佛學》，全兩冊，臺北：黎明文化，2004年。
方東美：《生生之德》，臺北：黎明文化，2004年。
方東美：《華嚴宗哲學（上）》，臺北：黎明文化，1992年。
王恩洋：《中國佛教與唯識學》，北京：宗教文化出版社，2003年。
王俊傑：《王恩洋儒佛思想研究：唯識學與儒學的雙重變奏》，臺北：崧博出版，2019年。
王齊樂：《香港中文教育發展史》，香港：三聯書店，2022年。
王賡武：〈結論篇：香港現代社會〉，收入王賡武編：《香港史新編增訂版（下冊）》，香港：三聯，2017年，頁965-973。
孔慧怡：《大埔故事》，香港：牛津大學出版社，2023年。
孔慧怡：《重寫翻譯史》，香港：香港中文大學翻譯研究中心，2005年。
世親造，陳森田譯：〈三自性論 Trisvabhāvanirdeśaḥ〉，《法相學會集刊》第9輯（2023）：201-214。
石上玄一郎著，吳村山譯：《輪迴與轉生：死後世界的探究》，臺北：東大圖書公司，2015年。
台大哲學系事件調查小組：《台大哲學系事件調查報告》，臺北：國立臺灣大學圖書館，2013年。
平川彰著，莊昆木譯：《印度佛教史》，北京：北京聯合出版公司，2020年。
左舜生著，蔡登山編：《左舜生回憶錄》，臺北：秀威經典，2023年。
冉雲華：《從印度佛教到中國佛教》，臺北：東大圖書公司，1995年。
白照傑、李騰：《十字門內飄法雨——澳門當代佛教問題研究》，香港：香港中文大學人間佛教研究中心，2020年。
白德滿（Don A. Pittman）著，鄭清榮譯：《太虛：人生佛教的追尋與實現》，臺北：法鼓文化，2008年。
危丁明：《香港孔教》，北京：宗教文化出版社，2015年。
危丁明：〈香港的傳統宗教管理初探——從《文武廟條例》到《華人廟宇條例》〉，《田野與文獻》第49期（10/2007）：35-44。
朱文光：《佛學研究導論》，臺北：文津出版社，2008年。
牟宗三：《佛性與般若（上冊）》，臺北：臺灣學生書局，2004年。
牟潤孫：《注史齋叢稿：增訂本（上）》，北京：中華書局，2009年。
邢東風：〈居士佛教〉，收入沖本克己、菅野博史編，辛如意譯：《中國文化中的佛教——中國 III：宋元明清》，臺北：法鼓文化，2015年，頁368-371。
安德魯・佩蒂格里（Andrew Pettegree）、亞瑟・德韋杜文（Arthur der

Weduwen）著，陳錦慧譯：《圖書館生滅史》，臺北：時報文化，2023年。
志賀市子著，宋軍譯：《香港道教與扶乩信仰：歷史與認同》，香港：香港中文大學出版社，2013年。
列寧：〈論工人政黨對待宗教的態度〉，《列寧全集：第15卷》，北京：人民出版社，1963年，頁376-387。
江燦騰：《認識臺灣本土佛教：解嚴以來的轉型與多元新貌》，臺北：臺灣商務印書館，2012年。
任繼愈：《任繼愈禪學論集》，北京：商務印書館，2005年。
李四龍：〈論「五重玄義」的解經體例——再談中國佛教宗派的成立依據〉，《華梵人文學報》第19期：天台學專刊（5/2013）：143-167。
李志夫：《晚霞集》，臺北：法鼓文化，2019年。
李明輝：〈關於「新儒家」的爭論：回應《澎湃新聞》訪問之回應〉，收入思想編委會編：《思想（29）：動物與社會》，臺北：聯經，2015年，頁273-283。
李葛夫：〈月稱《入中論》辯破唯識無境之探究〉，《法相學會集刊》第6輯（2008）：47-92。
李賢中：《中國哲學研究方法的可能之路》，臺北：台大出版中心，2022年。
李潤生：《十二門論析義》，香港：佛教志蓮圖書館及羅時憲弘法基金有限公司，2003年。
李潤生：《中論析義》，全兩冊，香港：佛教志蓮圖書館及羅時憲弘法基金有限公司，1999年。
李潤生：《生活中的佛法——山齋絮語》，臺北：全佛文化，2000年。
李潤生：《正理滴論解義》，香港：密乘佛學會，1999年。
李潤生：《因明入正理論導讀》，全兩冊，臺北：全佛文化，1999年。
李潤生：《成唯識論述記解讀》，暫十冊，安大略省：安省佛教法相學會，2005-2017年。
李潤生：《百論析義》，全兩冊，臺北：全佛文化，2001年。
李潤生：〈佛家唯識宗種子學說之研究〉，香港：新亞研究所碩士論文，1966年。
李潤生：《佛家輪迴理論（上）》，臺北：全佛文化，2000年。
李潤生：〈淨土建立的理論〉，收入陳雁姿、鄭明娟編：《淨土論集》，香港：佛教法相學會，2020年，頁5-145。
李潤生：《唯識二十論導讀》，臺北：全佛文化，1999年。
李潤生：《唯識三十頌導讀》，臺北：全佛文化，2011年。

李潤生：《唯識、因明、禪偈的深層探究（下）》，臺北：全佛文化，2001年。
李潤生：〈微言憶錄〉，《毅圃》第8期（12/1996）：29-30。
李潤生：《禪宗公案》，臺北：方廣文化，2016年。
李潤生：〈轉識成智困難的辨解〉，《法相學會集刊》第6輯（2008）：1-46。
李潤生：〈續佛慧命〉，收入羅時憲先生治喪委員會編：《羅時憲先生哀思錄》，香港：（私人印刷），1994年，頁53-55。
李潤生講，陳雁姿編：《六門教授習定論講記》，香港：佛教法相學會，2012年。
李潤生講：《五重唯識觀講記》，香港：佛教法相學會，2012年。
李潤生講：《瑜伽菩薩戒講記》，香港：佛教法相學會，2012年。
李潤生、陳雁姿、尤堅、衍希法師、駱慧瑛、鄭慧儀：《淨土論集》，香港：佛教法相學會，2020年。
李潔文：〈世親與普特南對實在論的批判〉，香港：新亞研究所碩士論文，1985年。
辛漢威：〈開寶梵本《大佛頂白傘蓋陀羅尼輪曼荼羅》解讀——兼與普通真言藏梵本、房山石經不空譯本之比較〉，《法相學會集刊》第8輯（2018）：19-100。
呂有祥：〈太虛法師與武昌佛學院〉，收入霍韜晦編：《太虛誕生一百周年國際會議論文集》，香港：法住出版社，1990年，頁278-294。
呂凱文：〈論僧俗二眾之宗教教育——從僧俗身份的區分與宗教職能的定位談起〉，《世界宗教學刊》第5期，2005年6月，頁59-109。
呂澂：《中國佛學源流略講》，北京：中華書局，2002年。
呂澂：〈內學院研究工作的總結和計畫〉，收入洪啟嵩、黃啟霖編：《呂澂：當代佛學的泰斗》，臺北：大塊文化，2021年，頁184-191。
呂澂：《印度佛學源流略講》，上海：上海人民出版社，2005年。
呂澂：〈正覺與出離〉，收入洪啟嵩、黃啟霖編：《呂澂：當代佛學的泰斗》，臺北：大塊文化，2021年，頁192-200。
呂澂：《西藏佛學原論》，臺北：大千出版社，2003年。
呂澂：《佛教研究法》，臺北：新文豐，1996年。
呂澂：《呂澂大師講解經論（上）》，新北：大千出版社，2012年。
呂澂：〈試論中國佛學有關心性的基本思想〉，收入洪啟嵩、黃啟霖編：《呂澂：當代佛學的泰斗》，臺北：大塊文化，2021年，頁43-50。
呂澂：〈覆熊十力書二〉（1943年4月12日），收入熊十力等著，林安梧編：《現代儒佛之爭》，臺北：明文書局，1997年，頁464-468。

吳汝鈞：《中國佛學的現代詮釋》，臺北：文津，1995年。
吳汝鈞編著：《佛教思想大辭典》，臺北：臺灣商務印書館，1992年。
吳昊：《老香港・逝水無聲》，香港：次文化堂，2012年。
何三：〈李葛夫老師：弘法道心　青春自在〉，《溫暖人間》第599期（8/2022）：12-19。
何金強：〈支那內學院佛學教育初探——呂澂的五科佛學思想〉，《人間佛教研究》第4期（2013）：1-22。
何建明：《人間佛教與現代港澳佛教：太虛大師、竺摩法師與港澳佛教》，全兩冊，香港：新新出版公司，2006年。
余英時：《中國文化史通釋》，香港：牛津大學出版社，2010年。
余英時：《現代學人與學術》，桂林：廣西師範大學出版社，2006年。
余英時：〈試釋「五四」新文化運動的歷史作用〉，收入錢永祥編：《思想37：「五四」一百週年》，臺北：聯經，2019年。
余悅：〈能仁書院　爭取升格大學〉，《香港佛教》第627期（8/2018）：5-10。
汪娟：〈唐代彌勒信仰與佛教諸宗派的關係〉，《中華佛學學報》第5期（7/1992）：193-231。
佛經選要編纂會編：《佛經選要》，全兩冊，香港：金剛乘學會，1961年。
冼玉儀：〈社會組織與社會轉變〉，收入王賡武編：《香港史新編增訂版（上冊）》，頁171-226。
邵佳德：《近代佛教改革的地方性實踐：以民國南京為中心（1912-1949）》，臺北：法鼓文化，2017年。
阿城：《閑話閑說——中國世俗與中國小說》，臺北：時報文化，1994年。
空華：〈弘法宗風　不懈求突破〉，《溫暖人間》第579期（10/2021）：16-23。
周貴華：《唯識、心性與如來藏》，北京：宗教文化出版社，2007年。
周慶華：《佛學新視野》，臺北：東大圖書公司，1997年。
段義孚（Yi-fu Tuan）著，趙世玲譯：《浪漫主義地理學》，臺北：立緒文化，2018年。
林皓賢、黃樂怡：《宗教與香港：從融合到融洽》，香港：樹仁大學商業、經濟及公共政策研究中心，2017年，頁170。
林國良：《成唯識論直解》，上海：復旦大學出版社，2000年。
林鎮國：《空性與方法：跨文化佛教哲學十四講》，臺北：政大出版社，2012年。
林鎮國：《空性與現代性：從京都學派、新儒家到多音的佛教詮釋學》，臺北：立緒文化，1999年。

林鎮國：〈論證與釋義：江戶時期基辨與快道《觀所緣緣論》注疏的研究〉，《佛光學報》第4卷，第2期（7/2018）：373-420。
林鎮國：《辯證的行旅》，臺北：立緒文化，2002年。
季羨林：〈玄奘與《大唐西域記》〉，收入季羨林、湯一介編：《中華佛教史‧佛教史論集》，太原：山西教育出版社，2013年，頁62-167。
季羨林：《季羨林佛教學術論文集》，臺北：東初出版社，1995年。
俞如：〈一燈傳萬燈　開居士弘法之風——憶唯識學宗師羅時憲居士〉，《明覺》第106期（7/2008）。
侯坤宏：《太虛法師：多維視角下的民國佛教（1919–1949）》，臺北：國立政治大學出版社，2018年。
侯坤宏：《浩劫與重生：1949年以來大陸佛教》，臺南：妙心出版，2012年。
侯坤宏：《論近代香港佛教》，香港：香港中文大學人間佛教研究中心，2021年。
侯坤宏：《論馬來西亞近代漢傳佛教——一個局外人的觀察》，香港：香港中文大學人間佛教研究中心，2021年。
施志明：《本本論俗——新界華人傳統風俗》，香港：中華書局，2016年。
香港佛教法相學會梵文小組編：《《瑜伽師地論》〈真實義品〉梵漢英對照及梵文文法分析》，香港：佛教法相學會，2017年。
香港佛教聯合會編：《大德行誼——近代香港佛教人物傳》，香港：天地圖書，2023年。
范偉濤：〈玄奘法師「真唯識量」的評析〉，《法相學會集刊》第6輯（2008）：115-142。
荒木見悟著，廖肇亨譯：《明末清初的思想與佛教》，臺北：聯經，2006年。
高永霄：〈太虛大師與香港佛教〉，收入霍韜晦編：《太虛誕生一百周年國際會議論文集》，香港：法住出版社，1990年，頁313-330。
高永霄：《佛學研究初探》，香港：三輪佛學社、世界佛教友誼會港澳分區總會、佛教法相學會，2020年。
高永霄：〈香港佛教各宗派弘傳概略〉，《香港佛教》第241期，1980年6月，頁4-8。
高永霄：〈香港佛教源流〉，《法相學會集刊》第3輯（1992）：第三章。
高永霄：〈香港佛教源流（續）〉，《法相學會集刊》第6輯（2019）：143-168。
高永霄：〈英譯「成唯識論」出版十週年〉，《香港佛教》第291期（8/1984）：23-24。

高永霄：〈悼念韋達居士〉，《香港佛教》第210期（11/1977）：14-15。
高永霄：〈歐陽竟無年譜初稿〉，《內明》第38、39期（5、6/1975）：17-18、31-33。
高永霄：〈發揚羅公的講學精神〉，收入羅時憲先生治喪委員會編：《羅時憲先生哀思錄》，香港：（私人印刷），1994年，頁58-63。
高秉業（高永霄）：〈「法相」回憶錄〉，《法相學會集刊》第5輯，2003年12月，頁22-43。
高承恕：〈曾經滄海難為水——香港的世界網絡與俗民社會〉，收入高承恕、陳介玄編：《香港：文明的延續與斷裂？》，臺北：聯經，1997年，頁335-352。
高振農：〈呂澂對佛學研究人才的培養〉，《普門學報》第3期，2001年5月，頁335-350。
袁宏禹：《20世紀中國唯識學史要》，北京：中華書局，2020年。
唐君毅：《中國哲學原論・原性篇》，臺北：臺灣學生書局，1991年。
唐君毅：《中華人文與當今世界（上）》，臺北：臺灣學生書局，1988年。
唐君毅：《中華人文與當今世界補編》，全兩冊，臺北：臺灣學生書局，2018年。
唐君毅：《生命存在與心靈境界（下）》，臺北：臺灣學生書局，1986年。
唐君毅：《哲學概論（下）》，臺北：臺灣學生書局，1996年。
唐君毅：《說中華民族之花果飄零》，臺北：三民書局，2002年。
唐君毅：《書簡》，臺北：臺灣學生書局，1990年。
唐秀連：〈「學術的佛教教育」在價值多元化社會的定位與取向〉，收入學愚編：《佛教文化與現代實踐》，香港：中華書局，2014年，頁173-214。
徐郁縈：《新加坡人間佛教的起承轉合》，香港：香港中文大學人間佛教研究中心，2021年。
陳一標：〈中日法相宗傳承與宗風之比較〉，《玄奘佛學研究》第3期（7/2005）：105-126。
陳天機：《學海湧泉：系統視野、天上人間》，香港：牛津大學出版社，2016年。
陳宗元：〈日本唯識思想的展開〉，《圓光佛學學報》第27期（6/2016）：79-105。
陳宗元：〈護法在《成唯識論》的立場之研究〉，《中華佛學學報》第7期（1994）：149-166。
陳明銶：〈中國近代史之「香港因素」與香港研究之「大中華」基礎理念：全球、區域、國家、地區及本地層次的論述〉，收入「香港的歷史與社會研究」國際學術研討論籌委會編：《香港的歷史與社會研究》，香港：（私人印刷），2017年，頁16-24。
陳森田：〈僧肇的聖人觀念〉，《法相學會集刊》第7輯（2013）：95-119。
陳森田：〈對「法稱否定比量分類」的評鑒〉，《法相學會集刊》第4輯（1996）：第七章。
陳雁姿：〈法相學會延續優良傳統　居士弘法薪火傳〉，《明覺》第55期，2007年7月。
陳雁姿：〈佛教辯道學的方法與精神〉，《志蓮文化集刊》第8期（2012）：131-151。
陳雁姿：《佛說觀無量壽佛經析解》，北京：宗教文化出版社，2020年。
陳雁姿：〈陳那《集量論・現量品》對佛家知識論的建構〉，《法相學會集刊》第5輯（2003）：127-147。
陳雁姿：《陳那觀所緣緣論之研究》，香港：志蓮淨苑文化部，1999年。
陳雁姿：〈從《慈恩傳》看玄奘法師的彌勒信仰的弘持〉，《志蓮文化集刊》第11期（2015）：157-178。
陳雁姿：《顯揚聖教論解讀》，暫兩冊，香港：佛教法相學會，2021年。
陳鈞賢：〈革命教育家陳嘯秋〉，《溫州文史資料》第9輯（1/1994）：155-158。
陳湛銓著，陳達生、孫廣海編：《修竹園文》，香港：商務印書館，2024年。
陳慎慶：〈宗教的結構與變遷〉，收入謝均才編：《我們的地方　我們的時間：香港社會新論》，香港：牛津大學出版社，2002年，頁376-410。
陳榮灼：《上田唯識思想之研究：現象學的進路》，新竹：國立清華大學出版社，2022年。
陳瓊璀、李嘉偉、向瑞屏、陳雁姿、釋覺泰、葉莉娜等合撰：《瑜伽師地論・本地分解讀》，暫五冊，香港：佛教法相學會，2020——2024年。
陳繼東：〈近代中日佛教徒的對話——楊文會與南條文雄的交流〉，收入劉笑敢、川田洋一編：《儒、釋、道之哲學對話——東方文化與現代社會國際學術會議論文集》，香港：商務印書館，2007年，頁75-87。
麻天祥：《晚清佛學與近代社會思潮》，開封：河南大學出版社，2005年。
張玉法：《中國現代史》，臺北：臺灣東華書局，1998年。
張丕介：《粉筆生涯二十年》，香港：新亞書院，1970年。
張丕介：〈學術自由在香港〉，《新亞生活》第1卷，第3期（6/1958）：1-3。

張光直：《蕃薯人的故事》，新北：聯經，2023年。
張志強：〈「法相廣於唯識，非一慈恩宗所可概」－試論「唯識、法相分宗說」在歐陽竟無佛學思想中的奠基地位〉，收入中山大學人文學院佛學研究中心編：《漢語佛學評論（第二輯）》，上海：上海古籍出版社，2011年，頁295-358。
張岱年：《中國哲學大綱》，北京：中國社會科學出版社，1997年。
張雪松：《法雨靈岩：中國佛教現代化歷史進程中的印光法師研究》，臺北：法鼓文化，2011年。
張曼濤：〈當代中國的佛教思想〉，《哲學與文化》第6卷，第5期，1979年8月，頁25-29。
張瑞威：〈老香港的節日及風俗〉，收入蕭國健、游子安編：《鑪峰古今：香港歷史文化論集2013》，香港：珠海學院香港歷史文化研究中心，2014年，頁21-40。
張澄基：〈我們急切需要一部佛教「聖經」〉，收入劉銳之：〈贈送「佛經選要」通啟〉，《金剛乘季刊》第27期，1986年5月，頁7-13。
張鼎國：《詮釋與實踐》，北京：商務印書館，2016年。
張錯：《利瑪竇入華及其他》，香港：香港城市大學出版社，2007年。
張曉翔：《漢傳因明的傳承與發展研究》，北京：人民出版社，2017年。
黃兆輝：《積極不干預：港英政府的中國通》，香港：香港中文大學出版社，2018年。
黃首鋼、黃美鳳：〈訪羅德光先生〉，《法相季刊》第1期（1/2016）：7-8。
黃敏浩：〈佛家思想概述——中國佛教的歷史、宗派思想及性格〉，收入楊國榮、溫帶維編：《中國文明與自主之道》，香港：匯智出版，2008年，頁157-191。
梅光羲：〈相宗新舊兩譯不同論〉，收入張曼濤編：《唯識問題研究》，臺北：大乘文化出版社，1978年，頁89-95。
深町英夫：《教養身體的政治：中國國民黨的新生活運動》，北京：三聯書店，2017年。
梁冠麗：〈建立生命之學——「漢文佛典證書課程」〉，《明覺》第154期（6/2009）。
梁基永：《道從此入：清代翰林與香港》，香港：中華書局，2022年。
梁漱溟：《東西文化及其哲學》，上海：上海人民出版社，2006年。
彭國翔：《中國哲學方法論：如何治「中國哲學」》，上海：上海三聯書店，2020年。
傅偉勳：《佛教思想的現代探索》，臺北：東大圖書公司，1995年。

傅偉勳：〈佛學、西學與當代新儒家——宏觀的哲學考察〉，《二十一世紀雙月刊》第38期（12/1996）：68-79。
傅偉勳：《從創造的詮釋學到大乘佛學》，臺北：東大圖書公司，1999年。
許源泰：《獅城佛光——新加坡佛教發展百年史》，香港：香港中文大學人間佛教研究中心，2020年。
陸鴻基：〈香港歷史與香港文化〉，收入冼玉儀編：《香港文化與社會》，香港：香港大學亞洲研究中心，1995年。
葉文意：〈香港早期之佛教發展（清末至一九三七年）〉，《法相學會集刊》第3輯（1992）：第四章。
葉文意：〈莊嚴洒脫的剎那　紀念羅時憲先生〉，收入羅時憲先生治喪委員會編，《羅時憲先生哀思錄》，香港：（私人印刷），1994年，頁47-49。
湯用彤：《隋唐及五代佛教史》，臺北：慧炬出版社，1997年。
勞思光：《文化哲學講演錄》，香港：中文大學出版社，2002年。
勞思光：《文化問題論集新編》，香港：中文大學出版社，2000年。
勞思光：《中國文化路向問題的新檢討》，臺北：東大圖書公司，1993年。
勞思光：《危機世界與新希望世紀——再論當代哲學與文化》，香港：中文大學出版社，2007年。
勞思光：《思光人物論集》，香港：香港中文大學出版社，2001年。
勞思光：《哲學問題源流論》，香港：中文大學出版社，2001年。
勞思光：《虛境與希望——論當代哲學與文化》，香港：中文大學出版社，2003年。
勞思光：《新編中國哲學史（二）》，臺北：三民書局，2004年。
勞思光：《歷史之懲罰新編》，香港：中文大學出版社，2000年。
程恭讓：〈導讀〉，收入程恭讓編：《歐陽漸內學集萃》，北京：商務印書館，2018年，頁1-16。
馮樹勳、江浩民：《一生參學事——香港佛化生命教育研探》，香港：香港中文大學人間佛教研究中心，2022年。
賀麟：《五十年來的中國哲學》，上海：上海人民出版社，2012年。
楊文會：〈十宗略說〉，收入周繼旨校點：《楊文會全集》，合肥：黃山書社，2000年，頁147-156。
楊惠南：《佛教思想發展史論》，臺北：東大圖書公司，2003年。
楊惠南：〈從「人生佛教」到「人間佛教」〉，收入霍韜晦編：《太虛誕生一百周年國際會議論文集》，香港：法住出版社，1990年，頁176-213。
楊惠南：《禪史與禪思》，臺北：東大圖書公司，2008年。

楊維中：《中國唯識宗通史》，全兩冊，南京：鳳凰出版社，2008年。
楊儒賓：《1949禮讚》，臺北：聯經，2015年。
勝呂信靜：〈佛教的兩大思潮（下）瑜珈佛教〉，收入水野弘元等著，許洋主譯：《印度的佛教》，臺北：法爾出版社，2014年，頁167-186。
葛兆光：《亞洲史的研究方法——以近世東部亞洲海域為中心》，香港：商務印書館，2023年。
趙國森：《解深密經導讀》，臺北：全佛文化，1998年。
趙敬邦：〈王船山《相宗絡索》歷史意義初探〉，《慈氏學研究2016/2017雙年刊》，香港：慈氏文教基金有限公司，2018年，頁150-161。
趙敬邦：〈中國哲學研究方法論芻議——反省劉笑敢教授「反向格義」與「兩種定向」的觀點〉，《鵝湖學誌》第62期（6/2019）：127-160。
趙敬邦：〈中國哲學研究方法論再議——論關子尹教授對西方哲學所作詮釋的啟示〉，《鵝湖月刊》第573期（3/2023）：39-50。
趙敬邦：〈李潤生先生訪問〉，《毅圃》第48期，2009年5月，頁10-20。
趙敬邦：〈唯識在香港的傳承〉，《中國文哲研究通訊》第24卷，第2期，2014年10月，頁37-48。
趙敬邦：《激盪即無礙：佛教與儒道思想的互動》，香港：三聯，2020年。
廖廸生編：《香港廟宇（下卷）》，香港：萬里機構，2022年。
廖明活：《中國佛教思想述要》，臺北：臺灣商務印書館，2006年。
鄧家宙：《香港佛教史》，香港：中華書局，2015年。
鄧家宙：〈香港佛教徒口述歷史採集計劃芻議〉，收入「香港的歷史與社會研究」國際學術研討論籌委會編：《香港的歷史與社會研究》，香港：（私人印刷），2017年，頁279-285。
鄧家宙：〈現代香港佛教的奠基者——香港佛教居士群像〉，《玄奘佛學研究》第32期，2019年9月，頁67-96。
維勤（Eyal Aviv）：〈對法充耳不聞？——20世紀中國關於聞熏（Srutavāsanā）思想以及聞與思本質的辯論〉，收入中山大學人文學院佛學研究中心編：《漢語佛學評論（第一輯）》，上海：上海古籍出版社，2009年，頁85-112。
劉宇光：〈一個徘徊在中國內地的學院佛學研究上空的幽靈〉，收入趙文崇、劉宇光編：《現代佛教與華人社會》，香港：紅出版，2012年，頁24-65。
劉宇光：《左翼佛教和公民社會：泰國和馬來西亞的佛教公共介入之研究》，桃園：法界出版社，2019年。
劉宇光：〈殖民地、公民社會及宗教自由：回應侯坤宏教授《論近代香港佛教》一書及進一解〉，《臺灣宗教研究》第23卷，第1期

（6/2024）：107-160。
劉宇光：《量論與識論：佛教哲學研究回顧》，臺北：藏典出版社，2024年。
劉宇光：《煩惱與表識：東亞唯識哲學論集》，臺北：文津出版社，2020年。
劉成有：《近現代居士佛學研究》，北京：人民出版社，2013年。
劉述先：《全球倫理與宗教對話》，臺北：立緒文化，2001年。
劉笑敢：《詮釋與定向——中國哲學研究方法之探究》，北京：商務印書館，2009年。
劉智鵬、劉蜀永編：《香港史：從遠古到九七》，香港：香港城市大學出版社，2019年。
劉夢溪：《中國現代學術要略》，北京：三聯書店，2018年。
蔡士瑋：〈正義的延異：臺灣幽靈認同考察〉，收入洪子偉、鄧敦民編：《啟蒙與反叛：臺灣哲學的百年浪潮》，臺北：台大出版中心，2018年，頁77-98。
蔡伯郎：〈唯識無境在倫理學上的意涵〉，《正觀》第82期（9/2017）：81-113。
蔡淑儀：〈陳達志居士逾30年菩薩行〉，《香港佛教》第742期（3/2022）：18-24。
蔡榮芳：《香港人之香港史　1841-1945》，香港：牛津大學出版社，2001年。
蔡耀明：《般若波羅蜜多教學與嚴淨佛土：內在建構之道的佛教進路論文集》，南投：正觀出版社，2001年。
蔡禮德：〈佛家因明提綱〉，《法相學會集刊》第7輯（2013）：73-120。
鄭宏泰、黃紹倫：《山光道上的足跡：東蓮覺苑八十年》，香港：三聯書店，2016年。
鄭家棟：《當代新儒學論衡》，臺北：桂冠圖書，1995年。
鄭偉宏：《漢傳佛教因明研究》，北京：中華書局，2007年。
潘秀英：《中國書院發展與佛教的關係》，臺北：花木蘭文化事業有限公司，2022年。
潘桂明：《中國居士佛教史》，全兩冊，北京：中國社會科學出版社，2000年。
潘國靈：〈「文化沙漠」論一探〉，《明報月刊》第49卷，第7期，2014年7月，頁68-69。
歐陽漸：〈今日之佛法研究〉，收入程恭讓編：《歐陽漸內學集萃》，北京：商務印書館，2018年，頁519-523。
歐陽漸：〈支那內學院研究會開會辭〉，收入程恭讓編：《歐陽漸內學集萃》，北京：商務印書館，2018年，頁514-516。

歐陽漸：〈支那內學院院訓釋〉，收入程恭讓編：《歐陽漸內學集萃》，北京：商務印書館，2018年，頁19-87。
歐陽漸：《佛法非宗教非哲學・以俗說真之佛法談》，香港：佛教法相學會，1972年重印。
歐陽漸：〈法相諸論敘合刊〉，收入程恭讓編：《歐陽漸內學集萃》，北京：商務印書館，2018年，頁376-385。
歐陽漸：〈《唯識》抉擇談〉，收入歐陽漸著，程恭讓編：《歐陽漸內學集萃》，北京：商務印書館，2018年），頁430-465。
歐陽漸：〈答陳真如書（二則）〉，收入歐陽漸：《歐陽竟無佛學文選》，武漢：武漢大學出版社，2009年，頁352-362。
歐陽漸：〈楊仁山居士傳〉，收入程恭讓編：《歐陽漸學集萃》，北京：商務印書館，2018年，頁532-535。
歐陽漸：〈瑜伽師地論敘〉，收入程恭讓編：《歐陽漸內學集萃》，北京：商務印書館，2018年，頁153-189
歐陽漸：〈與章行嚴書〉，收入麻天祥編：《歐陽竟無佛學文選》，武昌：武漢大學出版社，2009年，頁334-337。
歐陽漸：〈精刻大藏經緣起〉，收入麻天祥編：《歐陽竟無佛學文選》，武昌：武漢大學出版社，2009年，頁288-291。
歐陽漸等：〈法相大學特科開學講演〉，收入《歐陽漸選集・呂澂選集・王恩洋選集・景昌極選集》，臺北：彌勒出版社，1984年，頁123-127。
蔣維喬：《中國佛教史》，上海：上海世紀出版社，2007年。
黎耀祖：〈唐代唯識學衰落原因之探討〉，《能仁學報》第10期（12/2004）：71-89。
賴永海編：《中國佛教通史（第十五卷）》，南京：江蘇人民出版社，2010年。
錢新祖：《中國思想史講義》，臺北：台大出版中心，2013年。
學愚：《中國佛教的社會主義改造》，香港：香港中文大學出版社，2015年。
霍韜晦：〈一燈燃百千燈　敬悼　時憲老師〉，收入羅時憲先生治喪委員會編：《羅時憲先生哀思錄》，香港：（私人印刷），1994年，頁50-52。
霍韜晦：〈佛家的知識哲學〉，香港：新亞研究所碩士論文，1966年。
霍韜晦：《絕對與圓融——佛教思想論集》，臺北：東大圖書公司，2002年。
蕭萐父：《中國哲學史史料源流舉要》，北京：文津出版社，2017年。

謝幼偉：〈抗戰七年來之哲學〉，收入賀麟：《五十年來的中國哲學》，上海：上海人民出版社，2012年。
謝向榮：〈陳湛銓先生及其著作綜述〉，《中國文哲研究通訊》第27卷，第3期（9/2017）：61-100。
韓廷傑：《唯識學概論》，臺北：文津出版社，1993年。
藍吉富：《二十世紀的中日佛教》，臺北：新文豐，1991年。
關子尹：《從哲學的觀點看》，臺北：東大圖書公司，1994年。
關子尹：《語默無常：尋找定向中的哲學反思》，香港：牛津大學出版社，2008年。
羅琤：《金陵刻經處研究》，上海：上海社會科學院出版社，2010年。
羅勁松（寶僧法師）：〈因明綱要〉，收入張忠義、光泉、剛曉編：《因明新論——首屆國際因明學術研討會文萃》，北京：中國藏學出版社，2006年，頁258-268。
羅勁松（寶僧法師）：〈《因滴論》破相違決定及第四第五相〉，《法相學會集刊》第9輯（2023）：27-54。
羅香林：《香港與中西文化的交流》，香港：中國學社，1961年。
羅時憲：〈全書提要〉，收入佛經選要編纂會編：《佛經選要（上冊）》，香港：金剛乘學會，1961年，頁1-3。
羅時憲：〈選輯後記〉，收入佛經選要編纂會編：《佛經選要（下冊）》，香港：金剛乘學會，1961年。
羅時憲，《羅時憲全集（第一卷）：八千頌般若經論對讀（上）》，香港：佛教志蓮圖書館、羅時憲弘法基金有限公司，1998年。
羅時憲，《羅時憲全集（第二卷）：八千頌般若經論對讀（下）》，香港：佛教志蓮圖書館、羅時憲弘法基金有限公司，1998年。
羅時憲，《羅時憲全集（第三卷）：能斷金剛般若波羅蜜多經纂釋・般若波羅蜜多心經講錄》，香港：佛教志蓮圖書館、羅時憲弘法基金有限公司，1998年）。
羅時憲，《羅時憲全集（第四卷）：解深密經測疏節要》，香港：佛教志蓮圖書館、羅時憲弘法基金有限公司，1998年。
羅時憲，《羅時憲全集（第五卷）：瑜伽師地論纂釋（一）》，香港：佛教志蓮圖書館、羅時憲弘法基金有限公司，1998年。
羅時憲，《羅時憲全集（第六卷）：瑜伽師地論纂釋（二）・攝大乘論疏・大乘掌中論略疏》，香港：佛教志蓮圖書館、羅時憲弘法基金有限公司，1998年。
羅時憲：《羅時憲全集（第七卷）：成唯識論述記刪注（一）》，香港：佛教志蓮圖書館、羅時憲弘法基金有限公司，1998年。

羅時憲：《羅時憲全集（第八卷）：成唯識論述記刪注（二）》，香港：佛教志蓮圖書館、羅時憲弘法基金有限公司，1998年。
羅時憲：《羅時憲全集（第九卷）：成唯識論述記刪注（三）》，香港：佛教志蓮圖書館、羅時憲弘法基金有限公司，1998年。
羅時憲：《羅時憲全集（第十卷）：唯識方隅》，香港：佛教志蓮圖書館、羅時憲弘法基金有限公司，1998年。
羅時憲：《羅時憲全集（第十一卷）：學術論文集》，香港：佛教志蓮圖書館、羅時憲弘法基金有限公司，1998年。
羅時憲：《羅時憲全集（第十二卷）：詩文・聯語・遺照・墨跡》，香港：佛教志蓮圖書館、羅時憲弘法基金有限公司，1998年。
羅時憲：《唯識方隅》，香港：佛教法相學會，2004年。
羅時憲講：《現觀莊嚴論略釋講義》，香港：佛教法相學會，2005年。
羅時憲講，陳雁姿編：《止觀大意講記》，香港：佛教法相學會，2017年。
羅時憲講：陳雁姿、鄭明娟編：《西方要決講記》，香港：佛教法相學會，2021年。
羅時憲講，陳雁姿編：《成唯識論講記——附《百法明門論》略析》，香港：佛教法相學會，2015年。
羅時憲講，陳雁姿等編：《能斷金剛般若波羅蜜多經纂釋講記》，全四冊，香港：佛教法相學會，2019年
羅時憲講，陳雁姿等編：《唯識方隅講記》，全四冊，香港：佛教法相學會弘法資源有限公司，2020年。
羅時憲講，陳雁姿、余志偉編：《瑜伽菩薩戒本及略攝頌講記》，香港：佛教法相學會，2019年。
羅時憲先生治喪委員會編：《羅時憲先生哀思錄》，香港：（私人印刷），1994年。
釋世光：〈法相唯識學中國所傳〉，收入張曼濤編：《唯識學的發展與傳承》，臺北：大乘文化出版社，1978年，頁319-342。
釋太虛：〈即人成佛的真現實論〉，收入釋印順編：《太虛大師選集（下）》，新竹：正聞出版社，2013年，頁213-234。
釋太虛：〈我的佛教改進運動略史〉，收入釋印順編：《太虛大師選集（下）》，新竹：正聞出版社，2013年，頁257-309。
釋太虛：〈居士學佛之程序〉，收入太虛大師全書編纂委員會編：《太虛大師全書（第35冊）：制藏　學行》，臺北：太虛大師全書影印委員會，1970年，頁204-216。
釋太虛：〈建設人間淨土論〉，收入太虛大師全書編纂委員會編：《太虛大師全書（第47冊）：論藏：支論（二）》臺北：太虛大師全書影印

委員會，1970年，頁349-430。
釋太虛：〈建設現代中國佛教談〉，收入釋印順編：《太虛大師選集（下）》，新竹：正聞出版社，2013年，頁311-370。
釋太虛：〈從香港的感想說到香港的佛教〉，收入太虛大師全書編纂委員會編：《太虛大師全書（第56冊）：雜藏　演講（三）》，臺北：太虛大師全書影印委員會，1970年，頁471-479。
釋太虛：〈與竟無居士論作師〉，《海潮音》第8卷，第8期，1927年9月，頁30-38。
釋正持：〈《華嚴經疏・十地品》釋經方法探析〉，《中華佛學研究》第13期（2012）：1-52。
釋印順：《人間佛教論集》，新竹：正聞出版社，2007年。
釋印順：《以佛法研究佛法》，臺北：正聞出版社，1992年。
釋印順：《中國佛教論集》，北京：中華書局，2011年。
釋印順：《中國禪宗史》，新竹：正聞出版社，2003年。
釋印順：《平凡的一生》，新竹：正聞出版社，2002年。
釋印順：《印度佛教思想史》，新竹：正聞出版社，2009年。
釋印順：《佛法概論》，新竹：正聞出版社，2003年。
釋印順：〈佛經選要序二〉，收入佛經選要編纂會編，《佛經選要（下冊）》，香港：金剛乘學會，1961年。
釋印順：《淨土與禪》，臺北：正聞出版社，1992年。
釋印順：《教制教典與教學》，新竹：正聞出版社，2003年。
釋印順：《唯識學探源》，新竹：正聞出版社，2000年。
釋印順：《遊心法海六十年・契理契機之人間佛教合刊》，新竹：正聞出版社，2014年。
釋光中編：《唐玄奘三藏傳史彙編》，臺北：東大圖書公司，1989年。
釋法舫：《法舫文匯》，北京：宗教文化出版社，2012年。
釋法舫：《唯識史觀及其哲學》，北京：東方出版社，2018年。
釋法尊：《法尊法師論文集》，臺北：大千出版社，2007年。
釋則生：《唯識宗與應成派宗義抉擇（上冊）》，臺北：新文豐出版公司，2021年。
釋星雲：《佛教史》，臺北：佛教宗務委員會，1999年。
釋昭慧：《初期唯識思想——瑜伽行派形成之脈絡》，北京：宗教文化出版社，2008年。
釋筏可：〈佛經選要序一〉，收入佛經選要編纂會編，《佛經選要（下冊）》，香港：金剛乘學會，1961年。
釋聖嚴：《拈花微笑》，臺北：法鼓文化，2018年。

釋聖嚴：《教育・文化・文學》，臺北：法鼓文化，1999年。
釋聖嚴：《明末佛教研究》，臺北：法鼓文化，2000年。
釋隆根：〈居士與佛教〉，《香港佛教》第169期，1974年6月，頁5。
釋演培：〈玄奘大師的所學與所傳〉，收入張曼濤編：《玄奘大師研究（下）》，臺北：大乘佛教出版社，1977年，頁105-125。
釋演培：〈唯識思想演變史略〉，收入張曼濤編：《唯識學的發展與傳承》，臺北：大乘文化出版社，1978年，頁207-254。
釋覺光：〈香港佛教發展近貌〉，《香港佛教》第161期（10/1973）：5-6。
闞正宗：《南洋「人間佛教」先後者——慈航法師海外、臺灣弘法記（1910-1954）》，香港：香港中文大學人間佛教研究中心，2020年。
闞正宗：《重讀臺灣佛教：戰後臺灣佛教（正編）》，臺北：大千出版社，2004年。
鐮田茂雄著，關世謙譯：《中國佛教史》，臺北：新文豐，2010年。
顧偉康：《中國漢地佛典翻譯史話》，香港：香港中文大學人間佛教研究中心，2022年。
龔雋：〈近代中國佛教學中的「知識」概念——以歐陽竟無和太虛兩系為例〉，收入趙文宗、劉宇光編：《現代佛教與華人社會》，香港：圓桌文化，2012年，頁10-23。
龔雋：《禪史鈎沉：以問題為中心的思想史論述》，北京：三聯，2006年。
龔雋、陳繼東：《作為「知識」的近代中國佛學史論：在東亞視域內的知識史論述》，北京：商務印書館，2019年。

英文文獻

Aviv, Eyal. *Differentiating the Pearl From the Fish Eye: Ouyang Jingwu (1871-1943) and the Revival of Scholastic Buddhism*. Unpublished PhD Thesis: Harvard University, 2008.

Aviv, Eyal. 'Ouyang Jingwu: From Yogācāra Scholasticism to Soteriology'. In John Makeham ed. *Transforming Consciousness: Yogācāra Thought in Modern China.* New York: Oxford University Press, 2014, pp. 285-316.

Batchelor, Stephen. *Secular Buddhism: Imagining the Dharma in an Uncertain World.* New Haven and London: Yale University Press, 2017.

Becker, Gerhold K. 'Moral Education in China and the 'West': Ideals and Reality - Cross Cultural Perspective'. In Pohl, Karl-Heinz and Müller, Anselem W. ed.

Chinese Ethics in a Global Context: Moral Bases of Contemporary Societies. Leiden and Boston: Brill, 2002, pp. 245-278.

Bordwell, David. *Planet Hong Kong: Popular Cinema and the Art of Entertainment*. Cambridge MA.: Harvard University Press, 2000.

Bowman, Marilyn Laura. *James Legge and the Chinese Classics: A Brilliant Scot in the Turmoil of Colonial Hong Kong*. Altona: FriesenPress, 2016.

Burton, Dan and Grandy, David. *Magic, Mystery, and Science: The Occult in Western Civilization*. Bloomington: Indiana University Press, 2004.

Cabezón, José Ignacio. *Buddhism and Language: A Study of Indo-Tibetan Scholasticism*. New York: State University of New York Press, 1994.

Casey, John. *After Lives: A Guide to Heaven, Hell, and Purgatory*. New York: Oxford University Press, 2009.

Chan, Sin-wai. *Buddhism in Late Ch'ing Political Thought*. Hong Kong: The Chinese University Press, 1985.

Chan, Wing-tsit. *Religious Trends in Modern China*. New York: Columbia University Press, 1953.

Ch'en, Kenneth. *Buddhism in China: A Historical Survey*. New Jersey: Princeton University Press, 1964.

Chia, Jack Meng-tat. *Monks in Motion: Buddhism and Modernity across the South China Sea*. New York: Oxford University Press, 2020.

Chiu, King Pong. *Thomé H. Fang, Tang Junyi and Huayan Thought: A Confucian Appropriation of Buddhist Ideas in Response to Scientism in Twentieth-Century China*. Leiden: Brill, 2016.

Chow, Tse-tsung. *The May Fourth Movement: Intellectual Revolution in Modern China*. Cambridge MA.: Harvard University Press, 1960.

Chun, Allen. 'From Nationalism to Nationalizing: Cultural Imagination and State Formation in Postwar Taiwan'. in Jonathan Unger ed. *Chinese Nationalism*. London: Routledge, 2016, pp. 126-147.

Clower, Jason. 'Chinese Ressentiment and Why New Confucians Stopped Caring about Yogācāra'. In John Makeham ed. *Transforming Consciousness: Yogācāra Thought in Modern China*. New York: Oxford University Press, 2014, pp. 377-411.

Cohen, Paul A. *Between Tradition and Modernity: Wang T'ao and Reform in Late Ch'ing China*. Cambridge MA.: Harvard University Press, 1974.

Culler, Jonathan. 'In defense of overinterpretation'. In Umberto Eco *et al. Interpretation and Overinterpretation*. Cambridge and New York: Cambridge University Press, 1992, pp.109-124.

The Dalai Lama. 'Introduction'. In Thupten Jinpa ed. *Science and Philosophy in the Indian Buddhist Classics vol.2 The Mind*. Somerville: Wisdom Publications, 2020, pp. 1-32.

The Dalai Lama. 'Introduction'. In Thupten Jinpa ed. *Science and Philosophy in the Indian Buddhist Classics vol.3. Philosophical Schools*. Somerville: Wisdom Publications, 2022, pp. 1-9.

The Dalai Lama, H. E. Dagyab Kyabgön Rinpoché ed., Gavin Kilty trans.. *The Fourteenth Dalai Lama's Stages of the Path Vol.1: Guidance for the Modern Practitioner*. Somerville: Wisdom Publications, 2022.

de Bary, Wm. Theodore. 'Introduction'. In Wm. Theodore de Bary ed. *Self and Society in Ming Thought*. New York: Columbia University Press, 1970, pp. 1-28.

Fara, Patricia. *Science: A Four Thousand Year History*. Oxford: Oxford University Press, 2009.

Gregory, Peter N. and Getz, Daniel A. Jr. ed. *Buddhism in the Sung*. Honolulu: Hawaii University Press, 1999.

Griffiths, P. 'Buddhist Hybrid English: Some Notes on Philosophy and Hermeneutics for Buddhologists'. *Journal of International Association of Buddhist Studies* vol. 4, no.2 (1981): 18-19.

Hammerstrom, Erik J. 'The Expression "The Myriad Dharmas are Only Consciousness" in Early 20th Century Chinese Buddhism',《中華佛學學報》第23期（2010）：71-92.

Harvey, Peter. *An Introduction to Buddhism: Teachings, History and Practices*. Cambridge: Cambridge University Press, 2013.

Harvey, Peter. *An Introduction to Buddhist Ethics: Foundations, Values and Issues*. Cambridge: Cambridge University Press, 2000.

Hovey Wriggins, Sally. *Xuanzang: A Buddhist Pilgrim on the Silk Road*. Colorado and Oxford: Westview Press, 2004.

Huang, C. Julia. *Charisma and Compassion: Cheng Yen and the Buddhist Tzu Chi Movement*. Cambridge MA.: Harvard University Press, 2009.

Hughes, Aaron W. *Comparison: A Critical Primer*. Sheffield: Equinox Publishing Ltd., 2017.

Hung, Chang-tai. *Politics of Control: Creating Red Culture in the Early People's Republic of China*. Honolulu: University of Hawaii Press, 2021.

Ji, Zhe, Fisher, Gareth and Laliberté, André. 'Introduction: Exploring Buddhism in Post-Mao China'. In Ji, Zhe Fisher, Gareth and Laliberté, André ed. *Buddhism after Mao: Negotiations, Continuities, and Reinventions*. Honolulu: University of Hawaii Press, 2019, pp.1-17.

Kam, Louie ed. *Hong Kong Culture: Word and Image*. Hong Kong: Hong Kong University Press, 2010.

Kurtz, Joachim. *The Discovery of Chinese Logic*. Leiden: Brill, 2011.

Kwong, Chunwah. *The Public Role of Religion in Post-Colonial Hong Kong: A Historical Overview of Confucianism, Taoism, Buddhism, and Christianity*. US: Peter Lang, 2002.

Laliberté, André. *The Politics of Buddhist Organizations in Taiwan, 1989-2003: Safeguarding the Faith, Building a Pure Land, Helping the Poor*. London and New York: RoutledgeCurzon, 2004.

Lamotte, Étienne. 'The Assessment of Textual Interpretation in Buddhism'. In Lopez, Donald S. Jr. ed. *Buddhist Hermeneutics*. Honolulu: University of Hawaii Press, 1988, pp. 11-27.

Lau, Lawrence Y. K. 'Chinese Scholarship on Yogācāra Buddhism since 1949'. In Kragh, Ulrich T. ed. *The Foundation for Yoga Practitioners: The Buddhist Yogācārabhūmi Treatise and Its Adaptation in India, East Asia and Tibet*. Cambridge MA.: Harvard University Press, 2013, pp. 1092-1165.

Lin, Chen-kuo. 'The Uncompromising Quest for Genuine Buddhism: Lü Cheng's Critique of Original Enlightenment'. In John Makeham ed. *Transforming Consciousness: Yogācāra Thought in Modern China*. New York: Oxford University Press, 2014, pp. 343-374.

Lopez, Donald S. Jr. 'On the Interpretation of the Mahāyāna Sūtras'. In Lopez, Donald S. Jr. ed. *Buddhist Hermeneutics*. Honolulu: University of Hawaii Press, 1988, pp. 47-70.

Lusthaus, Dan. *Buddhist Phenomenology: A Philosophical Investigation of Yogācāra Buddhism and the Ch'eng Wei-shih Lun*. London: Routledge, 2013.

Lusthaus, Dan. 'Lü Cheng, Epistemology, and the Genuine Buddhism'. In John Makeham ed. *Transforming Consciousness: Yogācāra Thought in Modern China*. New York: Oxford University Press, 2014, pp. 317-34.

Lopez, Donald S. 'Introductory Essay'. In Thupten Jinpa ed. *Science and Philosophy in the Indian Buddhist Classics vol.3 Philosophical Schools*. Somerville: Wisdom Publications, 2022, pp. 11-66.

Madsen, Richard. *Democracy's Dharma: Religious Renaissance and Political Development in Taiwan*. Berkeley: University of California Press, 2007.

Makeham, John. 'Introduction'. In John Makeham ed. *Transforming Consciousness: Yogācāra Thought in Modern China*. New York: Oxford University Press, 2014, pp. 1-38.

McGrath, Alister E. *Natural Philosophy: On Retrieving a Lost Disciplinary Imaginary*. Oxford: Oxford University Press, 2023.

Naess, Arne and Hannay, Alastair. 'An Appeal to the Cramped Scholar by Way of Foreword'. In Arne Naess and Alastair Hannay ed. *Invitation to Chinese Philosophy*. Oslo: Universitetsforlaget, 1972, pp. vii-xv.

Olson, Richard G. *Science and Scientism in Nineteenth-Century Europe*. Urbana and Chicago: University of Illinois Press, 2008.

Pacey, Scott. 'Taixu, *Yogācāra*, and the Buddhist Approach to Modernity'. In John Makeham ed. *Transforming Consciousness: Yogācāra Thought in Modern China*. New York: Oxford University Press, 2014, pp. 149-169.

Powers, John. 'Yogācāra: Indian Buddhist Origins'. In John Makeham ed. *Transforming Consciousness: Yogācāra Thought in Modern China*. New York: Oxford University Press, 2014, pp. 41-63.

Schmithausen, Lambert. *On the Problem of the External World in the Ch'eng wei shih lun*. Tokyo: The International Institute for Buddhist Studies, 2005.

Sheng, Kai. 'The basic mode of the lay-Saṃgha relationship in Indian Buddhism, its representations in and repercussions for Chinese Buddhism'. *Studies in Chinese Religions* vol.1, no.2 (2015): 149-171.

Shōshin, Kuwayanma. 'How Xuanzang Learned about Nālandā'. *China Report* vol.48, no. 1 & 2 (2012): 61-88.

Streng,Frederick J. *Understanding Religious Life*. Belmont: Wadsworth Publishing Company, 1985.

Suthren Hirst, Jacqueline G. 'On Burglars and Makers of Links: Tradition and the Reuse of Indic Texts'. *Religions of South Asia* vol. 6, no. 2 (2011): 149-160.

Suthren Hirst, Jacqueline G. *Śaṃkara's Advaita Vedānta: A Way of Teaching*. Oxon and New York: RoutledgeCurzon, 2005.

Thompson, John B. 'Editor's Introduction'. In Thompson, John B. ed. and trans., Ricoeur, Paul. *Hermeneutics and the Human Sciences: Essays on Language, Action and Interpretation*. Cambridge: Cambridge University Press, 2016, pp. xi-xxxvii.

Tsui, Bartholomew P. M. 'Recent Developments in Buddhism in Hong Kong'. In Pas, Julian F. ed. *The Turning of the Tide: Religion in China Today*. New York: Oxford University Press, 1989, pp. 299-311.

Tsui, Bartholomew P. M. 'The Self-perception of Buddhist Monks in Hong Kong Today'. *The Hong Kong Branch of the Royal Asiatic Society* vol. 23 (1983): 23-40.

Tu, Wei-ming. *Way, Learning and Politics: Essays on the Confucian Intellectual*. Albany: State University of New York Press, 1993.

Tweed, Thomas A. 'Theory and Method in the Study of Buddhism: Toward "Translocative" Analysis'. *Journal of Global Buddhism* vol. 12 (2011): 17-32.

Vidler, Alec. 'The Future of Divinity'. In Plumb, J. H. ed. *Crisis in the Humanities*. London: Penguin, 1964, pp. 82-95.

Waldron, William S. *Making Sense of Mind Only: Why Yogācāra Buddhism Matters*. New York: Wisdom Publications, 2023.

Wei, Tat trans. *Ch'eng Wei-Shih Lun: Doctrine of Mere-Consciousness*. Hong Kong: The Ch'eng Wei-Shih Lun Publication Committee, 1973.

Welch, Holmes. 'Buddhist Organizations in Hong Kong'. *Journal of The Hong Kong Branch of the Royal Asiatic Society* vol.1 (1960-61): 98-114.

Welch, Holmes. *Buddhism under Mao*. Cambridge MA.: Harvard University Press, 1972.

Welch, Holmes. *The Buddhist Revival in China*. Cambridge MA.: Harvard University

Press, 1968.

Williams, Paul. *Mahāyāna Buddhism: The Doctrinal Foundations*. Oxon and New York: Routledge, 2009.

Wright, Arthur F.. *Buddhism in Chinese History*. Stanford: Stanford University Press & London: Oxford University Press, 1959.

Yao, Yu-shuang. *Taiwan's Tzu Chi as Engaged Buddhism: Origins, Organization, Appeal and Social Impact*. Leiden and Boston: Global Oriental, 2012.

Yu, Ying-shih. 'Confucianism and China's Encounter with then West in Historical Perspective'. *Dao: A Journal of Comparative Philosophy* vol. 4, no. 2 (6/2005): 203-216.

Zacchetti, Stefano. *The Da zhidu lun 大智度論(*Mahāprajāpāramitopadeśa) and the History of the Larger Prajñaparamita: Patterns of Textual Variation in Mahāyana Sūtra Literature*. Bochum: Projektverlag, 2021.

其他

《大正藏》卷2。

《大公報》（26-28/1/2022）。

《內學》第2輯（1925）。

《佛教法相學會2022年年刊》，頁1。

〈法相學會第一屆會員大會〉會議紀錄（1965年5月8日）。

〈法相學會第二屆會員大會〉會議紀錄（1966年9月18日）。

〈法相學會第三屆會員大會〉會議紀錄（1967年12月17日）。

〈法相學會第五屆會員大會〉會議紀錄（1969年12月28日）。

曾平汪：〈陳竺同：胸懷坦蕩長者風範〉，《溫州大學報》第133期（2/2014）（網址：http://wx.ihwrm.com/baokan/article/info.html?doc_id=954111）。

趙國森主講：〈羅公慧命延續的反思〉（https://www.youtube.com/watch?v=G66YYh_5lic&list=PLVygMr0ewWijbEcQhVJPgJsFPN-BwuWpk&index=9）.

Chiu, King Pong. 'The Dharmalakshana Buddhist Institute 佛教法相學會, Hong Kong', in Database of Religious History, University of British Columbia (https://religiondatabase.org/accounts/King%20Pong_Chiu_1687732017).

讀歷史176 PA0117

法海津梁在香港：
佛教法相學會研究

作　　者／趙敬邦
內文圖片／羅德光、佛教法相學會
責任編輯／吳霽恆
圖文排版／黃莉珊
封面設計／嚴若綾

發 行 人／宋政坤
法律顧問／毛國樑　律師
出版發行／秀威資訊科技股份有限公司
114台北市內湖區瑞光路76巷65號1樓
電話：+886-2-2796-3638　傳真：+886-2-2796-1377
http://www.showwe.com.tw
劃撥帳號／19563868　戶名：秀威資訊科技股份有限公司
讀者服務信箱：service@showwe.com.tw
展售門市／國家書店（松江門市）
104台北市中山區松江路209號1樓
電話：+886-2-2518-0207　傳真：+886-2-2518-0778
網路訂購／秀威網路書店：https://store.showwe.tw
國家網路書店：https://www.govbooks.com.tw

2025年6月　BOD一版
定價：380元

國家圖書館出版品預行編目

法海津梁在香港：佛教法相學會研究 / 趙敬邦著. -- 一版. -- 臺北市：秀威資訊科技股份有限公司, 2025.06

面；　公分. -- (讀歷史 ; 176)

BOD版

ISBN 978-626-7511-88-6(平裝)

1.CST: 佛教法相學會

220.6　　114005110